Franz Krippner

Vom Inferno zur Kulturlandschaft

Franz Krippner

Vom Inferno zur Kulturlandschaft

Der prähistorische Mensch im Nördlinger Ries

Fotos Anneliese Krippner u. a.

Heimat- u. Fachverlag F. Steinmeier, Nördlingen

© 2000
Heimat und Fachverlag F. Steinmeier, Nördlingen

Gesamtherstellung:
Druckerei & Verlag Steinmeier, Nördlingen

ISBN 3-927496-81-2

Inhaltsverzeichnis

Vorwort	7
Prolog	8
Zeittafel	10
1. Eine kurze Landschaftsgeschichte Süddeutschlands	12
2. Abriß der Forschungsgeschichte	20
3. Die ältesten Spuren des Menschen	29
4. Der Mensch von Cro-Magnon	45
5. Die Wurzeln der Zivilisation	60
6. Die ersten Bauern im Ries	73
7. Tempel der Steinzeit?	83
8. Rätselhafte Erdwerke	89
9. Die endneolithischen Kulturen	99
10. Metalle verändern die Welt	106
11. Die frühe Eisenzeit	120
12. Die späte Eisenzeit	133
13. Das Ries in der Latènezeit	147
Epilog	154
Glossar	156
Weiterführende Literatur	158
Anmerkungen	160
Personenregister	166
Orts- und Sachregister	168
Bildnachweis	174
Danksagung	176

Für Florian

Vorwort

Günstige klimatische Verhältnisse und gute Böden ließen das Ries zum bevorzugten Siedlungsland werden, das wegen seiner zentralen Lage innerhalb von Europa an uralten, von der Natur vorgegebenen Verkehrswegen zu allen Zeiten den verschiedensten kulturellen Einflüssen offenstand. So spielte diese Landschaft, ähnlich wie in der Geologie, auch innerhalb der prähistorischen Forschung eine besondere Rolle.

Wie früher der Name des Nördlinger Pharmazierats Dr. Ernst Frickhinger aufs engste mit der archäologischen Erforschung des Rieses verbunden war, so ist heute die moderne Riesforschung ohne F. Krippner nicht mehr zu denken. Wie kaum ein anderer kennt er große Teile dieser Landschaft durch die lange, systematische Flurbegehung.

Krippner entdeckte bei diesen wegen der landwirtschaftlichen Fruchtfolge wiederholten, sehr intensiven Begehungen der Äcker, Wiesen und Wälder, wie sie in dieser Konsequenz zwar gefordert, aber bis dahin im süddeutschen Raum noch nicht durchgeführt worden waren, weit über 1000 neue Fundstellen allein im Südries. Es geschah dies in enger Abstimmung mit der Außenstelle Augsburg der Abteilung für Vor- und Frühgeschichte des Bayerischen Landesamtes für Denkmalpflege, die auch die wissenschaftliche Dokumentation (Kartierung und Beschreibung der Fundstellen, Bestimmung der Fundgegenstände u.ä.) archivieren konnte. Die enormen Fundmengen, darunter beachtliche Raritäten, gab Herr Krippner trotz hoher eigener Investitionen kostenlos ab an die Museen der Städte Nördlingen und Donauwörth.

Als Folge seiner Untersuchungen, die u.a. Oberflächenform, Bodengüte und Klima berücksichtigten, änderte sich unser Wissen um die Art und Dichte der vorgeschichtlichen Besiedlung dieser Landschaft wesentlich. So mußten alte, lieb gewordene Vorstellungen über das Siedlungsverhalten, gerade etwa im Zusammenhang mit der Bonität der Böden, korrigiert werden. Auch führten die wissenschaftlichen Publikationen Franz Krippners, in Abstimmung mit ihm, zu gezielten Ausgrabungen im Rahmen von Forschungsvorhaben der Universitätsinstitute Erlangen und Frankfurt.

Besonders für die frühe Menschheitsgeschichte während des Paläolithikums und der Landnahme der ersten Bauern am Anfang des Neolithikums, einer wahren Pionierzeit, die zur Seßhaftwerdung des Menschen im Ries und zum Beginn der landwirtschaftlichen Entwicklung führte, brachten die Untersuchungen Krippners wesentliche neue Erkenntnisse, aber auch für alle anderen vorgeschichtlichen Kulturen und Zeiträume neue Beurteilungen, die weit über das Ries hinauswirken.

Die ihm eigene Bescheidenheit verbietet es Herrn Krippner, über die dabei erbrachten Opfer zu sprechen. Keineswegs selbstverständlich ist auch seine Gabe, die wissenschaftlichen Ergebnisse in allgemeinverständlicher Form und einem erfrischend flüssigen Stil darzustellen. So entstand hier neben seinen wissenschaftlichen Veröffentlichungen ein Buch, wie es dies für das Ries bisher nicht gab. Es stellt unser heutiges Wissen um die vorgeschichtliche Entwicklung im Ries auf breitester fachlicher Grundlage in die großen erd- und menschheitsgeschichtlichen Zusammenhänge und läßt so erst die besondere Bedeutung dieser Landschaft für kulturelle Vielfalt und Fortentwicklung richtig erkennen. Ein Lesegenuß für alle Interessierten, Laien wie Fachleute.

Herr Krippner ist geschätzter Mitarbeiter an Fachzeitschriften und an dem z.Zt. von der Schwäbischen Forschungsgemeinschaft neu herausgegebenen Historischen Atlas von Bayerisch-Schwaben. Mancher, der den stiefelbewehrten Mann bei jedem Wetter über die Felder laufen sah, wird jetzt beim Lesen dieses aufschlußreichen Buches Ziel und tieferen Sinn der mühsamen Tätigkeit dieses einsamen Wanderers verstehen.

Landeskonservator i.R.
Dr. Günther Krahe

Friedberg, den 08. September 1999

Prolog

Panta rhei – Alles fließt
Heraklit

Die kulturelle Entwicklung ist sehr weitgehend von der biologischen Evolution des Menschen und diese wiederum von den gewaltigen Veränderungen der Umwelt im Verlauf der Erdgeschichte abhängig, für die viele Faktoren der verschiedensten Art verantwortlich sind.

Die ganze Welt ist einem ständigen Wandel unterworfen; Sterne sterben, und unaufhörlich werden neue geboren. Alle Sonnen und alle Planeten sind aus Staubwolken entstanden, die sich infolge der allgegenwärtigen Gravitation immer mehr verdichten, bis schließlich atomare Kernverschmelzungsprozesse in Gang kommen, bei denen enorme Energiemengen freigesetzt werden, durch die Leben im Universum erst ermöglicht wird. Unser Sonnensystem hat sich vor 4,6 Milliarden Jahren aus der Asche eines anderen Sterns, einer sogenannten Supernova gebildet, der in einer gewaltigen Katastrophe untergegangen ist.

Leben konnte allerdings nur auf Planeten entstehen, die sich in der richtigen Entfernung zum Zentralgestirn befanden. So ist unsere Erde der einzige Planet im Sonnensystem, der höheres Leben hervorgebracht hat und vermutlich auch der einzige, auf dem Leben überhaupt möglich ist. Vieles von dem, was wir heute als Selbstverständlichkeit ansehen, ist gar nicht so selbstverständlich und eher zufällig entstanden, denn im Universum und auf der Erde mußten viele Ereignisse in der richtigen Reihenfolge und zu einem bestimmten Zeitpunkt eintreten, damit alles so werden konnte, wie es heute ist.

Bis in die Mitte des 20. Jahrhunderts hat man in der Erde einen statischen Planeten gesehen, auf dem seit Anbeginn alles seinen festen Platz hatte und die Aufteilung von Land und Meer immer die gleiche war wie in der Gegenwart. Erst in den sechziger Jahren entdeckten Geophysiker die ungeheure Dynamik unseres Planeten, als deren Ursache die unvorstellbaren Temperaturen im glutflüssigen Erdkern angesehen werden. Die Entdeckung, daß Kontinente driften, wobei sie miteinander kollidieren und Großkontinente bilden können, ist in der Tat ein aufregendes Phänomen, und die Erkenntnis, daß bei den Vorgängen der Kontinentaldrift ganze Ozeane vernichtet, gewaltige Kettengebirge hochgefaltet sowie fast alle Erdbeben und Vulkanausbrüche verursacht werden, die alljährlich viele Todesopfer fordern, wirkt auch nicht gerade beruhigend.

Was aber weit schwerer wiegt, das sind die Auswirkungen der Plattentektonik auf die Entwicklung des Menschen. Und so erweisen sich die Konvektionsströmungen, die durch das Temperaturgefälle zwischen dem Erdkern und dem äußeren Mantel in Gang gesetzt werden, als der eigentliche Motor der Evolution, die den Menschen und seine Kultur hervorgebracht hat. Von den oft ins Dramatische gesteigerten Vorgängen, die sich zum Teil schon vor vielen Millionen Jahren abgespielt und das Antlitz der Erde entscheidend mitgeformt haben, ganz gleich ob sie nun geologischer oder kosmischer Art waren, wurde aber nicht nur die Evolution im großen und ganzen wesentlich beeinflußt. Die Folgeerscheinungen dieser Ereignisse, zu denen ja auch die Klimaveränderungen gehören, bestimmen auch heute noch weitgehend die Verhaltensweisen der Menschen und haben – gerade auch in Süddeutschland – die Entwicklung der Kultur schon in vorgeschichtlicher Zeit maßgeblich geprägt.

Obwohl das Wort Kultur vom lateinischen Cultura – Bearbeitung, Pflege – abgeleitet ist, waren die Römer keineswegs ihre Erfinder, wenn es auch viele unserer Zeitgenossen etwas anders sehen. Die Kultur ist nämlich tief in unserer Vergangenheit verwurzelt, denn die ältesten Werkzeuge des Menschen sind rund 2,5 Millionen Jahre alt. Weil Kultur als solche nicht vererbt wird – erblich ist allein die Kulturfähigkeit –, beruht die kulturelle Evolution zu einem sehr wesentlichen Teil auf Lernprozessen.

Viele bedeutende Erfindungen und Errungenschaften, ohne die es keine Hochkulturen gegeben hätte, stammen aus der Steinzeit. Die Zähmung des Feuers, die Entwicklung der Sprache und die Erfindung des Ackerbaus bildeten die Grundlagen für viele weitere Innovationen während der Steinzeit. Doch können hier nur die wichtigsten in Erinnerung gerufen werden: So sind als Folgeerscheinungen des Ackerbaus Architektur, Töpferei und großangelegte Bewässerungssysteme entstanden, Rad und Wagen wurden erfunden und erwiesenermaßen Fernhandel, Seefahrt und Astronomie betrieben. Auch der Bergbau war eine Erfindung des steinzeitlichen Menschen, und selbst die Anfänge von Schrift und Metallurgie fielen noch in die jüngere Steinzeit. Ganz zu schweigen von den großartigen Kunstwerken, die bereits von den jungpaläolithischen Jägern vor tausenden von Jahren geschaffen wurden.

Unter dem Begriff Kulturlandschaft wird die vom Menschen nach seinen Bedürfnissen und seinem Willen gestaltete Naturlandschaft verstanden. Nach Martin Schwind offenbart sich in ihren Kriterien der objektivierte Geist des Menschen. Von Anfang an haben alle Menschen, die an der Genese einer Kulturlandschaft in irgendeiner Form mitgewirkt haben, ihre Spuren darin hinterlassen. Doch während die kulturellen Zeugnisse des Mittelalters und der Neuzeit allgegenwärtig sind, erfordert das Aufspüren solcher Relikte aus der prähistorischen Zeit, zu welchen natürlich auch die Gerätschaften der frühen Bauern aus der Mitte des sechsten vorchristlichen Jahrtausends gehören, jener Zeit also, in der bei uns die Grundlagen der Kulturlandschaft Zug um Zug errungen wurden, eine gewisse Beharrlichkeit.

Das Ries ist eine der ältesten Kulturlandschaften Mitteleuropas. Es hat eigenständige Entwicklungen hervorgebracht, aber aufgrund seiner Durchgängigkeit in allen vier Himmelsrichtungen auch fremde Einflüsse aufgenommen und verarbeitet. Um etwas mehr Licht in diese komplexen Vorgänge zu bringen, werden im Ries seit vielen Jahren Geländeprospektionen durchgeführt. Die Ergebnisse stellen die Basis der modernen Siedlungs- und der noch umfassenderen Landschaftsarchäologie dar. Aus den genannten Gründen wird in diesem Buch die Geschichte der frühen Siedler im Meteoritenkrater nicht nur auf den Umkreis des altehrwürdigen Daniel beschränkt, sondern wegen der vielfältigen kulturellen Verflechtungen in einem größeren Zusammenhang gesehen und dargestellt. Andererseits ist das Werden einer Kulturlandschaft ein äußerst vielschichtiger Vorgang, der sich in dem gegebenen Rahmen verständlicherweise nicht erschöpfend beschreiben läßt. Deshalb werden nur die wichtigen Ereignisse, wie etwa das erste Auftreten des Menschen oder die Anfänge des Ackerbaus im Ries und schließlich auch das dramatische Ende der schriftlosen vorgeschichtlichen Zeit ausführlicher behandelt.

Zeittafel

Zeit	Epochen, Kulturen, regionale Gruppen		Menschen, hist. Ereignisse, Funde
Älter als 130 000 100 000 35 000	Altsteinzeit (Paläolithikum)	Altpaläolithikum: Acheuléen Mittelpaläolithikum: Micoquien Moustérien Jungpaläolithikum: Aurignacien Gravettien Magdalénien Spätpaläolithikum	Bis vor 300 000 Jahren – später Homo erectus Früh. Neandertaler, Faustkeil von Mündling Klassischer Neandertaler Faustkeil von Großsorheim Freilandstation bei Harburg-Brünsee Homo sapiens sapiens (Cro-Magnon) Ofnethöhlen Belege für Getreidenutzung in Kebara, Israel Kulturgetreide in Jericho
8 000 v.Chr.	Mesolithikum	Frühmesolithikum: Beuronien Spätmesolithikum	Kupferverarbeitung in Cayönü Tepesi, Taurus Erste Keramik in Çatal Hüyük, Anatolien
5 700	Neolithikum	Altneolithikum: Linienbandkeramik	Frühe Bauern im Südries Lange Pfostenbauten, Schuhleistenkeile
4 900		Mittelneolithikum: Stichbandkeramik Rössen u.a.	Typus Munzingen
4 200		Jungneolithikum: Goldbergfazies Bischheim Michelsberg Altheim u.a.	Erste Arkadenrandtöpfe, kaum Gräber Tulpenbecher, „Backteller", Kupfer (selten) Skelettgrube von Inningen (Altheim?)
3 200		Endneolithikum: Cham Schnurkeramik Glockenbecher	Erfindung der Schrift in Mesopotamien Keine Hausgrundrisse, keine Gräber Kurgan-Gräber, Streitäxte, Pferd und Wagen tauchen in Mitteleuropa auf
2 200	Bronzezeit	Frühe Bronzezeit (Bz A): Aunjetitzer Kultur Straubinger Kultur Adlerberg-Gruppe Ries-Gruppe u.a.	Kupfer-Arsen-Legierung Flachgräber
1 600 1 300		Mittlere Bronzezeit (Bz B-C) Späte Bronzezeit (Bz D)	Kupfer-Zinn-Legierung, Grabhügel, Schwert Zunehmend Brandbestattungen in Flachgräb.
1 200 1 000	Urnenfelderkultur	Ältere Urnenfelderk. (Ha A) Jüng. Urnenfelderk. (Ha B)	Untergang Trojas
800	Hallstattzeit (Frühe Eisenzeit)	Frühe Hallstattzeit (Ha C)	753: Gründung Roms. – Eine berittene Kriegerkaste wird in Mitteleuropa archäolog. faßbar.
600		Späte Hallstattzeit (Ha D)	Um 600 wird Massilia gegründet Fürstenburgen gehen in Flammen auf
500 400 100	Latènezeit (Späte Eisenzeit)	Frühlatènezeit (LT A) Mittellatènezeit (LT B-C) Spätlatènezeit (LT D)	An Rhein u. Mosel entsteht ein neuer Kunststil 387 v.Chr. erobern die Kelten Rom Unterwerfung Galliens durch Cäsar 44 v.Chr. Ermordung Cäsars in Rom
15 v.Chr.	Röm. Kaiserzeit	Frühe Kaiserzeit	Rom erobert das nördliche Alpenvorland.

Die Obere Donau

Mit Schloß- und Stiegelefels zeigt das Bild nur einen kurzen Abschnitt des reizvollen Durchbruchstales, das die Urdonau in Jahrmillionen zwischen Mühlheim und Sigmaringen geschaffen hat, indem sie die Heraushebung der Alb mit immer tieferem Einschneiden in die Malmschichten wieder ausglich. Die Urdonau war ein mächtiger Strom und kann nicht mit dem kleinen Fluß, der sich heute auf dem Talgrund dahinschlängelt, verglichen werden. Quarzitgerölle aus dem Gotthardmassiv, die sich in den Ablagerungen auf der Hochfläche an beiden Seiten des Tales finden, bezeugen, daß die Aare vor etwa 10 Millionen Jahren ein Quellfluß der Donau war. Auch Rhein und Main waren ihr damals wasserpflichtig; sie mündeten aber erst weiter östlich in den Strom. Durch den Einbruch des Oberrheingrabens und die zunehmende Verkarstung der Alb hat die Obere Donau nach und nach ihre wichtigsten Zuflüsse verloren.

1. Eine kurze Landschaftsgeschichte Süddeutschlands

Von allen europäischen Fundlandschaften hat das nahezu kreisrunde und fast waldfreie Riesbecken die aufregendste Entstehungsgeschichte. Infolge der gewaltigen Impaktkatastrophe vor knapp 15 Millionen Jahren fand der Mensch in dem etwa 400 Quadratkilometer großen Meteoritenkrater schon im Altpaläolithikum günstige Lebensbedingungen vor, und wie die Funde belegen, nutzte er sie auch. Der Zufall wollte es, daß die kosmische Bombe ausgerechnet das Durchbruchstal der Wörnitz traf und verschüttete, das heute die Schwäbische von der Fränkischen Alb trennt. Doch als das geschah, da gab es noch keine Menschen, geschweige denn Schwaben oder Franken, und die süddeutsche Landschaft sah damals noch ganz anders aus als heute.

Nachdem der Superkontinent Pangäa zerbrochen war, hatte sich zwischen dem Gondwanaland im Süden und Laurasia im Norden ein Ozean von etwa 1000 Kilometern Breite gebildet: die Tethys. Die Südküste Europas verlief in jener Zeit am gegenwärtigen Nordrand der Alpen und Karpaten.

Doch schon einige Millionen Jahre später zerfiel auch Gondwanaland; dabei löste sich Indien von Afrika, und die beiden Platten gingen nun getrennt auf Kollisionskurs mit Eurasien. Als der Ozeanboden zwischen den Kontinenten vernichtet war und die Festlandschollen zusammenstießen, kam es zu heftigen Kompressionen: Die jungen Kettengebirge von den Pyrenäen bis zum Himalaja wurden gefaltet und herausgehoben, gleichzeitig sanken an den Flanken der Alpen die gewaltigen Vorlandtröge ein, und im Ablauf von mehreren Millionen Jahren kamen hier vier Molasseschichten zur Ablagerung, die gebietsweise eine Mächtigkeit von mehr als 5000 Metern erreichen.

Wie uns die Klifflinie bei Dischingen und nördlich von Donauwörth verrät, erstreckte sich in jener Zeit das Tertiärmeer von den Alpen bis in die Nähe von Harburg, aber die Alb hatte sich in dieser Gegend erst wenig aus dem Meer herausgehoben. Im warmen tertiären Klima wuchsen sogar in Mitteleuropa Palmen, und wie die Funde von Melchingen und Salmendingen belegen, waren auch in Süddeutschland Dryopithecinen (Baumaffen) verbreitet, die eine Unterfamilie der Menschenaffen darstellen und in die Entwicklungslinie des Menschen gehören. Mit etwas Phantasie könnte man sich also vorstellen, wie sich unweit von Harburg in den Palmenhainen am Strand des Meeres gesellige Hominoiden vergnügt in den Bäumen tummelten.

Bei der Entstehung der Molassebecken wurden die ursprünglich mehr oder weniger horizontal liegenden mesozoischen Schichten einer Flexur unterworfen, wobei es im Norden zu einer deutlichen Herauskippung der mächtigen Gesteinsformationen kam. Die Schrägstellung der Platte, verbunden mit einer verstärkten Heraushebung, führten im weiteren Verlauf der erdgeschichtlichen Entwicklung zur Entstehung des süddeutschen Schichtstufenlandes. Mit der zunehmenden Heraushebung begann auch die Verkarstung der jurassischen Deckschichten, denn die im Regenwasser enthaltene Kohlensäure löst den Kalkstein auf, und durch die vielfältigen tertiären Krustenbewegungen sind in der Albtafel zahlreiche Klüfte und Risse entstanden, die von den Niederschlägen auch heute noch erweitert werden. So entstehen oft weit unter der Oberfläche ganze Entwässerungssysteme mit Karstquellen, die meistens in den tief eingeschnittenen Tälern zutage treten, eine Erscheinung, die mit Brenz- und Blautopf geradezu klassische Züge annimmt. Wegen der fortschreitenden Verkarstung und Abtragung verlagern sich die unterirdischen Gewässernetze immer weiter in die Tiefe. Zurückbleiben die Ruinen der alten Systeme, in denen der Urmensch häufig Unterschlupf suchte, wobei er in diesen Höhlen neben Waffen und Geräten auch Kunstwerke hinterlassen hat.

Die süddeutsche Fundlandschaft wurde von der Donau und ihren Nebenflüssen maßgeblich geformt. Die Flußgeschichte der Donau ist ein Kampf um die Wasserscheide zwischen dem Schwarzen Meer und der Nordsee, von dem eine Faszination ausgeht, die nicht nur geologisch Interessierte in ihren Bann schlägt. Als sich vor etwa 18 Millionen Jahren das Meer endgültig nach Südwesten zurückzog, da gab es im Alpenvorland natürlich noch kein Entwässerungssystem. Die Flüsse von Nord und Süd luden im Molassetrog ihre Fracht ab, und aufgrund dieser Schüttungen dürften sich zu der Zeit, als die Obere Süßwassermolasse abgelagert wurde, in der Vorsenke immer wieder neue Seen gebildet haben. Wie an verschiedenen Indizien zu erkennen ist, wurde der Molassetrog zeitweilig nach Westen entwässert.

Das von Bohrmuscheln geprägte tertiäre Kliff bei Heldenfingen, Lkr. Heidenheim.

Erst Millionen Jahre später bildete sich durch rückschreitende Erosion vom Wiener Becken her das Flußsystem der Donau. Die ältesten Schotter der Urdonau dürften fünf bis sechs Millionen Jahre alt sein – einige Autoren sprechen sogar von zehn Millionen Jahren[1] – und sind an verschiedenen Stellen der Alb in Höhen von knapp 600 bis 850 Metern über NN anzutreffen. Neben Geröllen aus dem Schwarzwald befinden sich in diesen Ablagerungen auch Quarzite, Quarze und Radiolarite aus dem Aaremassiv. Daraus ergibt sich zwangsläufig, daß die Aare der eigentliche Quellfluß der Urdonau war. Weil damals auch der Alpenrhein in etwa beim heutigen Ulm in die Donau mündete, und der Inn noch ein größeres Einzugsgebiet hatte, wurde im Pliozän der weitaus größte Teil der Schweiz und Süddeutschlands zur Donau und damit zum Schwarzen Meer entwässert.

Auch nach Norden hin war das Einzugsgebiet der Donau wesentlich größer als in der Gegenwart, weil sich die Alb in früherer Zeit noch etwa 20 Kilometer weiter ins Vorland erstreckte. Die Flußsysteme der Ureschach, Urlone und Urbrenz führten auf der nach Südosten abgedachten Alb ihr Wasser der Donau zu. Die Ureschach entsprang etwa bei Forbach am Fuß der Hornisgrinde und mündete bei Tuttlingen in die Donau. Ihr Tal zog sich durch die Spaichinger Pforte und wird heute streckenweise von Murg, Kinzig und Eschach sowie Prim- und Faulenbach benutzt.

Doch der wichtigste Wasserlauf in diesem Gebiet und gleichzeitig der größte Zufluß der Brenz war damals die Urlone. Ihr Einzugsgebiet erstreckte sich im Westen fast bis an die Murg, und ihre ehemaligen Quellflüsse speisen heute die Nagold. Man muß sich moderner Namen und Bezeichnungen bedienen, um die Vorgänge in Jungtertiär und Quartär einigermaßen verständlich machen zu können. Über Tübingen floß die Urlone nach Plochingen und nahm dort die Cannstatter Lone auf, die zwar zu den kleineren Nebenflüssen zählte, aber im Kampf um die Wasserscheide dennoch eine Schüsselstellung einnehmen sollte. Über Göppingen erreichte die Urlone schließlich Geislingen an der Steige, wo die von Westen kommende Filslone mündete, und von dort an benutzte der stattliche

Fluß schließlich das Tal, in dem heute noch ein kleiner, am Oberlauf streckenweise versickernder Bach namens Lone, von den Einheimischen auch „Loitl" genannt, der Brenz zustrebt.

Die Quellgebiete der Urbrenz und Ureger lagen nördlich von Schwäbisch Hall. Im heutigen Kochertal floß die Urbrenz nach Süden bzw. nach Südwesten und nahm von Westen Biber, Rot, Lein und Rems auf, während bei Hüttling die von Nordosten kommende Jagst mündete. Die Eger war schon Millionen Jahre bevor der Kampf um die Wasserscheide richtig entbrannte, durch die Rieskatastrophe vom größten Teil ihres Einzugsgebietes abgeschnitten worden.

Der Main ist heute der größte Nebenfluß des Rheins, doch bis ins frühe Pleistozän war er ein bedeutender Zufluß der Urdonau. Im Tertiär benützte er die Rednitzfurche von Bamberg bis in die Treuchlinger Bucht. Wie geophysikalische Messungen ergeben haben, wurde das Flußbett seines Unterlaufs bei der Riesentstehung auf einer Länge von rund 50 Kilometern unter 200 Meter mächtigen Auswurfmassen begraben. Wie uns die fluviatil abgelagerten Höhensande bei Monheim verraten, mündete der Main auch nach der Einschlagskatastrophe noch lange Zeit in den Molassetrog.

Aus dem skizzenhaften Abriß des Flußsystems der Urdonau ist ersichtlich, daß sie, lange bevor der Rhein bei der Gestaltung der süddeutschen Landschaft eine Rolle zu spielen vermochte, bereits ein mächtiger Strom mit einem – für mitteleuropäische Verhältnisse – riesigen Einzugsgebiet war. Tief eingeschnitten hatte sich die älteste Donau allerdings noch nicht. Das geschah erst, als die Alb höher herausgehoben wurde und dadurch naturgemäß stärkerer Verkarstung unterworfen war.

Der Kampf um die Wasserscheide

Der Angriff auf die Donau erfolgte von zwei Seiten. Nach dem Einbruch des Oberrheingrabens lag zwischen dem Nordseerhein und dem nach Südwesten entwässernden Rhonerhein immer noch eine Wasserscheide, die in der Nähe des Kaiserstuhls vermutet wird. Doch durch die Entstehung des Grabens nahm die Erosionskraft der Rheinzuflüsse – vor allem des Neckars – gewaltig zu, und je größer das Gefälle eines Flusses ist, um so schneller schneidet er sich rückwärts ein. Auf diese Weise wurde der Albtrauf – geologisch gesehen – in relativ kurzer Zeit um etwa 20 Kilometer zurückverlegt und der Donau dadurch, im wahrsten Sinne des Wortes, das Wasser abgegraben.

Von Norden her brachen Murg, Neckar und Kocher in ihr Flußnetz ein, wobei der Neckar insofern leichtes Spiel hatte, als ihm die Cannstatter Lone entgegen arbeitete und vermutlich als erster Donauzufluß vom Neckar angezapft wurde. Wie die Geologen aus den ebenfalls vom Aaremassiv stammenden Sundgauschottern bei Basel erschlossen haben, geschah im Süden das gleiche mit der Aare, die im späten Pliozän zur Rhone umgeleitet wurde. Im Pleistozän gelang es schließlich dem Nordseerhein, die Wasserscheide beim Kaiserstuhl durch rückschreitende Erosion zu überwinden und nun seinerseits die Aare anzuzapfen. Infolge der glazialen Überformung des Alpenvorlandes, der – wie alle anderen Seen im Vorland – auch der Bodensee seine Entstehung verdankt, wurde der Alpenrhein nach Westen umgeleitet und fand über den Hochrhein Anschluß an den Nordseerhein.

Doch damit war der Aderlaß der Donau noch lange nicht zu Ende: Die Feldbergdonau, der größte der noch verbliebenen Quellflüsse aus dem Schwarzwald, ging ebenfalls verloren. Über ihre Ableitung gibt es zwei Theorien. Doch die Frage, ob sie vor etwa 20 000 Jahren von der unteren Wutach bei Blumberg angezapft wurde, oder ob sie im letzten Hochglazial bei einem Hochwasser an der gleichen Stelle über das Ufer trat und sich – rasch eintiefend – einen Weg zu dem viel tiefer fließenden Hochrhein suchte, ist eine Streitfrage für Geologen. Jedenfalls bedeutete diese Ableitung den Anfang vom Ende der Feldbergdonau, die sich inzwischen als Wutach tief in den Bonndorfer Graben eingeschnitten hat und als Abtrünnige ihr Wasser dem Rhein zuführt. Östlich von Blumberg benutzt nun die Aitrach das ehemalige Tal der Feldbergdonau.

Zu guter Letzt wurde die Schwarzwalddonau ein Opfer der zunehmenden Verkarstung, zu der sie selbst nach Kräften beigetragen hatte. Bei der Donauversickerung zwischen Geisingen und Fridingen handelt es sich offenbar um ein relativ junges Phänomen, das zwar schon einige Zeit bekannt war, aber erst gegen Ende des 18. Jahrhunderts katastrophale Formen annahm. An 100 bis 200 Tagen im Jahr fiel das Flußbett bei

Immendingen und Fridingen trocken, und 1921 waren es sogar über 300 Tage. Schon vor 300 Jahren hatte man vermutet, der 12 Kilometer weiter südlich und 185 Meter tiefer gelegene Achtopf, mit einer mittleren Wasserschüttung von 10 000 Litern pro Sekunde die weitaus stärkste Quelle Deutschlands, würde vom Donauwasser gespeist werden. Diese Annahme wurde 1877 bestätigt, als die badische Regierung Salz in die Versickerungsstellen schütten ließ, das nach 55 Stunden im Aachtopf auftauchte. Neuere Untersuchungen haben ergeben, daß Donauwassser auch an einigen Stellen westlich des Aachtopfes zutage tritt.

Hinter dem Salzversuch standen jedoch weniger wissenschaftliche, als vielmehr handfeste wirtschaftliche Interessen, denn die vom Wassermangel hart bedrängten Bürger der württembergischen Stadt Tuttlingen waren unablässig bemüht, die auf badischem Gebiet liegenden Schlucklöcher bei Immendingen abzudichten, was wiederum heftige Proteste der badischen Stadt Aach zur Folge hatte und zu einem langjährigen Rechtsstreit zwischen Baden und Württemberg führte. Der bereits 1901 erfolgte Vorschlag, einen Stollen durch den Bergsporn bei Immendingen zu treiben und die Donau so an den Versickerungsstellen vorbeizuleiten, konnte erst nach der Vereinigung der beiden Länder zum Südweststaat verwirklicht werden. Inzwischen hat man auch bei Fridingen geeignete Maßnahmen ergriffen, um wenigstens ein Minimum des Donauwassers dem Zugriff des Rheins zu entziehen.

Aber der Kampf um die Wasserscheide ist noch keineswegs zu Ende. Und solange der Druck Afrikas auf Europa anhält, wird die Donau auch in Zukunft große Teile ihres süddeutschen Einzugsgebietes an den Rhein verlieren. Doch trotz des gewaltigen Aderlasses, dem die Donau in der Vergangenheit ausgesetzt war, ist sie nach der Wolga immer noch der zweitgrößte Strom Europas.

Eine Katastrophe und ihre Folgen

Vor rund 14,7 Millionen Jahren, also lange bevor sich das Flußsystem der Donau entwickelt hatte und die Flüsse ihre Fracht noch im Molassetrog abluden, geschah die Katastrophe: Mitten in die entstehende süddeutsche Landschaft schlug mit elementarer Wucht eine riesige kosmische Bombe, deren Durchmesser etwa 600 Meter betragen haben dürfte, bohrte sich tief in den Untergrund und verdampfte in Sekundenschnelle. Die von Druck und Gegendruck erzeugte Sprengwirkung ist unvorstellbar. Dabei wurden bis in große Tiefen mehrere hundert Kubikkilometer Gesteine bewegt und ein erheblicher Teil davon bis zu 40 Kilometer weit ins Umland geschleudert, das unter gewaltigen Auswurfmassen begraben und völlig umgestaltet wurde, wovon natürlich auch das Gewässernetz sehr stark betroffen war. Schliffspuren und Schrammen sowohl auf der alten Oberfläche als auch an den herausgeschleuderten Schollen belegen, daß diese eher gleitend in die Umgebung verfrachtet worden waren. Was man heute als Vorries bezeichnet, ist nur noch ein Rest der ursprünglichen, vorwiegend aus Bunter Breccie – seltener aus Suevit – bestehenden Trümmermassen, denn große Mengen der Lockergesteine wurden im Laufe der Zeit in den Sprengtrichter zurückgeschwemmt oder anderweitig abgetragen.

Nach Horst Gall[2] entstand im Zentrum des Einschlags der ganz unvorstellbare Druck von fast zehn Millionen Atmosphären und eine Temperatur um etwa 30 000 Grad Celsius. Die dabei freigesetzte Energie soll der Zerstörungskraft von 250 000 Atombomben des Hiroshima-Typs entsprochen haben. Mit dem Meteoriten verdampfte in einem einzigen Augenblick auch eine größere Menge des anstehenden Gesteins. Stoßwellen breiteten sich aus und veränderten die Mineralien des Kristallins. Suevit, Coesit, Stishovit und geschockter Quarz bildeten sich in dieser Reihenfolge mit zunehmender Entfernung vom Impaktzentrum. Zur gleichen Zeit fegten Druckwellen über weite Teile Mitteleuropas und trieben die infernalische Hitze vor sich her. Die Wälder verbrannten ebenso wie die übrige Vegetation. In einem großen Umkreis wurde jedwedes Leben ausgelöscht. Rauch und Ruß verschmutzten die Atmosphäre und verdunkelten die Sonne über dem geborstenen und verwüsteten Land.

Doch ein größeres globales Massensterben hat die Rieskatastrophe offenbar nicht ausgelöst. Das Volumen des Meteoriten reichte anscheinend nicht aus, um die Biosphäre in einem Maße zu verändern, daß dies auch in den Ablagerungen als deutliche Zäsur zu erkennen wäre. Dennoch scheint der Impakt weltweit nicht ganz spurlos vorübergegangen zu sein, denn amerikanische Paläontologen haben bei den Tiefseeorganismen doch ein merkliches Aussterben beobachtet, das nach dem Riesereignis erfolgte und von Steven M. Stanley[3] als kleineres Aussterben, das nicht mit den Katastrophen früherer Zeiten vergleichbar sei, bezeichnet wurde. Immerhin muß die Zäsur so groß gewesen sein, daß sie von den Geophysikern Raup und Sepkoski[4] in ihrem 26-Millionen-Jahre-Zyklus berücksichtigt wurde. Nach dem großen Wirbel, der auf die Entdeckung der Iridiumkonzentration im Grenzton zwischen Kreide und Tertiär durch Walter Alvarez in Gubbio folgte und zu der weitverbreiteten Ansicht führte, ein Meteorit von etwa zehn Kilometern Durchmesser hätte das Aussterben der Dinosaurier verursacht oder dabei zumindest kräftig nachgeholfen, haben die zwei Wissenschafter die größeren Massensterben statistisch erfaßt und nach ihren Erkenntnissen soll es alle 26 Millionen Jahre zu einer solchen Krise gekommen sein. Für uns ist das allerdings nur insofern von Interesse, als sich ihre Hypothese auch auf die Folgen der Rieskatastrophe stützt.

Eine Iridiumkonzentration, die mit dem Riesereignis in Zusammenhang gebracht werden könnte, hat man bisher jedoch nicht gefunden. Um deutliche Spuren zu hinterlassen, bedarf es wohl größerer Asteroiden oder Kometen. Aufgrund des weltweit verbreiteten Grenztons zwischen Kreide und Tertiär gehen die Fachleute davon aus, daß die bewußte kosmische Bombe ein etwa tausendmal größeres Volumen gehabt haben müsse als der Riesmeteorit. Trotz des gewaltigen Größenunterschiedes wurden zweifellos auch bei der Rieskatastrophe ungeheure Staubmassen bis in die Stratosphäre hochgeschleudert, die – in Verbindung mit der schockartigen Erhitzung der obersten Luftschichten – eine schwere Beschädigung des Ozonschirms zur Folge gehabt haben mußten.

Zugleich mit dem Riesbecken wurde auch das sechs Kilometer westlich von Heidenheim gelegene Steinheimer Becken ausgesprengt, das aller-

Der Wennenberg ist der nordöstliche Eckpfeiler des inneren Ringes. Auf dem Foto erinnert nichts mehr an die einstige Katastrophe; doch die Idylle täuscht, denn der Berg ist fast zur Gänze aus Granit aufgebaut, der bei dem Impakt aus großer Tiefe an die Oberfläche befördert wurde. Vereinzelt ist in den Granit das sehr harte Ganggestein Lamprophyr eingeschlossen, das im Ries unter der Bezeichnung „Wennenbergit" bekannt ist.

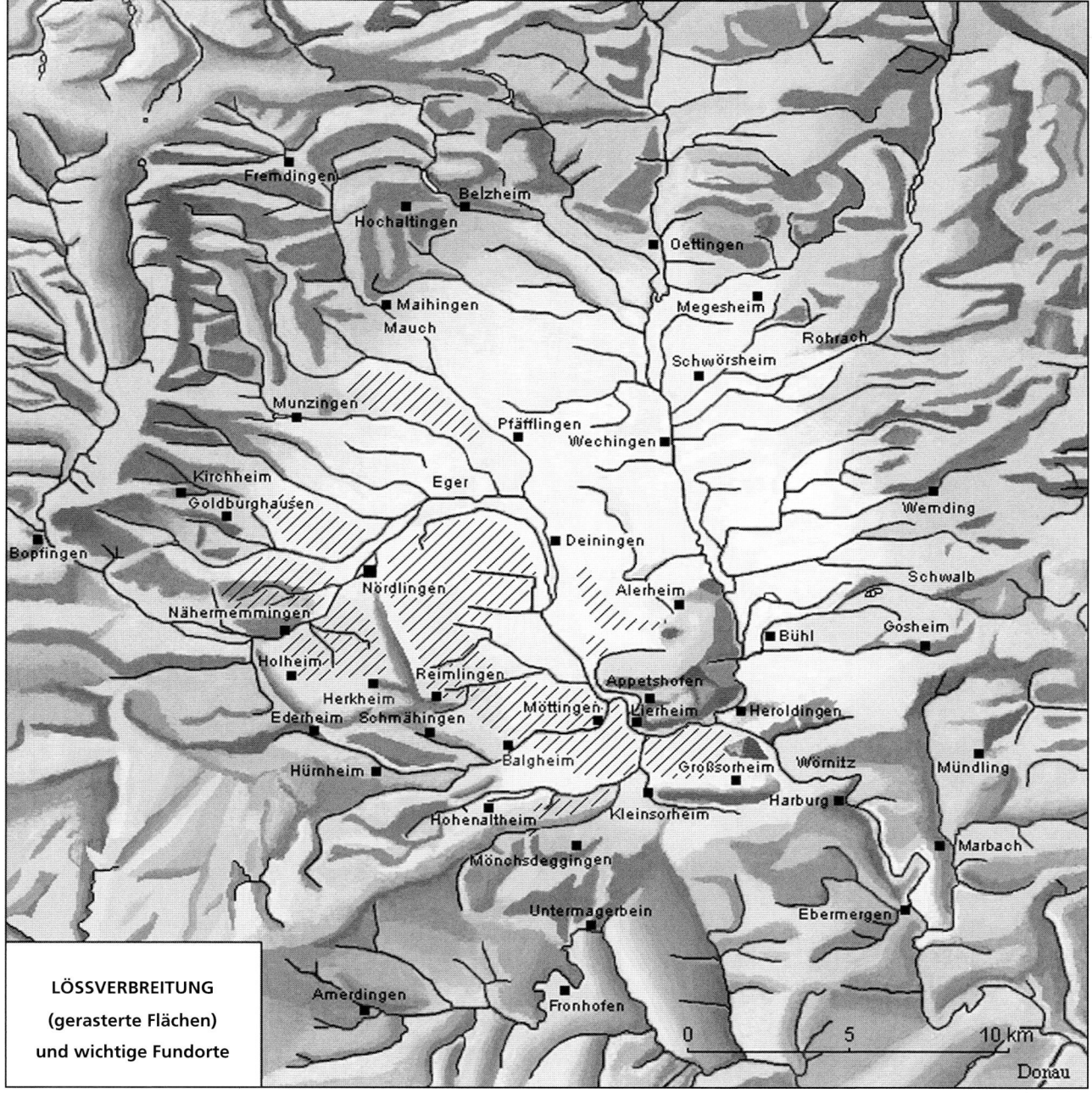

LÖSSVERBREITUNG
(gerasterte Flächen)
und wichtige Fundorte

dings nur einen Durchmesser von 3,5 Kilometern aufweist und vermutlich einem Fragment des Riesmeteoriten seine Entstehung verdankt. Der doch recht deutliche Größenunterschied der beiden Becken macht sich auch in ihrer inneren Struktur bemerkbar: Während das Steinheimer Becken durch die für alle kleineren Meteoritenkrater typische zentrale Erhebung gekennzeichnet ist, weist das Ries einen inneren, im Norden offenen Ring aus kristallinem Grundgestein auf, der den Rand des ursprünglichen Sprengtrichters mit rund 12 Kilometern Durchmesser kennzeichnet.

Ringwälle und Ringgebirge kommen in allen größeren Impaktkratern vor. Weil der Prähistoriker unter einem Ringwall etwas ganz anderes versteht, und der Ausdruck Ringgebirge in diesem Falle maßlos übertrieben wäre, wollen wir lieber den Bezeichnungen „innerer Ring" oder „primärer Kraterrand" den Vorzug geben. Nach Gall begann sich der Primärkrater sofort nach dem Einschlag durch Ausgleichsbewegungen umzuformen und auf einen Durchmesser von 25 Kilometern zu erweitern. Der Kraterboden wurde angehoben und die ringförmige Randzone um ihn herum 100 bis 200 Meter tief abgesenkt. Vom südlichen Kraterrand rutschten damals einige große Schollen ab, die auch heute noch als dem Beckenrand vorgelagerte Höhenrücken das Landschaftsbild im Krater mitbestimmen und die vorgeschichtlichen Besiedlungsstrukturen maßgeblich mitgeprägt haben.

Weil in der Umgebung des Rieses das ganze Gewässernetz verschüttet worden war, wobei die Plombierung des Abflusses zunächst schwerer ins Gewicht fiel als die Verschüttung der Zuflüsse, bildete sich im Krater und zwischen Kraterrand und Hesselberg je ein abflußloser See. Durch die starke Verdunstung im warmen tertiären Klima stieg der Salzgehalt des Wassers allmählich an, weshalb sich im Riessee eine zunehmende Verarmung der Fauna und Flora bemerkbar machte. Nach etwa zwei Millionen Jahren war der Krater vermutlich vollkommen mit Sedimenten aufgefüllt und floß deshalb – möglicherweise an mehreren Stellen – über. Nach und nach wurden nun vom abfließenden Wasser die Auswurfmassen aus dem Wörnitztal und die Seesedimente aus dem Becken bis auf den heutigen Stand ausgeräumt. Etwa 14 Millionen Jahre nach der Katastrophe dürfte es dann erstmals zu Lößablagerungen gekommen sein, die von den Gletscherwinden aus den Moränen ausgeblasen und weithin verfrachtet wurden. Die äolischen Sedimente wirkten sich nivellierend auf das Relief aus, doch sind die älteren Lösse offenbar sehr bald wieder weitgehend der Abtragung zum Opfer gefallen. Die Fruchtbarkeit verdankt das Ries offensichtlich jenen Lössen, die erst in der Riß- und Würmeiszeit angeweht wurden.

Obwohl Klimagunst und Lößböden nur im eigentlichen Becken vorhanden sind, schließt der Begriff „Ries" bei den meisten Archäologen auch das völlig andersgeartete Umland mit ein, weil dieses – wie die vielen Grabhügel bezeugen – zumindest im Totenkult der prähistorischen Siedler eine wesentliche Rolle gespielt hat und eine wichtige archäologische Quelle darstellt. Daraus ist ersichtlich, daß fast alles, was den Ruf des Rieses als vorgeschichtlichen Lebensraum begründet, irgendwie mit dem Impakt in kausalem Zusammenhang steht. Das gilt besonders für jene Geofaktoren, die das Siedlungsverhalten des Menschen zu allen Zeiten maßgeblich beeinflußt haben: Relief und Klima sowie die Böden und das Flußnetz. So konnte sich der fruchtbare Löß, den die offenbar vorwiegend aus Südwest wehenden Gletscherwinde herantrugen, nur im Windschatten der Randhöhen ablagern. Den Norden und Osten des Beckens erreichte er nicht.

Wenn vom Ries die Rede ist, denken viele in erster Linie an diese Lößplatten, die sich rechts der Eger zwischen dem Fluß und der südlichen Randzone von der Linie Nördlingen – Deiningen in südöstlicher Richtung bis Großsorheim erstrecken. Links der Eger haben westlich von Nördlingen nur die Gemarkungen Baldingen und Nähermemmingen in größerem Maße Anteil an den Lößböden, die westlich der Landesgrenze in Lehmböden anderer Herkunft übergehen. Im Norden liegt noch eine kleine Lößplatte zwischen dem Birkhauser Graben und der Mauch, die sich bis Munzingen nach Westen erstreckt. Im Süden der relativ großen Platte zwischen Eger und Wörnitz befinden sich im Windschatten von Stein- und Hahnenberg bei Appetshofen einige Lößinseln, die jedoch nach Osten hin immer unbedeutender werden. Gegenwärtig sind nur noch etwa 20 Prozent des Beckenbodens von Löß – bzw. Lößlehmböden bedeckt. Verschiedene Indizien lassen darauf schließen, daß zur Zeit der Landnahme durch die ersten Bauern bestenfalls ein Viertel des Kessels Lößböden aufzuweisen hatte. Neben diesen kommen im Westries natürlich noch andere gute Lehmböden vor, doch die schweren Riesseetone, die von der Linie Wechingen-Pfäfflingen bis zur nördlichen Randzone weithin als Stauwasserböden ausgebildet sind, überwiegen bei weitem. Die heutige Bedeutung des Rieses als eine der Kornkammern Bayerns beruht zu einem guten Teil auf diesen Tonböden, deren Bonität auf über 70 Punkte ansteigen kann. Von den vorgeschichtlichen Ackerbauern wurden sie allerdings nicht besiedelt. Wie wir daraus ersehen, beruht die Bedeutung der wichtigen Siedlungskammer Ries in der Frühzeit des Ackerbaus nur auf rund einem Viertel der gesamten heute landwirtschaftlich genutzten Fläche.

Pappenheim nach einer Lithographie von Grünwedel

Von dem verträumten Altmühlstädtchen aus erforschte der Pappenheimische Konsistorialrat Johann Michael Redenbacher im letzten Drittel des 18. und zu Beginn des 19. Jahrhunderts in einem größeren Umkreis den rätischen Limes und andere römische Bauwerke, wobei er gelegentlich auch im Ries tätig wurde. Wegen seiner Verdienste um die römische Hinterlassenschaft wurde Redenbacher 1808 als korrespondierendes Mitglied in die Königliche Akademie der Wissenschaften zu München aufgenommen. Für die archäologische Feldarbeit waren das die ersten Erfolge auf Landesebene und im lokalen Bereich auch für das Ries. Bereits ein Jahr später wurde innerhalb der Akademie eine „Commission zur Erforschung der vaterländischen Altertümer" ins Leben gerufen. Im frühen 19. Jahrhundert hat man die vorgeschichtlichen Wallanlagen und Grabhügel jedoch noch als Relikte der Römischen Kaiserzeit angesehen.
(Nach K. Schwarz und G. Kossack).

2. Abriß der Forschungsgeschichte

Soweit man sich zurückerinnern kann, wurde der Rieskrater als Relikt einer gewaltigen Vulkankatastrophe angesehen. Dennoch hat es immer wieder einzelne Geologen gegeben, die eine Entstehung des Rieskessels durch endogene Kräfte bezweifelten und eher an den Einschlagskrater eines Meteoriten dachten, mit ihrer Ansicht jedoch zumeist auf taube Ohren stießen.

Was nur wenige für wahrscheinlich hielten, das bestätigte sich, als die amerikanischen Geologen Eugene Shoemaker und Edward Chao mit Hinblick auf die bevorstehende Mondlandung den Suevit der Riestrümmermassen unter die Lupe nahmen und dabei die Minerale Stishovit und Coesit, das sind Hochdruckmodifikationen des Quarzes, nachweisen konnten, wodurch die Meteoritenhypothese fast zur Gewißheit wurde.

Ein weiteres Indiz für Impaktkatastrophen sind Tektite. Am bekanntesten dürften jene aus dem Moldautal in Südböhmen stammenden Moldaviten sein; ein kleineres Fundgebiet liegt nochmals 100 Kilometer weiter östlich in der Nähe von Brünn. Moldavite sind häufig runde, längliche oder auch tropfenförmige Gebilde aus glasartig aufgeschmolzenem Gesteinsmaterial von grünlicher Farbe. Ihre durchschnittliche Größe dürfte bei zwei Zentimetern liegen. Die Oberfläche ist oft zerfurcht und hat mitunter eine entfernte Ähnlichkeit mit der eines Pfirsichkerns. Über ihre Herkunft wurden viele Vermutungen geäußert. Als es dann Ende der fünfziger Jahre mit der neu entwickelten Kalium-Argon-Methode möglich war, an Gesteinen Altersbestimmungen vorzunehmen, wurden im Max-Planck-Institut für Kernphysik in Heidelberg[1] die nötigen Messungen sowohl an den Moldaviten als auch an Gläsern der Auswurfmassen des Rieskraters durchgeführt. In beiden Fällen wurde ein Alter von annähernd 14,7 Millionen Jahren ermittelt. Das gleiche Alter von Moldaviten und Riesgläsern ist zwar noch kein Beweis für die Herkunft der Tektite aus dem Ries, verleiht dieser Annahme jedoch einen hohen Wahrscheinlichkeitsgrad.

Durch die Forschungsbohrung „Nördlingen 1973" wurde der Charakter des Rieses als Einschlagskrater endgültig bewiesen.[2] Von J. Pohl durchgeführte paläomagnetische Messungen an den Bohrkernen haben zudem ergeben, daß kurz nach dem Impakt eine Umpolung des Erdmagnetfeldes erfolgt ist. Nach J. Pohl steht die Wahrscheinlichkeit eines zufälligen Zusammentreffens von Impakt und Umpolung in einem Verhältnis von 1:1000.[3] Zur Zeit kennt man mit Sicherheit zwei, vermutlich sogar drei Fälle mit zeitlicher Koinzidenz dieser Ereignisse. Pohl meint dazu: „Es muß daher die Möglichkeit in Betracht gezogen werden, daß Einschläge von großen kosmischen Körpern eine Umkehr des Erdmagnetfeldes auslösen können".

Diese Umpolung hat ihre Spuren nicht nur in den Sedimenten des Rieskraters hinterlassen, sondern auch in Ergußgesteinen an vielen Stellen der Erde. In einer Schichtenfolge vulkanischer Gesteine bei Steen Mountains im US-Bundesstaat Oregon konnte anhand paläomagnetischer Messungen diese Polumkehr rekonstruiert werden. Vor 14,7 Millionen Jahren war das Erdmagnetfeld revers orientiert und polte sich im Verlauf von 15 000 Jahren um, wobei der magnetische Pol in verschnörkelten Linien über den ganzen Erdball nach Norden wanderte.[4] Während der Umpolung ging die Intensität des Magnetfeldes um 90 Prozent zurück und baute sich dann wieder langsam bis zur Normalstärke auf. Die Geophysiker sprechen von einem reversen Erdmagnetfeld, wenn es – im Gegensatz zur heutigen Orientierung – nach Süden ausgerichtet ist.

Pioniere der Riesforschung

Aus den Aufzeichnungen des pappenheimischen Konsistorialrates Johann Michael Redenbacher, der sich bereits seit 1796 um die Erforschung des römischen Limes in Bayern verdient gemacht hatte, geht hervor, daß schon 1770 ein Jakob Mösler aus Großsorheim in den römischen Ruinen auf den Steppachäckern gegraben hat.[5] Nach Redenbachers Ortsbeschreibung handelte es sich dabei um die Reste der villa rustica am Stättbach in Großsorheim, die damals noch im Gelände sichtbar waren. Auch wenn wir Möslers Triebkräfte nicht kennen und mithin nicht wissen, ob bei ihm archäologische oder materielle Interessen im Vordergrund standen, beginnt mit seinen Aus-

Franz Joseph Stichaner

Ernst Frickhinger

grabungen die archäologische Forschung im Ries, denn immerhin soll er einen Brunnen, zwei Treppen und andere architektonische Details entdeckt haben. Redenbacher führte 1803 eine Nachgrabung in diesen Ruinen durch, und etwa zur gleichen Zeit wurde von ihm der erste Grabhügel in Belzheim geöffnet.

Als erste größere Publikation, in der auch das Ries behandelt wurde, erschien 1831 das zweibändige Werk des Augsburger Regierungsdirektors J. N. Ritter von Raiser. *Der Oberdonaukreis unter den Römern,* und 1837 folgte im 7. Jahresbericht des Historischen Vereins im Rezatkreis ein Beitrag des Ansbacher Staatsrates Franz Joseph von Stichaner über die Wallanlagen und Grabhügel im Ries. Weil damals das Interesse der Forscher vorrangig den auffälligen archäologischen Objekten wie römischen Gutshöfen, Wallanlagen, Grabhügeln, Höhlen und Höhensiedlungen galt, kam es dadurch leider auch zu einer erheblichen Verschiebung der Relationen, die bis in die Gegenwart hinein nachwirkt.

Die Große Ofnet[6] bei Holheim wurde 1875 als erste Rieser Höhle von Oskar Fraas untersucht. Der studierte Theologe war damals Konservator

Oskar Fraas grub 1875/76 die Große Ofnet aus.

Die Große Ofnet bei Nördlingen-Holheim wurde als erste Rieser Höhle 1875/76 von Oskar Fraas ausgegraben. Weltruhm erlangte sie, als R. R. Schmidt 1908 auf zwei Gruben mit insgesamt 33 Kopfbestattungen stieß.

am Stuttgarter Naturalienkabinett und vor allem paläontologisch interessiert. Nach dem Ende seiner Unternehmung stellten die zwei Höhlen bis zur Grabung von Richard R. Schmidt in den Jahren 1907/1908 ein Dorado für Sammler und Raubgräber dar. Das galt besonders für die Kleine Ofnet, in der bis dahin noch keine offizielle Ausgrabung durchgeführt worden war. So traf R. R. Schmidt nur noch an einzelnen Stellen der Terrassen vor den Höhlen ungestörte Schichten an.[7] Vor der Großen Ofnet ließ er einen Versturzfelsen wegsprengen, um in den darunterliegenden ungestörten Ablagerungen einen Profilschnitt vorzunehmen. Schmidt fand unter dem Felsklotz nicht nur intakte Schichten, sondern auch jene zwei inzwischen weltbekannten Schädelnester vor, die damals großes Aufsehen erregten.

Auf Schmidts Beobachtungen in den Ofnethöhlen stützte sich über längere Zeit die Chronologie des süddeutschen Jungpaläolithikums. Als A. Dauber 1933 am Hang vor der Kleinen Ofnet mesolithische Mikrolithen fand, sahen sich Birkner und Frickhinger veranlaßt, an jener Stelle Nachgrabungen vorzunehmen. Mit den Profilschnitten vor der Höhle konnte zwar kein Mesolithikum nachgewiesen werden, doch dafür stieß man an der Basis der Ablagerungen auf eine dem Felsboden aufliegende mittelpaläolithische Fundschicht mit einem Werkzeug aus dem Moustérien und einer großen Feuerstelle.[8] Später konnten aus dem alten Grabungsschutt noch einzelne mittelpaläolithische Geräte geborgen werden.

Bereits 1911/12 hatten die beiden Forscher im Hohlenstein[9] bei Ederheim Untersuchungen angestellt. In der aus zwei Räumen bestehenden Höhle wurden nur in dem vorderen, 15 Meter tiefen und nach hinten abfallenden Teil Fundschichten angetroffen. Unter Ablagerungen aus historischer Zeit kamen viele neolithische Funde, darunter auch zerschlagene Menschenknochen, zum Vorschein. In einer tieferen, spätglazialen Schicht stießen die Ausgräber auf Silex- und Knochen- bzw. Geweihartefakte des späten Magdalénien. Der interessanteste Fund war jedoch eine in zwei Teile zerbrochene und unvollständige Kalksteinplatte von 30 Zentimeter Höhe, die mit unzähligen eingeritzten Linien bedeckt war. Mit viel Mühe gelang es Birkner einige Jahre später, in dem Liniengewirr die Gravierungen von drei stilisierten Frauengestalten zu erkennen.[10] Nach Birkner versuchten auch noch andere Archäologen das eiszeitliche Vexierbild zu enträtseln: 1965 legte K. Narr eine Neubearbeitung des Fundkomplexes vor und vertrat dabei die Ansicht, daß Birkners Frauen auf dem Kopf stünden, was sich später als richtig erweisen sollte.[11] Und Hermann Dannheimer fand 1973 heraus, daß es sich bei Birkners vermeintlichem Frauenkopf um einen Pferdehuf handelte. Er entdeckte noch einen zweiten Pferdefuß und einen ansprechend gestalteten Pferdekopf.[12] Als sich G. Fischer zu Beginn der siebziger Jahre eingehend mit der gravierten Platte beschäftigte, konnte er noch einen Pferdefuß und drei weitere Frauendarstellungen erkennen.[13] Bei der Ausgrabung der späteiszeitlichen Jagdstation Gönnersdorf am Nordrand des Neuwieder Beckens durch Gerd Bosinski wurden über 300 solcher Frauendarstellungen gefunden, die allesamt auf Schieferplatten graviert waren.

Als Birkner und Frickhinger zwei Jahre später in der Hexenküche[14] am Südfuß des Kaufertsberges bei Lierheim gruben, hatten sie weniger Glück, denn die Sedimente in der oben offenen Höhle waren bereits durchwühlt worden; Birkner zufolge hat man dort früher nach Füchsen gegraben, wobei angeblich die ersten Artefakte zutage gekommen wären. Bei diesen Aktivitäten waren alle Funde, darunter auch angebrannte Menschenknochen, die Birkner mit Hexenverbrennungen in Verbindung brachte, restlos vermischt worden, so daß keine neuen Erkenntnisse gewonnen werden konnten. Unter dem westlich vom Höhleneingang gelegenen Abri trafen sie dagegen wider Erwarten ungestörte Sedimente an. Zuunterst lag ein Magdalénien mit schönen Silexgeräten, beidseitig abgeschrägten Knochenspitzen und einem Knochenfragment mit dem Rest einer nicht bestimmbaren Gravierung. Darüber hatten die Ausgräber eine Schicht vorgefunden, die offensicht-

Die Hexenküche im Kaufertsberg bei Möttingen-Lierheim wird immer häufiger mit kultischem Kannibalismus in Verbindung gebracht. Unter dem Abri links neben der Höhle wurde ebenfalls eine Kopfbestattung freigelegt.

lich ganz an das Ende des Paläolithikums gehört. In die untere Schicht war die rot eingefärbte Grube mit der hinlänglich bekannten Kopfbestattung eingetieft worden.[15] In den Jahren 1907 und 1908 führte Friedrich Hertlein die bisher einzigen Untersuchungen auf dem Ipf durch,[16] und 1911 begann Gerhard Bersu mit den Ausgrabungen auf dem Goldberg,[17] nachdem bei Steinbrucharbeiten immer wieder vorgeschichtliche Funde zum Vorschein gekommen waren. In dieser Zeit entwickelte sich Ernst Frickhinger zu einer dominanten Persönlichkeit, die besonders zwischen den zwei Weltkriegen die archäologische Riesforschung tatkräftig vorantrieb. Damals stieß man bei Dränagearbeiten häufig auf prähistorische Siedlungsgruben und römische Grundmauern, die Frickhinger Gelegenheit zu kleineren Untersuchungen boten. Daneben fand er aber auch noch Zeit für größere Siedlungsgrabungen wie in Herkheim und Nähermemmingen oder zur Untersuchung gefährdeter Grabhügel. Während seines Wirkens stieg im Ries die Zahl der Fundstellen sprunghaft an. Ernst Frickhinger starb 1940 im Alter von 64 Jahren.

Nach dem letzten Krieg übernahm Wolfgang Dehn die gewaltige Aufgabe, das gesamte Fundmaterial im Nördlinger Stadtmuseum zu katalogisieren, wobei er zeitweise von Edward Sangmeister und Kurt Böhner unterstützt wurde. Da ihm für diese Arbeit nur 19 Monate zur Verfügung standen, konnte zunächst nur der erste Teil des Katalogs fertiggestellt werden, der 1954 unter dem Titel *Die Steinzeit im Ries* als Materialheft zur Bayerischen Vorgeschichte erschienen ist.[18] Inzwischen liegt ein weiteres Materialheft über die Bronzezeit vor, auf das wir noch zurückkommen.

Zu den Pionieren der Riesforschung gehört natürlich auch Julius Kavasch, der sich vor allem auf dem Gebiet der geologischen Riesforschung große Verdienste erworben hat.

Das Ries als Lebensraum des prähistorischen Menschen

Neue Impulse für die Riesforschung gingen zu Beginn der siebziger Jahre von Landeskonservator Dr. Günther Krahe aus, der damals die Außenstelle Augsburg des Bayerischen Landesamtes für Denkmalpflege (LfD.) leitete und sich nebenbei, als einer der ersten in Bayern, der Luftbildarchäologie[19] widmete, wobei er auch das Ries mit großem Erfolg beflogen hat. Darüber hinaus regte er systematische Flurbegehungen im Ries an, die im Sinne einer archäologischen Landesaufnahme durchgeführt werden sollten. Im Jahre 1974 nahm der Verfasser, anfangs tatkräftig unterstützt von der Ehefrau, die systematischen Begehungen zunächst in der im äußersten Nordwesten des Regierungsbezirkes gelegenen großen Gemarkung Fremdingen, danach im Südries auf. Einige Zeit später leitete Werner Paa archäologische Aktivitäten im Raume Oettingen ein. Die Begehungen wurden unter einem siedlungsarchäologischen Aspekt und bei Berücksichtigung der Bodenart und der Bonität der Böden durchgeführt. Die Bodenkarte 1:100 000 erwies sich für diesen Zweck sehr bald als ungeeignet, weshalb auf eigene Rechnung Flurkarten mit Schätzungsrahmen angeschafft wurden. In langjährigen, intensiven Begehungen konnten allein im Südries über 1000 neue Fundstellen lokalisiert und kartiert sowie große Materialmengen, zumeist Scherben und Steingeräte, geborgen werden. Soweit im Zusammenhang mit Fundstellen und Funden kein anderer Name genannt wird, gehen sie in der Regel auf das Konto des Verfassers. Die Weiterleitung des Materials an die zuständigen Museen erfolgt über die Außenstelle Schwaben des Bayerischen Landesamtes für Denkmalpflege.

Die nunmehr große Zahl von Fundstellen verleiht den vorgeschichtlichen Besiedlungsstrukturen eine hohe Transparenz, wodurch das Siedlungsverhalten in den einzelnen Epochen besser durchschaubar wird. Erst mit der archäologischen Landesaufnahme wurde eine tragfähige Grundlage für die Siedlungs- und Landschaftsarchäologie im Ries geschaffen. Es zeigte sich auch, daß die von vielen Autoren vertretene Ansicht, das West- bzw. Südwestries hätte die größte Siedlungsdichte aufzuweisen, allenfalls auf zwei Epochen zutrifft (frühneolithische Siedlungen und hallstattzeitliche Grabhügel). Ein Blick auf die aktuellen Fundkarten überzeugt uns schnell, daß dieses Prädikat der östlichen Rieshälfte[20] bzw. dem südöstlichen Viertel des Beckens gebührt. Freilich ist damit die bemerkenswerte Fundstellenkonzentration nur grob umrissen, denn ihre Ostgrenze verläuft etwa in der Mitte zwischen Riesrand und Wörnitz, während sie im Westen etwas über die Nord-Süd-

Der Kleine Hühnerberg bei Möttingen-Kleinsorheim ist Teil eines Höhenrückens, der parallel zum südlichen Riesrand verläuft und viele Fundstellen aufweist.

Achse hinausgreift. In diesem Gebiet liegen u.a. die Fundstellen von zahlreichen altsteinzeitlichen Artefakten und 12 zum Teil befestigte Höhensiedlungen. Bemerkenswert ist diese Fundstellenkonzentration insofern, als sie sich nicht mit den Lößvorkommen deckt, sondern vorwiegend auf schlechteren Böden liegt und sich auf den sandigen Lehmen geringer Bonität links der Wörnitz noch weiter nach Osten erstreckt. Dagegen erscheinen im Kartenbild die Lößgebiete, trotz teilweise dichter Randbesiedlung, als eher fundarme Räume. Die Möglichkeit einer ursprünglich größeren Verbreitung der Lößböden wurde schon angesprochen, dürfte aber für das Gebiet zwischen Eger und Wörnitz kaum zutreffen.

Daß in diesem Siedlungsverhalten nur die Vorliebe für eine gewisse Höhenlage zum Ausdruck kommt, ist zu bezweifeln, zumal es ja in jeder Epoche Siedlungen in höheren und tieferen Lagen gegeben hat. Von größerer Bedeutung scheint die Dynamik des Reliefs mit ihren Auswirkungen auf die Böden, das Kleinklima und die Vegetation gewesen zu sein. Ein weiterer interessanter Aspekt kommt noch insofern hinzu, als innerhalb dieser Konzentration auch eine größere Anzahl paläo- und mesolithischer Fundstellen liegt, obwohl doch die Jäger und Sammler ihre Wohnplätze nach ganz anderen Kriterien auswählten als die späteren Bauern.

Der dicht besiedelte Teil des Beckens zeichnet sich durch ein bewegtes Relief aus und wird von der Egerniederung in zwei unterschiedlich strukturierte Ballungszentren gegliedert. Zwischen dem Wörnitz-Hühnerberg bei Harburg und Hohenaltheim im Westen weist die südliche Randzone die absolut dichteste Besiedlung des ganzen Beckens auf. Das mag daran liegen, daß hier dem Riesrand ein Höhenrücken vorgelagert ist, der seine Entstehung offensichtlich einer vom Riesrand abgerutschten Scholle verdankt und die Gemarkungen Großsorheim, Kleinsorheim und Ziswingen in ostwestlicher Richtung durchzieht. Gute, doch nicht auf Löß basierende Böden sowie zwei kleine Bäche bescheren dem Tälchen zwischen Kraterrand und Höhenrücken günstige Siedlungsbedingungen, die besonders in der Bronze- und Latènezeit wahrgenommen wurden. Im Süden wird das kleine Tal vom Mögginger

Wie die Funde belegen, war der Heroldinger Burgberg im Jungneolithikum, in der Urnenfelder- und wohl auch in der jüngeren Latènezeit besiedelt. Aus dieser Epoche dürfte auch der Ringwall mit Zangentor stammen.

Burgberg, im Norden vom Kleinen Hühnerberg flankiert. Die beiden Berge waren in verschiedenen vorgeschichtlichen Perioden sogar befestigt. Unmittelbar nördlich des langgestreckten Rückens liegt eine verhältnismäßig schmale Lößplatte, die im Norden allmählich in die Egerniederung übergeht.

Im Bereich der nördlichen Konzentration, wo sich Wörnitz und Eger vereinigen, bilden die beiden Flüsse einen U-förmigen Bogen. Innerhalb des Bogens liegen die östlichen Hügel und Höhenrücken des inneren Ringes. Dieses U spiegelt sich in der Fundstellenverteilung jeder einzelnen Epoche mehr oder weniger markant wider. Nur die Spuren der Hallstattzeit zeichnen den inneren Ring vom Hahnenberg über den Stein – zum Wennenberg mit größerer Deutlichkeit nach. Im Südosten des Beckens ist die Symmetrie des Kreises durch eine mächtige Scholle erheblich gestört, die sich zwischen Harburg und Huisheim weit in das Ries vorschiebt und den inneren Ring fast berührt. Auf dieser Scholle liegt neben dem altbekannten Heroldinger Burgberg auch der hart an die Wörnitz vorgeschobene und vorwiegend in der Hallstattzeit besiedelte Badersberg. Hier muß sich die Wörnitz durch eine Engstelle zwängen, bevor sie einige hundert Meter weiter westlich die Eger aufnehmen kann. Das Einzugsgebiet der Eger reicht von Fremdingen im Nordwesten bis Großsorheim im Südsüdosten und umfaßt etwa drei Fünftel des Kessels. Wie die Fundstellen zeigen, war sie für die frühen Siedler wichtiger als die Wörnitz. Letztere verläßt, nachdem sie alle Gewässer des Beckens aufgenommen hat, zwischen dem Burgberg und dem Rollenberg, die beide Reste vorgeschichtlicher Ringwälle tragen, das Ries.

Von dem kurz umrissenen Ballungsgebiet schieben sich die Siedlungen an den Flüssen und Bächen nach Norden und Westen in das Riesinnere vor, wobei die Funddichte ziemlich rasch abnimmt. Das Fundbild ähnelt einem Kraken, der an der Egermündung auf Beute lauert und seine Fangarme in alle Richtungen ausstreckt. Nach dem gegenwärtigen Forschungsstand ist die Funddichte im Nordwesten am geringsten, und daran wird sich wohl kaum noch etwas ändern.

Wie stark sich das Relief auf das Siedlungsgeschehen auswirkte, wird auch aus einer Gegenüberstellung der aneinandergrenzenden Gemarkungen Möttingen und Appetshofen deutlich. Die Ortsflur Möttingen, im Lößgebiet südlich der Eger gelegen, weist keine nennenswerten Erhebungen auf und hat einen eher welligen Charakter. Wie schon aus der Lage erschlossen werden kann, ist sie überwiegend mit guten, zum Teil sogar mit hervorragenden Lößböden bedeckt. Obwohl nun die Gemarkung mit guten Böden ausgestattet ist und von Eger, Bauten- sowie Forellenbach durchflossen bzw. begrenzt wird, hat sie dennoch eine weit geringere Funddichte zu verzeichnen, als die von wesentlich schlechteren Böden bedeckte Ortsflur Appetshofen, die einen großen Teil des breiten Rückens zwischen Eger und Wörnitz einnimmt, der den Stein- und den Kratzberg miteinander verbindet. Die Siedlungskapazität der Gemarkung Möttingen wurde in keiner der vorgeschichtlichen Epochen auch nur im entferntesten ausgeschöpft.

In allen früheren Ries-Publikationen wurden die im Vorries liegenden Fundstellen ebenfalls berücksichtigt. Auch wenn die Begehungen – von wenigen Ausnahmen abgesehen – bisher nur im Riesbecken durchgeführt wurden, soll hier bei dem Versuch, die Effizienz der Geländeprospektion zu verdeutlichen, diese Tradition beibehalten werden, obwohl sich das nachteilig auf die Fundstellenstatistik auswirkt. Weil die Zusammenfassung der Ergebnisse unter einem siedlungsarchäologischen Aspekt erfolgt, werden – paläo- und mesolithische Artefakte ausgenommen – Einzelfunde nicht berücksichtigt. Dasselbe gilt für Silex- und Scherbenmaterial, das sich nicht mit Sicherheit einer bestimmten Kultur zuweisen läßt. Daraus ergibt sich die Diskrepanz zwischen der Anzahl der tatsächlich erfaßten und den in diesem Buch berücksichtigten Fundstellen. Wie groß die Differenz sein kann, wird am Beispiel der Gemarkung Megesheim im Nordostries deutlich, wo von 43 lokalisierten Fundstellen nur 16 genauer datierbar waren. Es muß aber darauf hingewiesen werden, daß diese Ortsflur eine Ausnahme unter den begangenen Gemarkungen darstellt.

Im Spätherbst 1998 ist die 4. Lieferung der 2. Auflage des Historischen Atlas von Bayerisch-Schwaben erschienen. Die Kartierung der Rieser Fundstellen beruht auf den fünf die Vorgeschichte betreffenden Karten sehr weitgehend auf den Ergebnissen der Geländeprospektion.

Der Ochsenberg war von der Stein- bis in die Latènezeit besiedelt. Von der steilen Oststirn (im Bild links) ziehen sich die Fundstellen 600 Meter weit nach Westen. Etwas unterhalb der Kuppe befindet sich das einzige Schürfgrubenfeld des Rieses. Auf dem Acker ganz rechts liegt in der Nähe des Waldrandes eine ausgedehnte Siedlung, die auch Funde der Goldbergfazies I geliefert hat.

Baumsavanne im Morgendunst

Die Wiege der Menschheit stand in der tropischen Klimazone Afrikas. Die Gattung Homo stellt das Ergebnis einer sehr langen Anpassung der Hominiden an die sommer-feuchten Savannen dar. Als sich der frühe Mensch vor etwa zwei Millionen Jahren anschickte, vom Schwarzen Kontinent aus die Welt zu erobern, nahm er zuerst die Savannen Eurasiens in Besitz. Wie die Funde belegen, weitete er seinen Lebensraum nur zögernd in die Zonen des gemäßigten Klimas aus, immer darauf bedacht, vor allem jene Landstriche zu besiedeln, die seinem angestammten Habitat am nächsten kamen. Zu den bevorzugten Landschaften gehörte auch das Nördlinger Ries in der Mitte Europas. Als in einer Warmzeit die ersten Jäger- und Sammlerhorden den Meteoritenkrater durchstreiften, dürfte das Vegetationsbild ihrer Umwelt dem des heutigen Wemdinger Riedes gar nicht so unähnlich gewesen sein. Die frühen Jäger liebten klimatisch begünstigte, offene Landschaften, wie sie neben dem Ries auch im Neckar- und im Ingolstädter Becken und wohl auch im Donautal gegeben waren. Alt- und mittelpaläolithische Funde in den genannten Räumen sprechen für diese Annahme.

3. Die ältesten Spuren des Menschen

Um dem Leser im Hinblick auf das urgeschichtliche Ries die Standortbestimmung zu erleichtern, wollen wir an dieser Stelle in aller Kürze die wichtigsten Entwicklungsschritte des Menschen bis zu seinem Auftreten im Ries vorausschicken. Durch viele Neufunde auf allen Kontinenten der Alten Welt, bessere Datierungsmethoden und zahlreiche Neubewertungen alter Fossilien ist der bis vor wenigen Jahren noch einigermaßen übersichtliche Stammbaum des Menschen zu einem wuchernden Gestrüpp geworden, in dem wir uns nur schwer zurechtfinden, zumal auch die Orientierungshilfen der Paläanthropologen in verschiedene Richtungen zeigen.

So wie wir alle, hat auch der urgeschichtliche Mensch an der Stätte seines Wirkens – und oft auch seines Sterbens – mehr oder weniger deutliche Spuren hinterlassen. Es liegt in der Natur der Dinge, daß organische Materialien, unsere sterblichen Überreste eingeschlossen, nur eine begrenzte, aber dennoch recht unterschiedliche Lebensdauer besitzen, die sehr wesentlich von den Sedimenten, in die sie eingebettet waren, und auch von den jeweiligen klimatischen Verhältnissen bestimmt wird. Folgerichtig ergibt sich daraus für die Vorgeschichtsforschung, daß die Spuren des Menschen immer seltener werden, je tiefer man in die Vergangenheit eindringt. Doch im Gegensatz zu den trockenen subtropischen Regionen der Alten Welt, wo fossile Knochen mit einem Alter von mehreren Millionen Jahren die ältesten Spuren des Menschen und seiner Vorfahren verkörpern, stellen – wegen der schlechten Erhaltungsbedingungen für organisches Material in unseren Breiten – die fast unvergänglichen Steinartefakte häufig unsere einzige Informationsquelle über die früheste Besiedlung Europas durch den Menschen dar. Leider sind die primitiven Geröllgeräte nicht immer mit letzter Sicherheit von natürlichen Bildungen, den sogenannten Pseudoartefakten, zu unterscheiden. Und weil die kulturelle Evolution beim frühen Menschen nur recht langsam voranschritt, lassen sich an den Artefakten oft über sehr lange Zeiträume kaum Veränderungen beobachten, die allein eine bessere Beurteilung der Funde ermöglichen würden.

Zu 99 Prozent spielte sich die Menschheitsgeschichte in der Steinzeit ab und konnte lange Zeit nur anhand altpaläolithischer Leitformen chronologisch in sehr lange Abschnitte gegliedert werden, die meistens einen Zeitraum von mehreren hunderttausend Jahren umfaßten. Erst nach der Entwicklung naturwissenschaftlicher Datierungsmethoden, die auf der Zerfallsrate radioaktiver Isotope beruhen, bekam man festeren Boden unter die Füße.

Die zwei wichtigsten Verfahren sind die Radiokarbon- und die Kalium-Argon-Methode. Während die erste gute Dienste bei der Altersbestimmung von Funden der jüngeren vorgeschichtlichen Abschnitte leistet, eignet sich die zweite besonders zur Datierung alter vulkanischer Ablagerungen. Das ist sehr wichtig, denn aufgrund der datierten Schichten läßt sich das Alter der dazwischen eingebetteten Fossilien und Artefakte in den meisten Fällen recht gut abschätzen. Auf diese Weise hat man für einige primitive Steingeräte, die 1977 von der französischen Archäologin Hélène Roche bei Hadar in Äthiopien gefunden worden waren, ein Alter von 2,5 Millionen Jahren ermittelt. Das sind die bislang frühesten Belege menschlicher Kultur auf unserem Planeten, und weil etwa zur gleichen Zeit auch *Homo habilis* erstmals in Erscheinung trat, wird ihm die „Oldowan-Kultur", wie die älteste Steingeräteindustrie der Welt aufgrund der ersten Fundstellen in der Olduvaischlucht allgemein genannt wird, zugeschrieben. Als Artefakte bezeichnet man – im weitesten Sinne – alle vom Menschen hergestellten Gegenstände.

Wenn auch einer von Raymond Dart, dem Entdecker der Australopithecinen, postulierten Knochen-Zahn-Hornkultur die endgültige Anerkennung durch die Fachwelt versagt blieb, muß man doch davon ausgehen, daß die Hominiden – so wie es auch die Schimpansen machen – für bestimmte Zwecke zu allererst geeignete Stöcke, Zweige oder Knochen benützt haben dürften, was aber nicht bewiesen werden kann. Bis vor kurzem galt als ältester Gegenstand aus Holz, der aufgrund eindeutiger Bearbeitungsspuren als Artefakt angesprochen werden muß, die 39 Zentimeter lange, aus dem Hoxnien stammende Lanzenspitze von Clacton-on-Sea in England. Sie besteht aus Eibenholz, und der Speer – von dem sie stammt – dürfte vor ungefähr 300 000 Jahren angefertigt worden sein. Das Hoxnien entspricht etwa dem Holstein-Interglazial bzw. der süddeutschen Mindel-Riß-Zwischeneiszeit. Erst kürzlich hat man jedoch in Niedersachsen Speere gefunden, die noch hunderttausend Jahre älter sein sollen.[1]

Das aus den Australopithecinen hervorgegangene Taxon *Homo habilis* weist eine ungewöhnlich große Varationsbreite auf, denn es umfaßt so grundverschiedene Frühmenschenformen wie den sehr kleinen und äußerst primitiven OH 62 (Olduvai hominid) und den offensichtlich schon sehr viel weiter entwickelten und mit einem relativ großen Gehirn ausgestatteten KNM-ER 1470 (Kenia National Museum, East-Rudolf). Zu dieser enormen Spannweite kam es, als man zu Beginn der fünfziger Jahre mit der früheren anthropologischen Gepflogenheit aufräumte, jedem neuen Fossil einen eigenen Namen zu geben und alle Hominiden in wenige Arten zusammenfaßte – das sogenannte „lumping" –, wobei man leider sehr bald in das andere Extrem verfiel. Die fortschrittlichen *habilis*-Formen werden vor allem von Richard Leakys berühmtem Schädel 1470 vom Turkanasee und einem Unterkiefer mit der Bezeichnung UR 501, der erst 1991 vom Team des deutschen Paläontologen Friedemann Schrenk von der Universität Darmstadt bei Uraha am Malawisee geborgen wurde und etwa 2,4 Millionen Jahre alt sein soll, verkörpert. Weil sich das Fossil 1470 sehr wesentlich von anderen *habilis*-Funden unterscheidet, hat der russische Anthropologe Alexejew 1986 für diesen Fund – unter Anspielung auf den früheren Namen des Turkanasees – die Bezeichnung *Homo rudolfensis* vorgeschlagen. Schrenk vertritt die Ansicht, daß sich dieser Hominide in Afrika zu *Homo erectus* weiterentwickelt hätte und der Urahn aller Menschen sei. Diese Ansicht wird jedoch nicht von allen Paläanthropologen geteilt.

Obwohl es aufgrund der vielen Hominidenreste, die in den letzten Jahrzehnten in Afrika zum

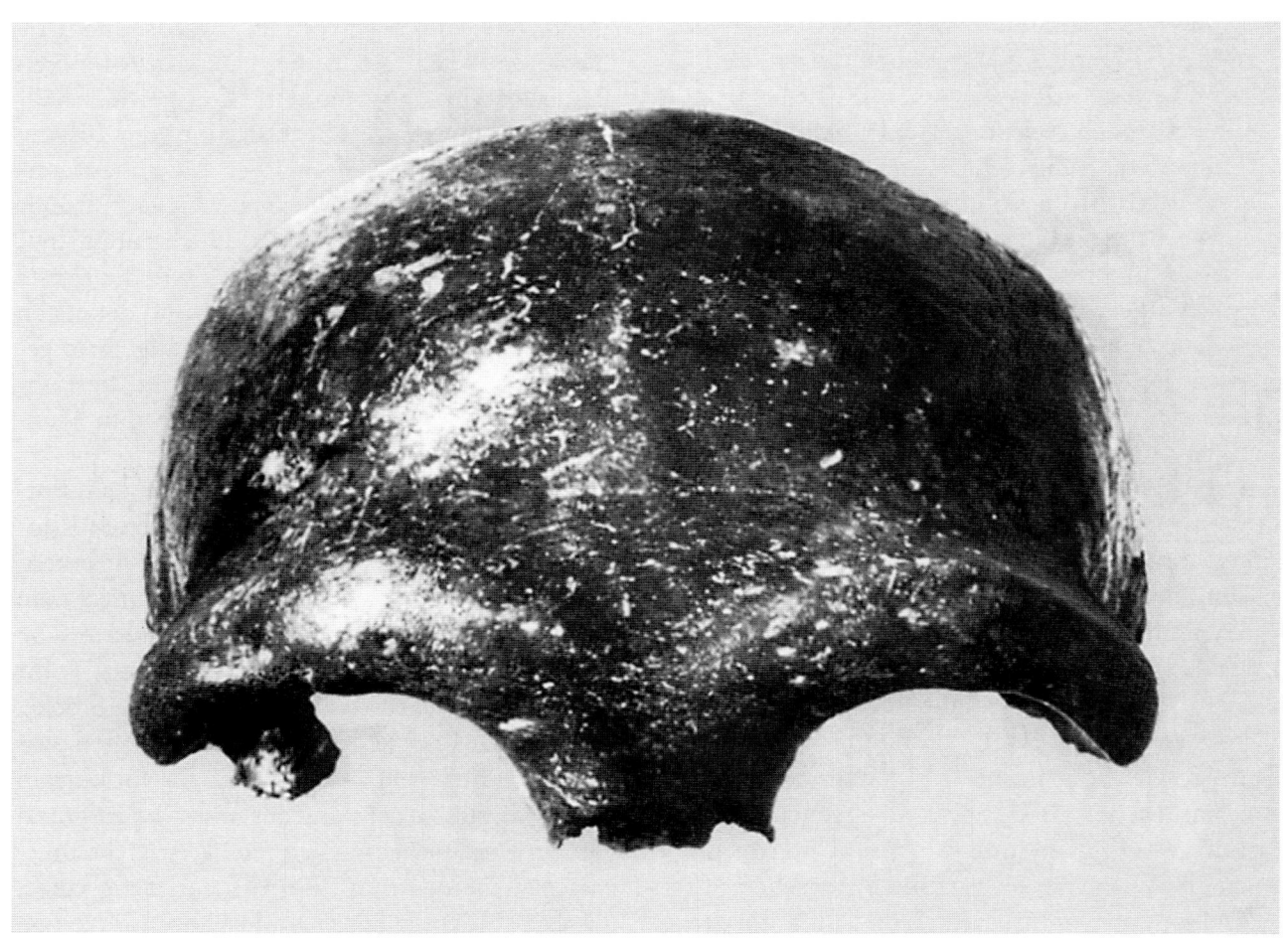

Das berühmte Schädeldach aus der Kleinen Feldhofer Grotte im Neandertal.

Vorschein kamen, keinen Zweifel daran gibt, daß die Wiege der Menschheit auf dem Schwarzen Kontinent stand, wurden die ersten Fossilien des Frühmenschen weitab von Afrika zutage gefördert. Und zwar hat der auf Java stationierte niederländische Militärarzt Eugène Dubois bereits 1891 bei Trinil Schädelreste und den linken Oberschenkelknochen eines Individuums ausgegraben, das er *Pithecanthropus erectus* nannte,[2] was soviel wie „aufrechter Affenmensch" bedeutet. Ab 1926 kam dann in der Drachenhöhle bei Choukoutien, 40 Kilometer südwestlich von Peking, eine größere Anzahl von *erectus*-Funden zutage, die unter dem Namen *Sinanthropus pekinensis* weltweit bekannt wurden, aber seit dem Tag, an dem sie vor den vorrückenden Japanern nach Amerika in Sicherheit gebracht werden sollten, verschollen sind. Der deutsche Arzt und Anatom Franz Weidenreich, der damals in China forschte, erkannte die große Ähnlichkeit zwischen den javanischen und chinesischen Fossilien und schlug deshalb für alle den Namen *Homo erectus* vor, mit dem später auch die in etwa gleichaltrigen europäischen und afrikanischen Funde bedacht wurden. Das erste afrikanische *erectus*-Fossil, der OH 9 wurde 1961 von Louis Leakey beschrieben und ist annähernd 1,5 Millionen Jahre alt.

Doch der allererste fossile Mensch, mit dem sich die Wissenschaft – nach langem Zögern – zwangsläufig auseinandersetzen mußte, das war der Neandertaler. 1856 hatte Johann Carl Fuhlrott, Naturkundelehrer an der Realschule in Elberfeld und Forscher aus Leidenschaft, von dem Besitzer des Steinbruchs im Neandertal einige als Bärenknochen bezeichnete Fossilien erhalten. Fuhlrotts geschulter Blick erkannte die Bedeutung der Knochen aus der Kleinen Feldhofer Grotte sehr schnell, die – wie er sah – nicht vom Höhlenbären, sondern von einem archaischen Menschen stammten.[3] Aber die Anerkennung blieb dem „urtypischen Individuum unseres Geschlechtes" auf Betreiben des damals führenden Pathologen Rudolf Virchow, der auch nach dem Erscheinen von Darwins grundlegendem Werk *On the Origin of Species* im Jahre 1859 eine Evolution des Menschen strikt ablehnte und sogar als Hirngespinst bezeichnete, versagt. Die arttypischen Merkmale der Knochen aus dem Neandertal hatte Virchow als pathologische Veränderungen eines rezenten Mannes abgetan. Dasselbe Spiel trieben Virchow und seine Anhänger auch 40 Jahre später, als es um die Anerkennung des *Pithecanthropus erectus* von Java ging, den der führende Pathologe als Gibbon einstufte. Und als der Neandertaler nach vielen Jahren schließlich doch gegen den erbitterten Widerstand Virchows als fossiler Mensch anerkannt wurde, hatte Fuhlrott schon lange das Zeitliche gesegnet.

Johann Carl Fuhlrott

Der Streit um den ersten Neandertaler war kaum beendet – Virchow starb 1902 einundachtzigjährig in Berlin –, da kam am 20. Oktober 1907 an der Basis einer Sandgrube am Grafenrain in Mauer bei Heidelberg ein zwar robuster und kinnloser, doch zweifellos menschlicher Unterkiefer zum Vorschein. Dieses Fossil mit einem Alter von etwa 630 000 Jahren war damals der älteste bekannte Menschenrest der Erde und erreichte unter dem Namen *Homo erectus heidelbergensis* große Berühmtheit.[4] Rund 80 Jahre lang war der Heidelbergmensch auch der Senior Europas. Nachdem dann 1933 in Steinheim an der Murr[5] und zwei Jahre später in den Schottern von Swanscombe[6] in der südostenglischen Grafschaft Kent die Reste von zwei weiteren Urmenschen geborgen worden waren, da glaubte man, Europa, insbesondere Deutschland, hätte eine wichtige Rolle in der Entwicklungsgeschichte des Menschen gespielt.

Doch als sich vor wenigen Jahren das hohe Alter des schon lange bekannten javanischen Kinderschädels von Modjokerto herausstellte und dann nach China[7] auch aus Georgien alte Funde gemeldet wurden – der Unterkiefer aus der mittelalterlichen Ruinenstadt Dmanisi, die direkt vor dem Hintereingang Europas liegt, soll 1,6 bis 1,8 Millionen Jahre[8] alt sein –, da fragte man sich verwundert, warum denn nun in Mitteleuropa, wo bis in die jüngste Vergangenheit hinein zwar viele neue Funde geborgen werden konnten, die aber alle jünger als der *Homo heidelbergensis* waren, keine älteren Menschenreste mehr zum Vorschein kommen. Die Frage ist leicht zu beantworten: Der Mensch ist aus einer sehr langen Anpassung der Hominiden an die äquatoriale Savanne Ostafrikas hervorgegangen; deshalb hat er von Afrika aus zuerst die klimatisch ähnlichen Savannen Asiens in Besitz genommen und offensichtlich auch die europäischen Regionen mit mediterranem Klima südlich der alpiden Gebirgszüge. In der Tat wurden vor mehreren Jahren im granadischen Orce und Sandalja in Istrien unter anderem kleinere Menschenreste gefunden, die bis zu 1,5 Millionen Jahre alt sein sollen, und erst 1997 wurde aus Atapuerca in Spanien eine neue 800 000 Jahre alte Spezies mit dem Namen *Homo antecessor* gemeldet.[9] Die Fundstelle in Sandalja ist noch sehr umstritten, weshalb es ratsam erscheint, ihr mit einer gewissen Skepsis zu begegnen.

Unsicherheit herrscht gleichermaßen bei einigen Artefakten des Urmenschen, insbesondere aber für einige Geröllgeräte aus Quarzit, die 1987 bei Chilhac im französischen Zentralmassiv unter vulkanischen Ablagerungen zum Vorschein gekommen waren, und die man auf annähernd zwei Millionen Jahre datiert hatte. Also müssen auch die Artefakte so alt sein und somit die ältesten vom Menschen bearbeiteten Steine Europas darstellen, dachte der Paläontologe Eugène Bonifay. Die Geologen fanden jedoch Indizien für eine Umlagerung des vulkanischen Materials in späterer Zeit; bei dieser Gelegenheit seien die jüngeren Artefakte offenbar in die älteren Sedimente eingebettet worden, wodurch ein höheres Alter vorgetäuscht werde, meinen sie. Auch eine neue Fundstelle bei Tatoiu in Rumänien, deren Alter mit 1,5 bis 2 Millionen Jahren angegeben wird, ist nicht sicher datiert und möglicherweise viel jünger. Wir müssen uns vermutlich damit abfinden, daß diese und andere, von verschiedenen Fundorten stammenden archaischen Artefakte Europas, darunter auch jene von der Fundstelle Kärlich bei Koblenz, kaum älter als eine Million Jahre sein dürften. Dagegen wurden bei Yiron in Israel Artefakte mit einem Alter von 2,4 Millionen Jahren gefunden, die zu den ältesten Steingeräten der Welt gehören und somit eine ganze Menge Fragen aufwerfen.

So, wie die Geröllgeräteindustrie des Oldowan sehr wahrscheinlich die Kultur des *Homo habilis* darstellt, wird das Acheuléen *Homo erectus* zugeschrieben. Das Acheuléen ist ein Industriekomplex, der im wesentlichen alle Faustkeilkulturen des Altpaläolithikums umfaßt. Obwohl die ersten Faustkeilindustrien vor etwa 1,5 Millionen Jahren in Afrika entstanden sind, wurden sie – forschungsgeschichtlich bedingt – nach Saint-Acheul an der Somme – einem Vorort von Amiens – benannt, wo Boucher de Perthes, Zolldirektor in Abbeville, seine ersten Faustkeile gefunden hatte, die oft mit den Knochen der verschiedensten eiszeitlichen Tiere vergesellschaftet waren. Aber auch er mußte erst viele Jahre kämpfen, bis sie schließlich 1859, mit Unterstützung des englischen Geologen Charles Lyell, als Geräte des Urmenschen Anerkennung erfuhren.

Neben der Faustkeilkultur lebten in Europa auch die Geröllgeräteindustrien weiter, doch an den meisten Fundorten lassen sie sich zeitlich nicht näher eingrenzen. Mit einiger Sicherheit kann man davon ausgehen, daß einige dieser Geröllgeräteinventare wesentlich älter sind als die frühesten Faustkeile Europas, die offensichtlich erst vor etwa 600 000 Jahren in Erscheinung traten. In Zusammenhang mit den alten Menschenfunden in Asien und neuerdings auch in Europa wurde verschiedentlich die Vermutung geäußert, daß wahrscheinlich schon *Homo rudolfensis,* der ja noch keine Faustkeile kannte, Afrika verlassen hat. Wenn die Fundstelle Yiron richtig datiert ist – und es gibt keinen Grund, daran zu zweifeln –, dann kann es gar nicht anders gewesen sein. Es besteht auch die Möglichkeit, daß der frühe Mensch in Ostasien, wo die Faustkeilkultur nie

Fuß fassen konnte, eine andere Umwelt – vielleicht mit Wäldern – vorgefunden hat, in der er sich mit den robusteren Geröllgeräten besser zu behaupten vermochte.

Nach der kontinentaleuropäischen Lehrmeinung war unser Erdteil bis vor rund 400 000 Jahren in den warmen Zwischeneiszeiten offenbar nur vom *Homo erectus* besiedelt. Erst danach sollen neben dem späten *erectus,* der unter anderem durch die Funde von Vérteszöllös[10] (Ungarn), Bilzingsleben[11] (Thüringen), Petralona (Griechenland), Arago (Frankreich) und eventuell Reilingen belegt ist, auch intermediäre Formen in Erscheinung getreten sein, wie die wohl gut und gern 300 000 Jahre alten Menschen von Steinheim und Swanscombe, die nach Ansicht vieler Fachleute zum Neandertaler überleiteten.

Doch die Paläanthropologen bilden eine streitbare Zunft. So wollen nun einige von ihnen herausgefunden haben, daß der moderne Mensch nicht von *Homo erectus* abstammt, der vorwiegend in Ostasien verbreitet war, sondern vom afrikanischen *Homo ergaster,* der wiederum in Europa nicht heimisch gewesen sein soll. Besonders die Anthropologen des englischen Sprachraumes vertreten vorwiegend die Ansicht, daß durch die mittelpleistozänen Fossilien Europas der archaische *Homo sapiens* belegt wird. Ganz nach persönlicher Einschätzung der Autoren kann nun unter Umständen das gleiche Fossil als *Homo erectus,* archaischer *Homo sapiens, Homo heidelbergensis* oder auch als Ante-Neandertaler angesprochen werden. Einfacher ist die Taxonomie der frühen Europäer dadurch freilich nicht geworden. Um die Lektüre dieses Buches nicht zu einer babylonischen Sprachverwirrung verkommen zu lassen, wird der vormalige europäische *Homo erectus* von da an als Frühmensch bezeichnet.

Lange hat sich bei uns die sogenannte Präsapiens-Hypothese gehalten, derzufolge es in einer fernen Vergangenheit, vielleicht schon im Pliozän, zu einer Verzweigung im Stammbaum des Menschen gekommen sei, wobei eine Linie zum modernen Menschen, die andere zum Neandertaler geführt hätte. Die intermediären Formen von Steinheim und Swanscombe wurden als Präsapiens eingestuft, der angeblich zum modernen Menschen überleiten würde. Gestützt wurde diese Hypothese durch den Schädel von Piltdown mit dem schönen Namen *Eoanthropus dawsoni* (Dawsons Frühmensch), welcher 1912 der staunenden Fachwelt vorgestellt wurde. Als der Mensch von Piltdown 1953 als Fälschung entlarvt worden war, bei der man Fragmente eines modernen Schädels mit dem Unterkiefer eines Schimpansen zusammengefügt hatte, wurde damit auch der Präsapiens-Hypothese weitgehend der Boden entzogen.

Durch eine neue Sicht der Dinge, welche der deutsche Anthropologe Günter Bräuer[12] von der Universität Hamburg 1976 begründete und die vor allem unter den jüngeren Wissenschaftlern viele Anhänger gefunden hat, ist diese Hypothese schließlich bedeutungslos geworden. Bräuers fundierte Out-of-Africa-Theorie besagt nämlich, daß sich *Homo sapiens* erst vor etwa 200 000 Jahren ebenfalls in Afrika entwickelt und binnen relativ kurzer Zeit über die ganze Erde ausgebreitet hätte. Unter diesem Blickwinkel gesehen, kann es sich bei der Frau von Steinheim nur um eine Übergangsform zum Neandertaler handeln.

Etwa zur gleichen Zeit, als in Afrika die Frühformen des modernen Menschen erstmals in Erscheinung traten, das war vermutlich in der zweiten Hälfte des Rißglazials, hat es in Eurasien anscheinend nur noch den frühen Neandertaler gegeben, der dem modernen Menschen morphologisch näher stand als der spätere klassische Neandertaler Mittel- und Westeuropas.

Er war der erste Mensch, der nachweisbar auch im Ries seine Spuren hinterlassen hat. Das sollte für uns Grund genug sein, diesem so häufig verkannten, vielfach geschmähten und deshalb auch heftig umstrittenen Urmenschen etwas breiteren Raum zu widmen.

War der Neandertaler ein brutaler Tölpel?

Der *Homo neanderthalensis* war der widersprüchlichste Hominide der Urzeit. Wie wir gesehen haben, begann der Streit schon mit seiner Entdeckung und setzte sich später mit der Frage fort, welchen Platz er im Stammbaum des Menschen einnimmt. Jahrzehntelang hat man heftige Diskussionen über die genetischen Beziehungen der beiden Menschenformen geführt, und die Vorurteile, gegen die Fuhlrott zeitlebens zu kämpfen hatte, sind auch heute noch nicht völlig abgebaut. Die Verleugnung und Diskriminierung des

Virchow hat den Neandertaler niemals anerkannt.

Urmenschen durch den dominierenden Pathologen Virchow wirkt bis in die Gegenwart nach, denn Virchow war nicht irgendwer, sondern eine Kapazität auf den Gebieten der Anthropologie und der Vorgeschichtswissenschaft. Zu seiner Zeit war er so etwas wie eine Institution und sein Wort hatte großes Gewicht. Leider war er auch ein überzeugter Anhänger der Konstanztheorie, und als solcher glaubte er unerschütterlich an die Unveränderlichkeit der Arten. Wenn er zugegeben hätte, daß Fuhlrotts Neandertaler und Dubois' *Pithecanthropus* Urmenschen sind, wäre das eine Bestätigung dafür gewesen, daß es doch eine Evolution gibt und die Arten eben nicht unveränderlich sind.

Das Auffinden weiterer Neandertaler, besonders jener zwei unvollständigen Skelette, die 1886 von belgischen Forschern in einer Höhle bei Spy unweit von Namur geborgen worden waren, und das Engagement des damals führenden deutschen Anthropologen Gustav Schwalbe hatten schließlich die endgültige Anerkennung des Neandertalers zur Folge. Aber die Vorurteile blieben noch längere Zeit bestehen, denn niemand wollte vom Neandertaler abstammen.

Daß dieser auch heute noch weithin als brutaler und tölpelhafter Unhold gilt, der vornübergebeugt durch die Gegend schlurfte, ist einigen Anthropologen zu verdanken, die anhand der geborgenen Skelette eine Rekonstruktion des Neandertalers versucht hatten. Am schwersten wog das Urteil des französischen Paläontologen und Direktors des Muséum National d'Histoire Naturelle in Paris, Marcellin Boule, dem – so könnte man es ausdrücken – aufgrund einer gewissen Unerfahrenheit im Umgang mit Urmenschen und seiner Überzeugung, daß der Neandertaler nicht der Vorgänger des modernen Menschen gewesen sein könne, bei der Rekonstruktion des 1908 ausgegrabenen „Alten von La Chapelle-aux-Saints" mehrere Fehler unterlaufen waren. Weil die Fehler erst viel später erkannt wurden, fand Boules umfangreiche Monographie, mit der er den Neandertaler nicht nur physisch, sondern auch geistig in die Nähe der Menschenaffen rückte, großen Anklang.[13] Mit diesem Werk avancierte er zum Begründer der Paläanthropologie, die in ihrem ursprünglichen Sinne als eine Paläontologie des Menschen aufzufassen war. Der Monographie war wohl hauptsächlich deshalb Erfolg beschieden, weil Boule darin das zum Ausdruck brachte, was die gebildeten Bevölkerungskreise gerne hören bzw. lesen wollten. Niemand stellte damals die Frage, wieso sich dieser Hominide mit einer Gehirnkapazität von 1400 Kubikzentimetern, die also etwas größer war als die des modernen Menschen – beim Schimpansen beträgt sie nur rund 400 Kubikzentimeter –, auf einem so niedrigen geistigen Niveau befinden konnte.

Erst in den fünfziger Jahren machten einige Anthropologen darauf aufmerksam, daß der Alte von La Chapelle-aux-Saints allein deshalb nicht wie ein normaler Mensch habe gehen können, weil er unter pathologischen Mißbildungen des Rückgrates infolge einer Arthritis litt. Damals wurde das verzerrte Bild des Neandertalers von Grund auf überholt. Zwar blieb es auch danach bei dem langen Schädel mit der fliehenden Stirn, den gewaltigen Überaugenwülsten und dem Spitzgesicht, auch die Krümmung der robusten Gliedmaßen war noch vorhanden, doch nach der Meinung vieler Anthropologen hätte sich der Neandertaler, gepflegt, normal gekleidet und mit einem Hut ausgestattet, unter uns bewegen können ohne aufzufallen.

Auch seine geistigen Fähigkeiten werden heute ganz anders eingeschätzt, als sie von Boule dargestellt worden waren. Es stimmt zwar, daß der Neandertaler keine Kunstwerke hinterlassen hat, doch gibt es andere Beweise seiner Intelligenz. Er war vor allem ein ausgezeichneter Jäger, der auch in den kälteren Abschnitten des Pleistozäns am Rande des Eises ausharrte, und seine nach einem Fundort Moustérien benannte Abschlagkultur mit rund 60 verschiedenen Gerätetypen stellte eine enorme Verbesserung gegenüber den Faustkeilen des Acheuléen dar. All das erforderte geistige Fähigkeiten, die weit über denen eines affenähnlichen Wesens lagen. Und wie aus den Befunden hervorgeht, hatte der Neandertaler – als erster Mensch – bereits die Türe zu einem Bereich aufgestoßen, der nichts mit der Überlebensstrategie einer eiszeitlichen Jägerpopulation zu tun hatte: Er beerdigte seine Toten regelrecht und stattete sie mit Grabbeigaben aus. Folglich besaß er bereits religiöse Vorstellungen und glaubte auch an ein Weiterleben nach dem Tod. Das alles war Boule bekannt; dennoch bezeichnete er ihn tendenziös als äffisches Wesen.

Aus dem jüngeren Acheuléen kennt man in Europa eine ganze Reihe von Fundplätzen teils mit, teils ohne Menschenreste. Zu den bekanntesten Fundorten aus jener Zeit gehören in Deutschland die Travertinsteinbrüche in Ehringsdorf und Taubach bei Weimar, wo schon im 19. Jahrhundert Menschenreste zum Vorschein gekommen waren. Im Steinbruch Fischer stieß man 1925 auf Teile eines weiblichen Schädels, den man bewußt zerschlagen und dann deponiert hatte.[14] Solche und ähnliche Befunde lassen auf kultische Anthropophagie schließen. Diese makabre Verhaltensweise war jedoch keine „Errungenschaft" des Neandertalers; Hinweise auf rituellen Kannibalismus hat es schon beim Frühmenschen (z.B. Bilzingsleben) gegeben und danach in fast allen vorgeschichtlichen Epochen bis in die frühgeschichtliche Zeit. Das Verspeisen des Gehirns von Menschen, die eines natürlichen oder auch gewaltsamen Todes gestorben waren, gehörte in vorgeschichtlicher Zeit offenbar zum guten Ton, zumal es reich an Proteinen und dem lebenswichtigen Phosphor ist.

In der Norddeutschen Tiefebene und da besonders in den Flußschottern des Elb-Saale-Gebietes, aber auch im Leinetal bei Hannover-Döhren ist eine ganze Reihe von rißeiszeitlichen Fundkomplexen zum Vorschein gekommen. Aus dem Rahmen des Üblichen fällt ein Fund von Lehringen an der Aller, durch den ein Jagdverhalten des Neandertalers vor etwa 130 000 Jahren offenkundig wurde, für das es bis dahin nur Indizien gegeben hatte. Dort stieß man 1948 in einer Mergelgrube auf das Skelett eines Altelefanten, zwischen dessen Rippen die Spitze eines Eibenholzspeeres steckte. Es konnten noch zehn weitere, sorgsam geglättete Holzfragmente geborgen werden, die eine Waffe von etwa zweieinviertel Metern Länge ergaben.

Die typischen Merkmale des klassischen Neandertalers haben sich offenbar während der Anpassung an das unwirtliche Klima der letzten Eiszeit in West- und Mitteleuropa herausgebildet. Ihre Entstehung wurde vermutlich auch durch eine gewisse geographische Isolation am Rande der Population begünstigt, deren Verbreitungsgebiet sowohl Europa als auch Westasien einschließlich Usbekistans bis zum 55 Breitengrad und darüber hinaus umfaßte.

Die Spuren des Neandertalers im Ries

Bis gegen Ende der fünfziger Jahre waren die wenigen mittelpaläolithischen Artefakte aus der Kleinen Ofnet die ältesten Belege für die Anwesenheit des Menschen im Ries. Dadurch war der Eindruck entstanden, der Neandertaler hätte diese klimatisch begünstigte Beckenlandschaft weitgehend gemieden.

Doch inzwischen hat sich die Situation grundlegend geändert, denn infolge der intensiven Geländeprospektionen in den letzten zwei Jahrzehnten sind gegenwärtig die Spuren des Neandertalers im Ries und seiner nächsten Umgebung weit zahlreicher als jene des jungpaläolithischen Menschen. Die Erforschung des Freilandpaläolithikums begann im Jahre 1957, als August Schorer, ein Sammler aus Augsburg, der voll und ganz auf Steingeräte fixiert war, in der Nähe des Harburger Bahnhofs einen mittelpaläolithischen Abschlag fand. Und schon fünf Jahre später konnte er in Harburg-Mündling, Flur Birkhau, einen Faustkeil aus der Rißeiszeit bergen, der mit einem Alter von mehr als 130 000 Jahren noch immer das älteste Artefakt Schwabens darstellt.[15] Weil der

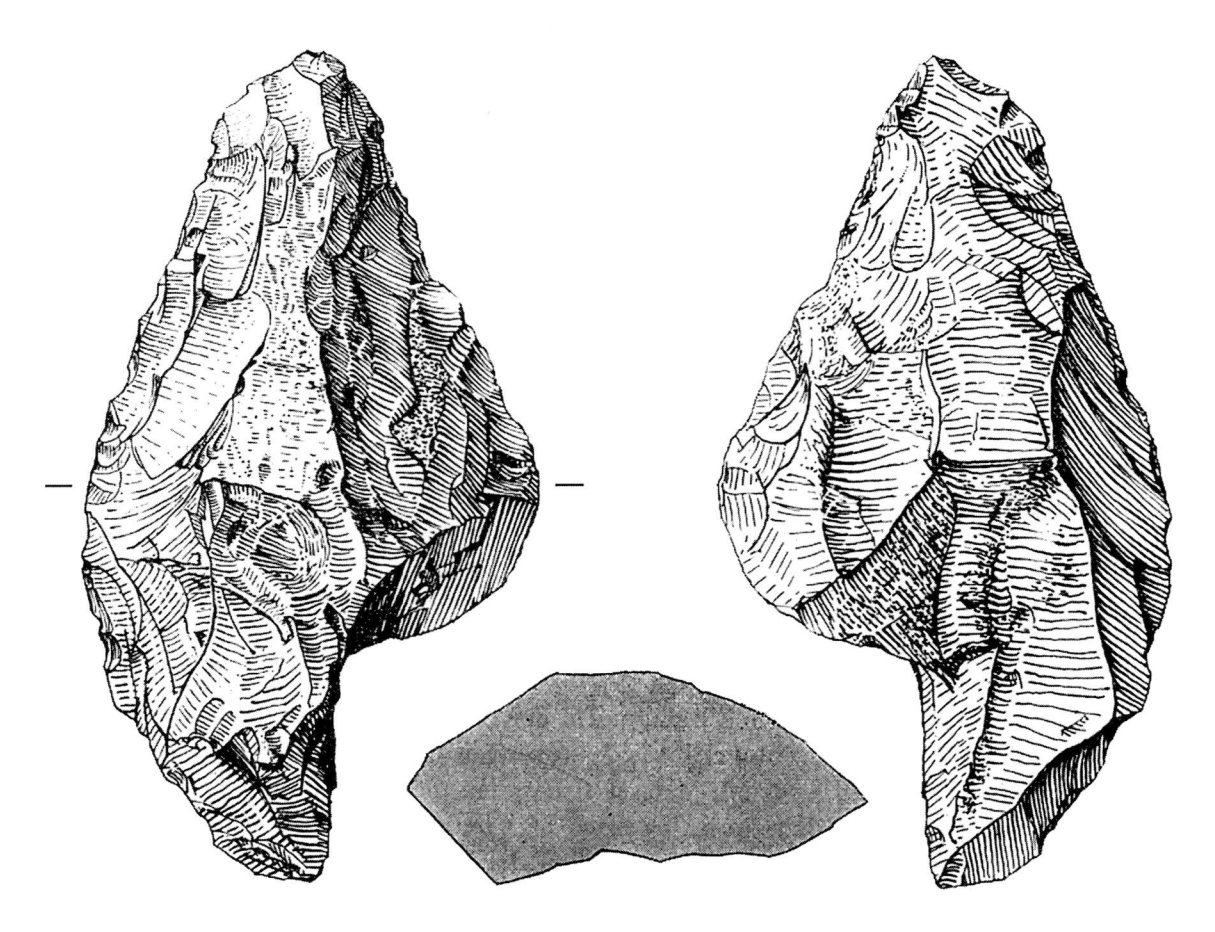

Altpaläolithischer Faustkeil von Harburg-Mündling. M. 2 : 3 (Nach L. Zotz).

Fundort nur wenige Kilometer vom Ries entfernt ist, kann man mit Fug und Recht behaupten, daß das Ries und seine nächste Umgebung bereits in der Rißeiszeit vom frühen Neandertaler begangen wurde.

Aber erst in der Würmeiszeit, die nach neueren Erkenntnissen der Quartärforschung schon vor 115 000 Jahren begonnen haben soll, zeichnet sich eine stärkere Begehung dieses Raumes durch den klassischen Neandertaler ab. Der älteste Fund aus dem Rieskessel ist ein kleiner Micoque-Faustkeil aus dem Frühwürm, der vom Verfasser im Herbst 1979 am Fuße des Rollenberges in der Gemarkung Großsorheim, Stadt Harburg, gefunden wurde und dessen Alter auf 70 000 bis 80 000 Jahre geschätzt worden war.[16] Wenn jedoch die Klimaverschlechterung schon wesentlich früher eingesetzt hat, wird man eventuell auch für diesen Faustkeil ein höheres Alter in Betracht ziehen müssen. Das Micoquien ist ebenso wie das Moustérien im Riß-Würm-Interglazial aus dem Jungacheuléen hervorgegangen, doch während das erste sozusagen die Endphase der langen Acheultradition darstellt, ist das zweite eine eigenständige Entwicklung des typischen Neandertalers, in der die Abschlagtechnik eine große Perfektion erreichte.

Von den Gemarkungen Groß- und Kleinsorheim liegen noch weitere, doch vermutlich etwas jüngere Artefakte aus dem Micoquien vor. So fand sich 1982 bei den Flurbegehungen im Rahmen der archäologischen Landesaufnahme in Kleinsorheim, am Anstieg zur Riesalb und in unmittelbarer Nähe des Waldrandes, ein kleiner Schaber, der in seiner Machart den Artefakten aus der Kemathenhöhle auf der Fränkischen Alb gleicht, aber etwas kleiner ist als jene.[17] Brigitte Reim ist es schließlich 1984 gelungen, in der Großsorheimer Flur Dürrefeld, wo sich ein flacher Rücken bis an die Eger nach Norden vorschiebt, ein Faustkeilblatt aus gebändertem Jurahornstein zu bergen. Nach Ludwig Reisch fanden sich ähnliche Stücke an verschiedenen Fundstellen Süddeutschlands teils in Micoquien-Zusammenhang wie in der Klausennische und vor der Unteren Klause bei Neu-Essing an der Altmühl,

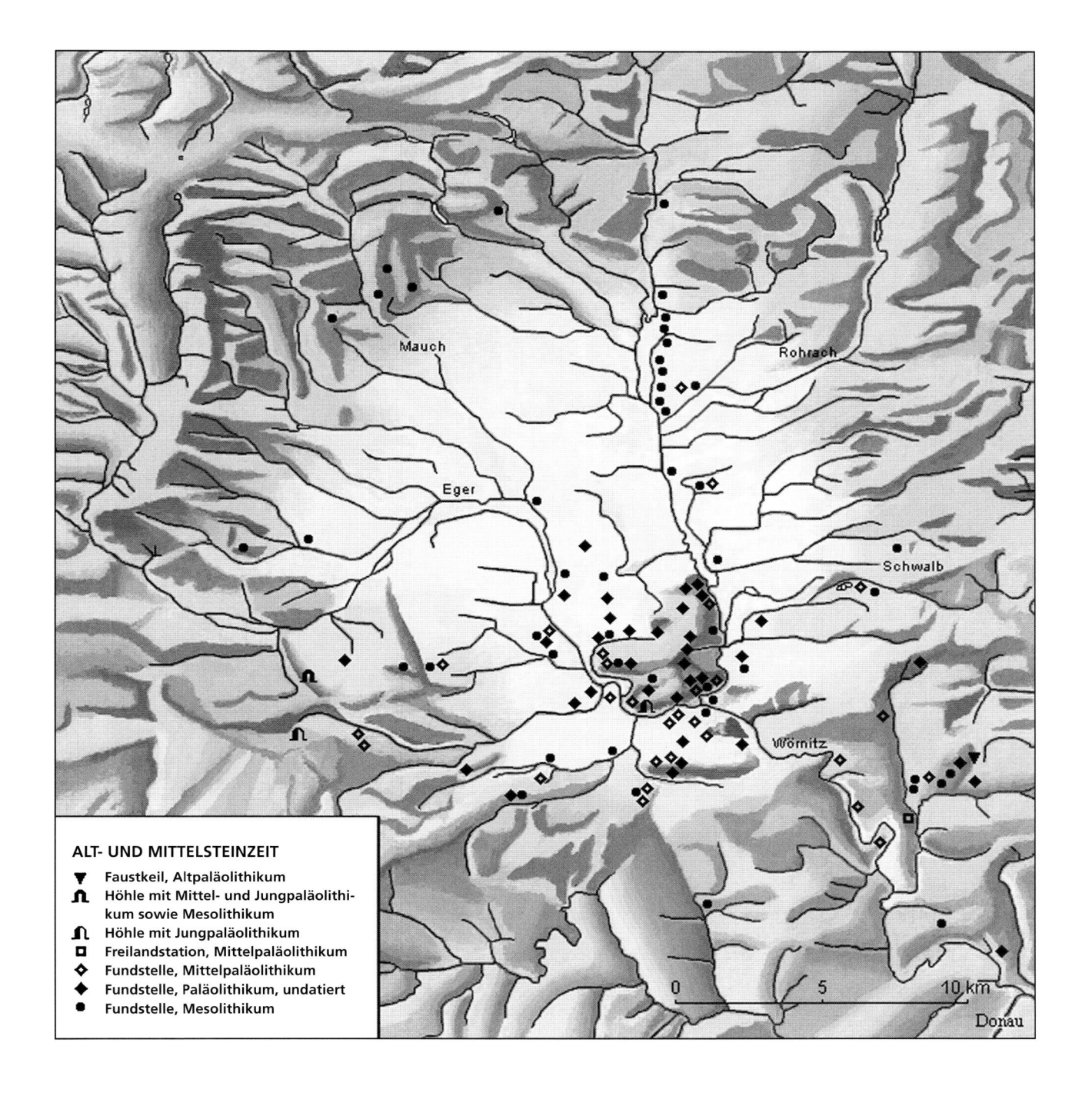

ALT- UND MITTELSTEINZEIT
- ▼ Faustkeil, Altpaläolithikum
- ⋒ Höhle mit Mittel- und Jungpaläolithikum sowie Mesolithikum
- ⋒ Höhle mit Jungpaläolithikum
- □ Freilandstation, Mittelpaläolithikum
- ◇ Fundstelle, Mittelpaläolithikum
- ◆ Fundstelle, Paläolithikum, undatiert
- ● Fundstelle, Mesolithikum

teils in einem Mittelpaläolithikum mit Blattspitzen wie in den Weinberghöhlen bei Mauern und in der Obernederhöhle in einem Seitental der unteren Altmühl.[18]

Die Abschlagindustrie des Moustérien stellte einen gewaltigen Fortschritt gegenüber den altpaläolithischen Faustkeilkulturen dar, denn aus der gleichen Hornsteinknolle, die man früher für einen Faustkeil benötigt hatte, konnten nun mehrere Geräte hergestellt werden. Das Fundmaterial der zu Beginn der siebziger Jahre vom Verfasser entdeckten mittelpaläolithischen Freilandstation bei Brünsee,[19] das bislang mindestens 12 000 Artefakte umfaßt, eröffnet tiefe Einblicke in die Werkzeugproduktion des Neandertalers. Etwa zehn Prozent des Artefaktbestandes können als Geräte angesprochen werden, die in der Regel sehr sorgfältig gearbeitet sind und außerdem erkennen lassen, daß der Neandertaler bereits über ein ausgeprägtes Formgefühl verfügte. Neben einer großen Anzahl von Schabern, die in vielen Varianten vorliegen, kommen auch gezähnte Geräte, Spitzen und zwei Faustkeile vor. Bemerkenswert an diesem Geräteinventar ist eine umfangreiche Klingenkomponente, die allerdings keine

Der neun Zentimeter lange Micoque-Faustkeil vom Fuße des Rollenberges in Großsorheim ist das älteste Artefakt im Ries.

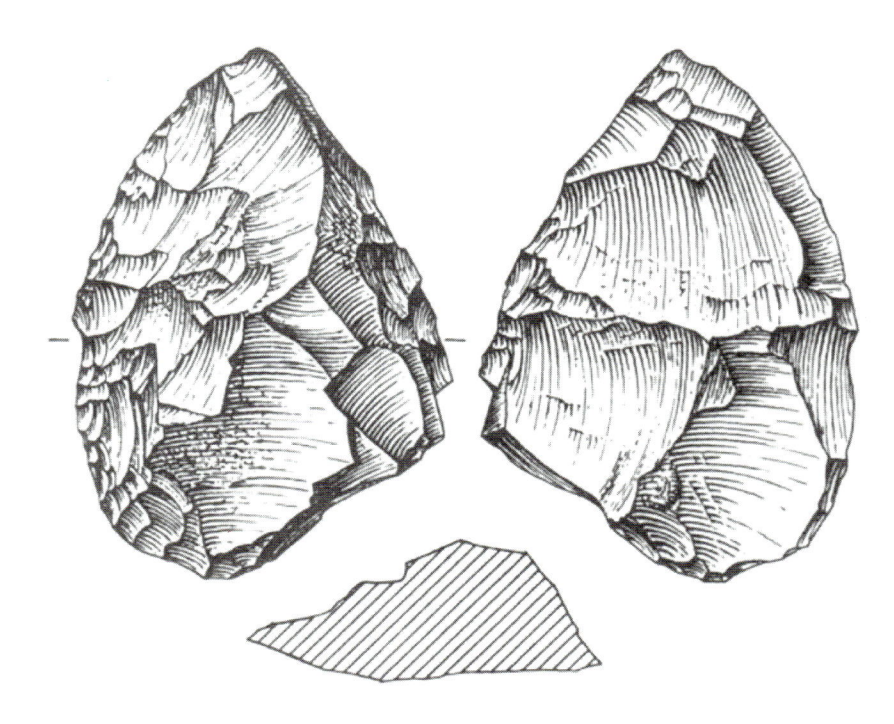

Schaber aus dem Micoquien von Möttingen-Kleinsorheim, Flur Sabelfeld. Natürliche Größe. (Nach L. Reisch).

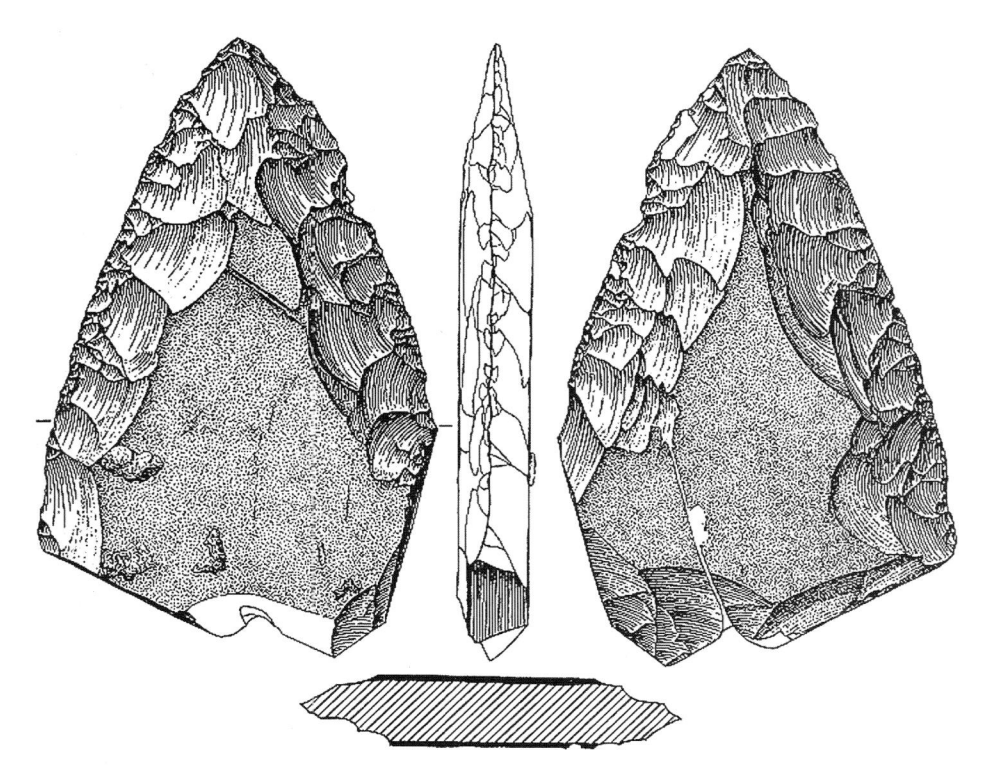

Faustkeil von Harburg-Großsorheim, Flur Dürrefeld. M 2 : 3. (Nach L. Reisch).

Hinweise auf die zeitliche oder kulturelle Stellung der Jagdstation innerhalb des späten Mittelpaläolithikums gibt. Auch eine Sondierung im Jahre 1973 durch den Bearbeiter des Materials, Professor Ludwig Reisch von der Universität Erlangen, konnte nichts zu einer genaueren geochronologischen Einstufung der Fundstelle beitragen. Er schätzt ihr Alter auf mindestens 50 000 Jahre.

Neben dem herkömmlichen Abschlagverfahren des Neandertalers, bei dem eine Silexknolle zuerst in mehrere Scheiben zerlegt wurde, die dann durch eine spezielle Bearbeitung, das sogenannte Retuschieren, die gewünschte Form erhielten, kommt in Harburg-Brünsee auch die Levalloistechnik vor. Bei diesem Verfahren wurde an einer geeigneten größeren Knolle zuerst eine Schlagfläche präpariert, dann die Form des Gerätes mit wenigen Abschlägen herausgearbeitet und schließlich das fertige Werkzeug, das keiner Nacharbeit bedurfte, von der Knolle mit einem Schlag abgetrennt. Die präparierte Schlagfläche ist ein Kriterium des Levalloisien, das bereits im Acheuléen existierte, aber bis ins späte Mittelpaläolithikum überlebte.

Die Bearbeitung des Materials ist leider noch nicht abgeschlossen, doch soweit zu erkennen ist, dürfte es dem Moustérien von der Abrifundstelle La Ferrassie im südwestfranzösischen Département Dordogne sehr nahe kommen. In Mitteleuropa kennt man bislang nur noch die Freilandfundstelle Löwenburg[20] im Berner Jura, die ein ähnliches Gepräge wie Brünsee aufweist. So darf man also gespannt sein, welches Ergebnis die Analyse der Funde am Institut für Ur- und Frühgeschichte der Universität Erlangen zeitigen wird. Leider war es aufgrund der Besitzverhältnisse und sonstiger Umstände nicht möglich, das Fundareal in die üblichen Zwanzigmeterquadrate einzuteilen, um das Fundmaterial getrennt absuchen und aufbewahren zu können.

Die Jagdstation liegt an der rechten Talflanke des Ellerbaches auf einem flachen Rücken, der sich bei dem Weiler Marbach vom westlichen Talrand nach Osten bis in die Nähe des steilen Gegenhanges vorschiebt. Von diesem Hang stammt größtenteils das Rohmaterial für die Artefaktherstellung. Eine ähnliche Topographie zeichnet auch die Fundstelle des Mündlinger Faustkeils und die Großsorheimer Flur Dürrefeld aus, wo außer dem bereits erwähnten Faustkeil auch noch einige andere mittelpaläolithische Artefakte zutage gekommen sind. Neben dem Speckberg bei Meilenhofen im Landkreis Eichstätt und Kösten bei

Auf diesem Rücken liegt die Freilandstation Harburg-Brünsee. Am Waldrand fließt der Ellerbach nach Süden zur Wörnitz.

Lichtenfels am Main, gehört Brünsee zu den wichtigsten Freilandstationen des Neandertalers in Bayern. Das um so mehr, als die Gesamtzahl der Artefakte, also einschließlich jener, die nach der Veröffentlichung des Fundberichtes im Jahre 1976 von den Sammlern aus ganz Süddeutschland fortgetragen wurden, und derer, die noch immer auf dem etwa zwei Hektar großen Fundareal herumliegen oder noch im Boden verborgen sind, auf mehr als 20 000 Stück veranschlagt werden muß. Das ist noch sehr vorsichtig geschätzt, denn bei Ausgrabungen kommt im allgemeinen ein Vielfaches des Materials zutage, das bis dahin an Lesefunden angefallen war. Der in den Jahren 1964–1968 von H. Müller-Beck untersuchte Speckberg gibt dafür ein treffliches Beispiel ab.

Der Neandertaler hat seine Lagerplätze sicher mit Bedacht ausgesucht, denn in dem rauhen Klima der Eiszeiten konnte die Ortswahl lebenswichtig sein. Wenn man jedoch andere Freilandstationen kennt, fragt man sich beim Anblick des unscheinbaren Rückens in dem kleinen Tälchen, was diesen Platz für die mittelpaläolithischen Jäger so attraktiv machte. Vermutlich war es die Summe aller topographischen Komponenten, die bei der Platzwahl den Ausschlag gab. Vielleicht war aber auch entscheidend, daß der Ellerbach, der im äußersten Norden der Gemarkung Mündling entspringt und bei Ebermergen in die Wörnitz mündet, beim Weiler Marbach dem Fluß sehr nahe kommt. Die zwei Täler werden dort nur durch einen verhältnismäßig schmalen Rücken voneinander getrennt, so daß man von der Anhöhe das Wild auf beiden Talauen beobachten konnte. Außerdem lag die Station bei den vorherrschenden Westwinden im Windschatten dieses Rückens, was sicher auch einen wesentlichen Vorteil darstellte.

Bis vor kurzem hat man solche Freilandfundstellen als die großen Ausnahmen angesehen, weil Höhlen seit je eine Faszination auf den Menschen ausübten und schon seit mehr als zweihundert Jahren von zoologisch interessierten Forschern nach Knochen ausgestorbener Tiere durchsucht wurden. So hat Pfarrer Johann Friedrich Esper bereits 1771 eine Ausgrabung im Hohlenstein (heute Zoolithenhöhle) bei Burggaillenreuth[21] auf der Fränkischen Alb durchgeführt. Wie er ausdrücklich berichtet, fand er in ungestörten Schichten zusammen mit Fossilien vom Höhlenbären und Höhlenlöwen, die damals noch weitgehend unbe-

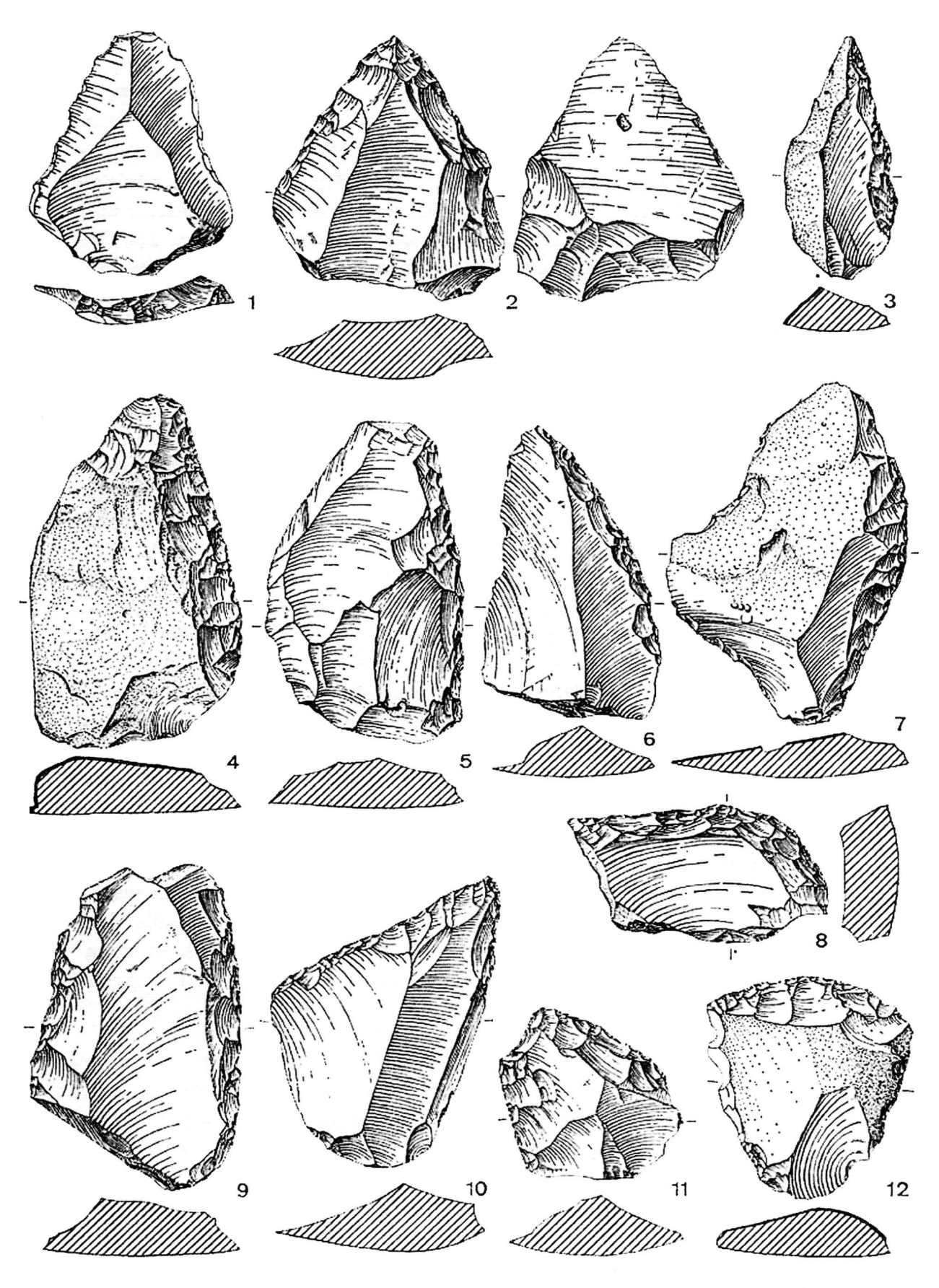

Mittelpaläolithische Geräte von der Freilandstaion Harburg-Brünsee. M 2 : 3. (Nach L. Reisch).

kannt waren, auch Skeletteile vom Menschen. Obwohl er Geistlicher war, schloß er aus dem Befund, daß der Mensch gleichzeitig mit diesen Tieren gelebt haben mußte. Ob er sich der Tragweite seiner Gedanken bewußt war, ist nicht überliefert. Soweit bis heute bekannt ist, war Esper der erste Forscher, der einen derartigen Bericht veröffentlichte. Er wagte es wahrscheinlich nur, weil er das wirkliche Alter der Funde nicht kannte und vermutlich nur mit drei oder höchstens vier Jahrtausenden rechnete. Espers Tierfunde erregten zwar großes Aufsehen, doch für die Menschenknochen interessierte sich lange Zeit niemand. Letztendlich landeten sie bei Cuvier in Paris, und inzwischen weiß niemand mehr, wo sie geblieben sind.

Bei solchen Aktivitäten stieß man immer häufiger auf menschliche Spuren, wodurch zwangsläufig der Eindruck entstand, die mittel- und jungpaläolithischen Menschen hätten nur in Höhlen gewohnt. Weil Freilandstationen häufg von mächtigen Lößanwehungen überlagert wurden und deshalb nur schwer zu finden sind, konnte sich diese Vorstellung besonders lange halten. Und so konzentrierte sich die Erforschung der eiszeitlichen Kulturen fast ausschließlich auf die Höhlen. Erst als man daranging, die organischen Reste in den Kulturschichten der Höhlen genauer unter die Lupe zu nehmen, stellte sich heraus, daß die Höhlen hauptsächlich in der wärmeren Jahreszeit bewohnt worden waren, und die Winterlager zweifellos im Freiland gesucht werden mußten.

Bisher gibt es jedoch nur sehr wenige Hinweise auf winterfeste Behausungen des Neandertalers. Indizien, die für solche Lager sprechen, liegen allerdings schon seit einigen Jahrzehnten vor. 1959 stieß man nämlich bei Molodova in der Ukraine unter einem zehn Meter mächtigen Lößpaket auf die Reste eines Lagerplatzes, der anscheinend immer wieder aufgesucht worden war. Unter anderem legten die Ausgräber auch einen zehn mal sieben Meter großen Ring aus Mammutknochen frei, der als Hinweis auf eine zeltartige Behausung gewertet wird. Man nimmt an, daß mit diesen Knochen das untere Ende der Zeltwand beschwert wurde, um der Behausung die notwendige Stabilität zu verleihen. Inzwischen kennt man einige solcher Befunde, wobei die Beringe auch aus Steinen bestehen können, doch immer werden sie von den Fachleuten im gleichen Sinn interpretiert.

In den achtziger Jahren wurde in einer Freilandfundstelle bei dem nordhessischen Ort Edertal-Buhlen erstmals in Deutschland eine mittelpaläolithische Jagdstation mit einem solchen Steinkreis freigelegt. Vermutlich hat es auch in Brünsee zeltartige Behausungen, vielleicht nach Art der Indianertipis, gegeben, die mit Tierhäuten bedeckt waren.

Die zahlreichen Artefakte deuten auf einen Lagerplatz hin, der im Laufe der Zeit mehrmals von den Neandertalern aufgesucht wurde. Beim Absuchen des zungenförmigen Molasserückens konnten an vier Stellen sehr deutliche Artefaktkonzentrationen beobachtet werden, wovon zwei an der nördlichen Hangschulter gelegene Stellen neben vielen Werkzeugen auch eine größere Anzahl unbearbeiteter Abschläge geliefert haben. Weil die meisten Artefakte nur eine unwesentliche Patina aufweisen, dürften sie bald nach ihrer Herstellung in den Löß eingebettet worden sein, um erst in jüngster Vergangenheit durch Bodenerosion und Tiefpflügen wieder an die Oberfläche zu gelangen.

Neben dieser nur fünf Kilometer vom Ries entfernten Jagdstation aus der großen Zeit des Neandertalers, die gleichzeitig die bedeutendste paläolithische Fundstelle in Bayerisch-Schwaben darstellt, konnte in jüngster Vergangenheit noch eine ganze Reihe weiterer mittelpaläolithischer Artefakte geborgen werden, wovon wir hier allerdings nur die wichtigsten aufführen können.

Noch im Frühjahr des gleichen Jahres – Brünsee war am 6. Januar 1972, einem sonnigen und trockenen Wintertag ohne Schnee, entdeckt worden – stieß ich, abermals am Ellerbach, doch nun im Nordosten der Gemarkung Harburg, auf einen ausgedehnten steinzeitlichen Schlagplatz, der auch einen moustéroiden Schaber vom Typ La Quina geliefert hat.[22] Von der Gemarkung Großsorheim stammen noch drei Artefakte gleicher Zeitstellung. So auch ein kleiner, leicht gestielter Blattschaber von der Flur Am Walsgraben,[23] vom Mühlenweg ein Schaber aus rötlichbraunem Material, und beim letzten Gerät, das von der westlichen Gemarkungsgrenze, etwa 200 Meter nördlich der Straße nach Kleinsorheim stammt, handelt es sich um einen Schaber aus grünbraunem Radiolarit, der allerdings noch nicht publiziert wurde. Des weiteren ist noch eine große, intensiv patinierte Blattspitze zu nennen, die schon in den fünfziger Jahren von einem Schüler

42

Harburg – das Tor zur Ries. Hoch über dem Fluß thront das aus einer mittelalterlichen Burg hervorgegangene Schloß, das sich seit 1731 im Besitz des Fürstenhauses Oettingen-Wallerstein befindet.

mit großer Wahrscheinlichkeit auf der Gemarkung Harburg-Schrattenhofen, offenbar westlich des Ortes gefunden worden war, aber erst 1978 von seinem Lehrer Ernst Dettweiler vorgelegt wurde.[24] Ein weiterer mittelpaläolithischer Schaber wurde vor kurzem von Jürgen Keßler gemeldet, der in Kleinsorheim, Flur Bergäcker, zum Vorschein kam, und Gerhard Beck legte ebenfalls zwei Artefakte aus dem Mittelpaläolithikum von Schwörsheim und Holzkirchen vor.

Von den drei zuletzt genannten Geräten einmal abgesehen, stammen alle bisher erwähnten Funde von Harburg bzw. von dort eingemeindeten Gemarkungen; sie machen das malerische, vom Schloß überragte Städtchen an der Wörnitz zu einem der bedeutendsten Fundorte des Freilandmittelpaläolithikums in Bayern. Gleichzeitig wird deutlich, daß der Südosten des Beckens bereits in der Altsteinzeit eine sehr große Anziehungskraft auf die Menschen ausübte, was durch einige Blattspitzenfragmente, die Werner Schönweiß zu Beginn der sechziger Jahre auf dem Hahnenberg bei Appetshofen gefunden hat, noch unterstrichen wird.[25] Dagegen liegt die Fundstelle von zwei mittelpaläolithischen Schabern, die 1993 von meiner Frau und mir am Retzenbach bei Hürnheim geborgen werden konnten, schon ziemlich weit ab von dieser Konzentration. Darüber hinaus gibt es noch eine ganze Reihe weiterer Artefakte und Fragmente, die hier nicht allesamt aufgezählt werden können. Einige davon sind zudem nur schwer ansprechbar.

Insgesamt fanden sich im Ries und seiner nächsten Umgebung an 30 Stellen mittelpaläolithische Geräte, von denen die meisten in der dicht besiedelten Zone im Südries liegen, und viele der nicht sicher bestimmbaren Artefakte dürften ebenfalls aus dem Mittelpaläolithikum stammen. Sie alle bezeugen, daß der Neandertaler das Ries bereits in der Würmeiszeit in einem Maße begangen und besiedelt hat, wie man es vor Beginn der Geländeprospektion aufgrund der wenigen mittelpaläolithischen Artefakte aus den Ofnethöhlen nicht für möglich gehalten hätte.

Die Kunst der Eiszeitjäger

Das Elfenbeinpferdchen mit dem Schwanenhals aus dem Aurignacien der berühmten Vogelherdhöhle im Lonetal gehört weltweit zu den ältesten und schönsten Kunstwerken dieser Art. Das Phänomen der Kunst ist allein mit dem anatomisch modernen, mit dem Menschen unserer Art verbunden. Daß der Cro-Magnon ziemlich unvermittelt künstlerische Kreativität entfaltete und etwas tat, das keine Überlebensvorteile brachte, ist nur mit der Weiterentwicklung des Gehirns zu erklären. Auch der Neandertaler hatte bereits ein großes Gehirn, und wie seine Geräte verraten, besaß er auch ein ausgeprägtes Formgefühl, doch über künstlerische Intuitionen verfügte er noch nicht. Wie seine fliehende Stirn vermuten läßt, dürfte es besonders daran gelegen haben, daß bei ihm – im Gegensatz zum Cro-Magnon – die präfrontale Gehirnregion noch ungenügend entwickelt war. Deshalb war nur der moderne Mensch zu künstlerischem Schaffen befähigt, besaß nur er die Gabe, wirklich Schönes zu vollbringen.

4. Der Mensch von Cro-Magnon

Die jungpaläolithischen Klingenkulturen waren eine Kreation des Menschen unserer Art, der nach dem südfranzösischen Dorf im Vésèretal benannt ist, wo 1868 unter einem Abri fünf anatomisch moderne Skelette aus einer Schicht mit Aurignacien-Artefakten und Knochen einer eiszeitlichen Fauna geborgen worden waren.

Der Cro-Magnon erschien mit seiner Kultur ganz plötzlich auf der Bildfläche, und noch vor wenigen Jahren vermochte niemand zu sagen, woher er eigentlich gekommen ist. Deshalb schossen die Spekulationen üppig ins Kraut, und ständig wurden neue Ideen diskutiert. Dazu gehörte auch die Präsapiens-Hypothese, deren Verfechter – wie bereits erwähnt – in den intermediären Formen von Steinheim, Swanscombe und Fontéchevade die Vorgänger des modernen Menschen sahen.

Zu Beginn der dreißiger Jahre kamen bei den Ausgrabungen in den Karmelhöhlen bei Haifa mehrere Fossilien vom Menschen zum Vorschein: So in der Mugharet et-Tabun (Backofenhöhle) das Skelett einer Neandertalerin, die als „Frau von Tabun" in die Forschungsgeschichte einging, und in der Mugharet es-Skhul (Höhle der Ziegen) waren es die Reste von zehn Skeletten, die eine große Variationsbreite aufweisen und vom Ausgräber, dem amerikanischen Studenten Theodore McCown, dem Neandertaler zugewiesen wurden. Einheitlicher und im ganzen gesehen auch moderner wirkten die fünf Skelette aus der Höhle vom Jebel Qafzeh bei Nazareth, die aus mittelpaläolithischen Schichten mit einem Levalloiso-Moustérien stammen und auf ein Alter von 40 000 Jahren geschätzt worden waren. Durch diesen Sachverhalt wurde die Ansicht verschiedener Forscher gestützt, daß sich der moderne Mensch im Vorderen Orient aus dem Neandertaler entwickelt hätte.

Auch in Ost- und Südafrika hatte man eine ganze Reihe von menschlichen Fossilien – meistens Schädelreste – mit einem Alter von 90 000 bis 120 000 Jahren gefunden, mit denen man jedoch zunächst nicht viel anzufangen wußte. Der bekannteste dieser Funde ist der Rhodesienmensch von Broken Hill, heute Kabwe in Sambia, mit einem Alter von rund 110 000 Jahren. Er wurde 1921 knapp 20 Meter unter der Erdoberfläche in einem Bergwerkstollen gefunden. Wichtiger und auch etwas älter dürfte jedoch ein ziemlich gut erhaltener Schädel sein, der 1976 von Mary Leakey bei Ngaloba in Tansania geborgen wurde und trotz seines hohen Alters recht modern aussieht. Der Fundort liegt etwa 40 Kilometer südlich der berühmten Olduvaischlucht und ist aufgrund anderer Funde der prominenten Forscherin weltweit bekannt. Bereits wenige Jahre vorher hatte sie nämlich dort mehrere 3,7 Millionen Jahre alte Kieferfragmente vom *Australopithecus afarensis* ausgegraben und die Fußspuren von drei Hominiden aus der gleichen Zeit freigelegt, die sich in der verhärteten Vulkanasche erhalten hatten. Von großer Bedeutung sind auch die südafrikanischen Funde aus einer Höhle an der Mündung des Klasies River Mouth und in der Border Cave, die mit modernsten Methoden datiert wurden. Für die erste Fundstelle hat sich ein Alter von 90 000 Jahren und für die Border Cave von 60 000 und 75 000 Jahren ergeben. Die Fossilien beider Höhlen werden ebenfalls *Homo sapiens* zugerechnet.

Aufgrund dieser Erfolge ging man auch in Israel daran, das Alter der früheren Funde zu überprüfen und neue Ausgrabungen durchzuführen. Bei einer gründlichen Untersuchung der Skelette von Qafzeh, deren Zahl sich einschließlich der Fragmente inzwischen auf über 30 erhöht hatte, erkannte man, daß alle von anatomisch modernen Menschen stammten, für die man zunächst mit klimatologischen und anderen herkömmlichen Datierungsverfahren ein Alter von 80 000 bis 100 000 Jahren ermittelt hatte. Das Ergebnis war sensationell und wurde von vielen Archäologen mit Skepsis aufgenommen; mittlerweile konnte es aber mit Hilfe von zwei radiometrischen Methoden bestätigt beziehungsweise auf 92 000 Jahre präzisiert werden.[1] Die Skelette von Skhul waren inzwischen ebenfalls *Homo sapiens* zugewiesen und auf rund 80 000 Jahre datiert worden. Bei den Neandertalern von Tabun ergab die Altersbestimmung ungefähr das gleiche Alter wie für die modernen Menschen von Skhul.

Da sich die Neandertaler in der Levante Tausende von Jahren neben den modernen Menschen behaupten konnten, dürfte damit die Ausrottungstheorie endgültig widerlegt sein. Das sollte auch gar nicht überraschen, weil man inzwischen eine weit größere Ähnlichkeit der beiden Populationen konstatiert hat, als man je für möglich gehalten hätte. Diese Affinität kommt auch darin zum Ausdruck, daß die beiden Unterarten des *Homo sapiens* sogar die gleichen Gerätschaften hergestellt und verwendet haben, wie wir das schon bei dem Qafzeh-Material beobachten konnten, wo Fossilien des modernen Menschen mit moustéroiden Artefakten vergesellschaftet waren. Wegen des hohen Alters der *sapiens*-Funde in Afrika und im Vorderen Orient dürfte auch die Ansicht, der Mensch unserer Art hätte sich aus dem Neandertaler entwickelt, überholt sein. Bisher hat man es aber für möglich gehalten, daß dort, wo die beiden Populationen miteinander in Berührung gekommen waren, auch eine Vermischung der Erbanlagen erfolgt sein könnte.

Doch vor kurzem machte eine aufsehenerregende Meldung die Runde durch die Medien, nach der es wahrscheinlich doch nicht zu einer Vermischung des Erbgutes gekommen ist. Zu dieser Erkenntnis hätte man schon viel früher gelangen können; doch bis in die jüngste Vergangenheit hinein wurden auf der ganzen Welt die menschlichen Fossilien mit Argusaugen bewacht, damit sie absolut keinen Schaden erleiden konnten. Die einschlägigen Museen und Institute ließen auch jedwede Bereitschaft vermissen, dem wertvollen Knochenmaterial selbst winzige Proben für genetische Untersuchungen entnehmen zu lassen. Als erste Institution zeigte sich nun die Direktion des Rheinischen Landesmuseums in Bonn kooperativ, indem sie einem begrüßenswerten Forschungsprojekt zustimmte, in dessen Rahmen diverse Untersuchungen an dem Skelett des Neandertalers aus der Kleinen Feldhofer Grotte vorgenommen werden sollen.

Das Programm wurde mit dem inzwischen erfolgreich abgeschlossenen Versuch des Münchner Genetikers Mathias Krings gestartet, aus 3,5 Gramm Knochenmasse vom rechten Oberarm eine Gensequenz des Neandertalers zu gewinnen. Die Analyse der ältesten menschlichen Erbanlagen hat schließlich ergeben, daß im genetischen Code des modernen Menschen die isolierte Gensequenz aus dem Knochen des Neandertalers nicht nachgewiesen werden kann.

Nach der vorherrschenden, doch nicht unumstrittenen „Arche-Noah-Theorie", die sich weitgehend auf die fossile Überlieferung stützt, ist *Homo sapiens* in einem noch nicht näher eingegrenzten Gebiet Afrikas entstanden. Von einem Epizentrum im Vorderen Orient hat er sich dann zuerst in Eurasien und einige Zeit später über die restliche Erde ausgebreitet. Diese Meinung deckt sich annähernd mit der vor einigen Jahren von den Molekularbiologen Rebecca Cann, Mark Stoneking und Allan Willson[2] entwickelten Hypothese, derzufolge sich der moderne Mensch vor etwa 150 000 Jahren in Ost- oder Südafrika entwickelt haben soll. Weil hierbei die Mitochondrien-DNS (mtDNS), die nur von den Müttern vererbt wird, eine wesentliche Rolle spielt, hat man die noch sehr umstrittene Anschauung „Eva-Theorie" genannt.

Die jungpaläolithische Klingenkultur hat sich ganz offensichtlich in der Levante aus dem Moustérien entwickelt und trat relativ spät in Erscheinung. Aus Boker Tachtit im Negev stammt ein Geräteinventar der jüngeren Altsteinzeit mit einem Alter von 45 000 Jahren, in dem viele Archäologen das älteste Jungpaläolithikum der Erde sehen. Da man aus einer Horn- oder Feuersteinknolle viel mehr Klingen als Abschläge gewinnen konnte, wurde in den Klingenkulturen abermals ein großer technologischer Fortschritt sichtbar. Das erwies sich besonders dann als Vorteil, wenn das Rohmaterial über große Entfernungen herangeschafft werden mußte.

Doch ebenso bedeutsam war, daß in der jüngeren Altsteinzeit die Artefakte in zunehmendem Maße aus Knochen, Geweih und Elfenbein hergestellt wurden. Deshalb läßt sich in dieser Periode die Entwicklung der materiellen Kultur erstmals auch an der Formgebung des organischen Materials beobachten: War zu Beginn des Jungpaläolithikums die Speerspitze mit geteilter Basis eine Leitform des Aurignacien, standen am Ende der Entwicklung ein- und zweireihige Harpunen, die nicht mehr fest mit dem Schaft verbunden waren und einen hohen Stand der Schnitz- und Waffentechnik verraten. Die Erweiterung der Rohstoffbasis um das Knochenmaterial der Beutetiere führte auch bei den Silexgeräten zu einer vorher nie erreichten Variationsbreite der Artefakte. Im Spätglazial trugen neben diversen Sticheln, Kratzern und Bohrern auch Spitzen, Messer und kleine Lamellen mit gestumpftem Rücken ganz erheblich zur Vielfalt der Gerätetypen bei. Im Magdalénien erreichte die Technologie des Cro-Magnon ihre optimale Entfaltung, und im Gegensatz zu allen anderen Kulturgruppen des Jungpaläolithikums besitzen die Knochenartefakte des Magdalénien eine größere Aussagekraft als die Steingeräte.

Die vollendete Gestaltung der Waffen und Gebrauchsgegenstände des *Homo sapiens* wurde jedoch von einem Phänomen besonderer Art überragt, nämlich von seiner etwas unvermittelt in Erscheinung tretenden künstlerischen Kreativität, deren großartige Zeugnisse sich in einem gewaltigen Bogen von den kantabrischen Bergen Spaniens bis an die Lena in Ostsibirien spannen.

Nach den Funden zu urteilen, tauchte der vollentwickelte, anatomisch moderne Mensch vor rund 35 000 Jahren in Mittel- und Westeuropa auf, wo er auf den klassischen Neandertaler traf. Zwischen dem Zeitpunkt, an dem wir seine Spur im Vorderen Orient verloren haben, und dem ihres Auftauchens in Europa muß sich im Wesen des modernen Menschen ein bemerkenswerter Wandel vollzogen haben, denn während er in Qafzeh nur aufgrund seiner Anatomie zu erkennen war, stoßen wir in Europa allenthalben auf die Zeugnisse seiner Kultur, die ihn als großen Jäger, Techniker und Künstler ausweisen. Auch in Europa haben die beiden Menschenformen nachweislich mindestens 5000 Jahre nebeneinander gelebt, denn 1979 wurde in dem westfranzösischen Ort Saint-Césaire der 30 000 Jahre alte Schädel eines klassischen Neandertalers zusammen mit Geräten aus dem Châtelperronien – einer frühen Kultur des Jungpaläolithikums – geborgen.[5] Vermutlich haben die letzten Neandertaler diese Kultur vom *Homo sapiens* übernommen.

Weil sie es nicht besser wissen, bilden viele Illustratoren den Urmenschen gerne mit einem übergeworfenen, zottigen Fell ab. Doch seit in Sungir bei Moskau einige reich ausgestattete jungpaläolithische Gräber geöffnet wurden, in denen auch eine sehr große Zahl von Elfenbeinperlen, die offensichtlich auf eine Pelzkleidung aufgenäht waren, zum Vorschein gekommen sind, müssen die Urheber des primitiven Menschenbildes radikal umdenken. Denn aus der Anordnung der Perlen und anderen Indizien konnte erschlossen werden, daß sich die auf den Körper der Toten zugeschnittene Kleidung aus Jacke, Hose, Stiefeln und Mütze zusammensetzte. Mit dieser Erkenntnis sind die Archäologen um eine wertvolle Erfahrung reicher und die Karikaturisten um ein liebgewordenes Motiv ärmer geworden.

Die Entstehung der Kunst

Wie an der Entwicklung der Artefakte beobachtet werden kann, hatte sich bereits beim Frühmenschen ein Formgefühl und der Sinn für Ästhetik eingestellt, zwei Eigenschaften, die nichts mit dem Überlebenskampf der frühen Jäger und Sammler zu tun hatten. Viele formschöne und weit über das notwendige Maß hinaus bearbeitete Faustkeile und Geräte des Altpaläolithikums legen dafür Zeugnis ab. Auch die zaghaften Gestaltungsversuche des Neandertalers an einigen Tierknochen, seine Grabriten und die Verwendung von Farben sind Indizien für eine geistige Entwicklung, die von der Selektion nicht berührt wurde.

In der zweiten Hälfte des 19. Jahrhunderts war die zivilisierte Welt von den revolutionären Selektionstheorien Darwins und Wallaces und den daraus resultierenden Folgerungen für die Abstammung unserer eigenen Art offensichtlich überfordert. Die Forschungsgeschichte zeigt deutlich, wie schwer sich viele Wissenschaftler damit taten, die richtige Einstellung zur stammesgeschichtlichen Entwicklung des Menschen zu finden. Das bezog sich in gleichem Maße auf seine Physis, seine materielle Kultur und nicht zuletzt auch auf die Kunst, über deren Echtheit es lange und heftige Diskussionen gab, bevor sich die Wahrheit – gegen den hartnäckigen Widerstand namhafter Wissenschaftler – schließlich doch durchsetzte.

Davon betroffen waren zunächst nur Objekte der mobilen Kleinkunst wie Gravierungen und Schnitzereien, denn Höhlenbilder waren bis dahin noch nicht entdeckt worden. Schon als Lartet 1864 in der Höhle von Aurignac den ersten gravierten Knochen gefunden hatte, meldeten sich sogleich die Kritiker zu Wort und argumentierten, der primitive Urmensch könne gar nicht in der Lage gewesen sein, auf Anhieb solche Kunstwerke anzufertigen, und sie ließen durchblicken, daß es sich folglich um Fälschungen handeln müsse. Der Streit entbrannte in aller Schärfe, als die Zeitschrift Globus 1866 einige Gravierungen abbildete, die Konrad Merk im Keßlerloch bei Thaygen ausgegraben hatte, und zwei dieser Gravuren von Lindenschmit, dem damaligen Direktor des Römisch-Germanischen Zentralmuseums in Mainz, als Fälschungen entlarvt wurden. Diese zwei Gravuren – ein Bär

Höhlenlöwe aus dem Vogelherd. (Länge der Figur 8,8 cm).

und ein Fuchs, die der Fälscher nach Abbildungen in einer Jugendschrift ausgeführt hatte – waren für Lindenschmit Anlaß genug, die gesamte Eiszeitkunst in Frage zu stellen.

Um die Echtheit dieser Kunstwerke zu klären, wurde zum 24. September 1877 die VIII. allgemeine Versammlung der anthropologischen Gesellschaft nach Konstanz einberufen.[4] Gleich zu Beginn stellte der Anthropologe Alexander Ecker die Behauptung auf, der Eiszeitmensch sei nicht in der Lage gewesen, mit seinen primitiven Geräten Gravierungen von der Qualität des „weidenden Rentiers" aus dem Keßlerloch auf frischen Knochen zu bewerkstelligen. Kaum ausgesprochen, wurde dieses Argument durch ein Experiment des Grafen Gundaker Wurmbrand entkräftet, denn der Graf demonstrierte mit einem Gerät aus dem Keßlerloch und einem frischen Ochsenknochen aus der Hotelküche, daß es doch möglich war.

Im weiteren Verlauf der Tagung stellte sich heraus, daß ein Arbeiter, der bei der Ausgrabung beschäftigt war, seinem Vetter den Auftrag gegeben hatte, zwei Tiergravuren anzufertigen. Der Arbeiter übergab sie später Konrad Merk mit der Erklärung, er hätte sie bei einer Nachgrabung im Aushub gefunden. Merk hatte bei der ganzen Sache kein gutes Gefühl, weshalb er diese Gravierungen nicht für die Materialvorlage verwendete, ohne sein Vorgehen jedoch begründet zu haben. Da Merk kein Archäologe, sondern Lehrer war, hatten bei der Vorbereitung der Publikation auch andere Persönlichkeiten ein gewichtiges Wort mitzureden, und weil der Ausgräber die bewußten Gravierungen nicht ausdrücklich als Fälschungen bezeichnen wollte, erschienen sie, ohne sein Wissen, dennoch in der Materialvorlage. In dem Untersuchungsbericht von Konstanz wurde Konrad Merk von jedem Verdacht freigesprochen. Dennoch blieben bei Lindenschmit und vielen anderen Skeptikern hinsichtlich der Eiszeitkunst erhebliche Zweifel und Vorurteile bestehen.

Als 1879 Don Marcelino de Sautuola bei Ausgrabungen in der Altamira-Höhle bei Santillana von seiner kleinen Tochter auf die großartigen Malereien aufmerksam gemacht wurde, traute der spanische Edelmann seinen Augen nicht: An der

Decke drängte sich in einer überwältigenden naturalistischen Darstellung eine Fülle eiszeitlicher Tiere. Der längst ausgestorbene Bison dominierte die mehrfarbig ausgeführte Malerei. Sautuola wußte, daß die Höhle wegen Deckeneinstürzen seit dem Ende der Eiszeit verschlossen gewesen und erst seit kurzem wieder zugänglich war. Er schloß daraus auf ein eiszeitliches Alter der Bilder. Es gelang ihm, den führenden spanischen Geologen Vilanova für eine Untersuchung der Höhlenbilder zu gewinnen. Auch der Professor schrieb die Malereien dem eiszeitlichen Menschen zu. Doch sein Bericht darüber wurde von den Experten größtenteils ignoriert, verschiedentlich hat man die Kunstwerke sogar als Fälschungen abgetan. So blieb es bis 1902. Es ist bezeichnend für die Mentalität jener Zeit, daß es die Wissenschaftler unter ihrer Würde fanden, Altamira zu besichtigen oder auch nur darüber zu diskutieren.

Welche Auswirkungen der Fall Altamira auf die Erforschung der eiszeitlichen Kunst hatte, wird an dem Verhalten E. Rivières deutlich, der 1895 die in der Höhle La Mouthe bei Les Eyzies entdeckten Wandmalereien zwar als alt erkannte, es jedoch unterließ, einen diesbezüglichen Bericht zu erstellen. Erst unter dem Einfluß des 1877 geborenen Abbé Henri Breuil, der sein ganzes Leben der Erforschung der paläolithischen Kunst widmete, vollzog sich zu Beginn des 20. Jahrhunderts ein Wandel in der Einstellung der Wissenschaft hinsichtlich der Höhlenbildwerke. 1901 waren in der Höhle Les Combarelles Gravierungen entdeckt worden, die von Breuil, Capitan und Peyrony untersucht und dem jungpaläolithischen Menschen zugeschrieben wurden. 1902 haben Breuil und Cartailhac die Malereien in Altamira begutachtet und für echt erklärt.

Cartailhac, dem die ablehnende Reaktion der Wissenschaftler auf den Bericht von Vilanova und Sautuola in erster Linie zuzuschreiben war, veröffentlichte in der Fachzeitschrift L'Anthropologie einen Bericht, mit dem Sautuola posthum rehabilitiert wurde und bat auch dessen Tochter, in der ja die eigentliche Entdeckerin der Höhlenmalereien zu sehen ist, um Verzeihung für das erlittene Unrecht. Das war eine große menschliche Geste Cartailhacs, ein mutiger Schritt, zu dem sich Rudolf Virchow, der im gleichen Jahr starb, Fuhlrott gegenüber nie hatte durchringen können.

Nachdem das Eis nun einmal gebrochen war, wurden in kurzer Zeit viele Bildwerke entdeckt. Die meisten befinden sich in den Höhlen Südwestfrankreichs und im Kantabrischen Gebirge im Nordwesten Spaniens. Die jungpaläolithischen Malereien waren in einem großen Teil der Alten Welt verbreitet. Belege dafür gibt es in einigen Höhlen Apuliens, Siziliens und im südlichen Ural. Dazu kommen noch Felsbilder an der oberen Lena, auf die man ganz in der Nähe des Baikalsees gestoßen ist. Selbst in australischen Höhlen hat man angeblich sehr alte Malereien entdeckt, die jedoch schlecht datiert sind und das westeuropäische Niveau nicht erreichen.

Vor einigen Jahren kamen auch in Württemberg spärliche Hinweise auf eventuelle Höhlenmalereien zutage. Wie der Archäologe Joachim Hahn,[5] der Ausgräber des Geißenklösterle – einer im Achtal gelegenen Höhle – berichtete, wurden 1986 und 1987 aus einer aurignacienzeitlichen Fundschicht je eine von zwei Kalksteinplatten mit Farbresten geborgen, die sich vermutlich durch Frostbruch von der Höhlenwand gelöst hatten. Die Fundschicht hat ein Alter von annähernd 30 000 Jahren. Nach dem inzwischen verstorbenen Tübinger Professor ist damit belegt, daß es auch in Mitteleuropa Höhlenmalereien irgendeiner Art gegeben hat, die aber in unserem rauheren Klima die Unbilden der Eiszeit nicht überdauern konnten. Im Sommer 1999 haben Hahns Nachfolger Uerpmann und Conard ebenfalls einen bemalten Stein vorgestellt, der aus dem Hohlen Fels bei Schelklingen stammt und in einer 13 000 Jahre alten Schicht gefunden worden war. Die beiden Vorgeschichtler sehen in dem rotbemalten Stein „mit großer Sicherheit den ersten überzeugenden Hinweis auf altsteinzeitliche Höhlenmalerei in Deutschland und sogar in Mitteleuropa". Leider wurde diese Gelegenheit auch dazu benutzt, Hahns Deutung der Funde aus dem Geißenklösterle als Spekulation zu bezeichnen.

Über Entstehung und Zweck der Höhlenbilder wurden schon viele Vermutungen geäußert, gesicherte Erkenntnisse fehlen indessen immer noch. Da sich die Malereien in der Regel weitab vom Eingang in den dunklen Tiefen der Höhlen befinden, dürften ihrer Entstehung am ehesten magische oder kultische Vorstellungen zugrunde liegen.

Weitaus häufiger und etwas gleichmäßiger über das ganze Verbreitungsgebiet der jungpaläolithischen Kunst verteilt, finden sich die Objekte der mobilen Kleinkunst. Obwohl es wiederum die Höhlen Südwestfrankreichs sind, in denen sich die Blütezeit der Kleinkunst offenbart, finden sich auch in Mittel- und Osteuropa zahlreiche schöne Beispiele mobiler Kunstwerke, von denen wohl viele als Anhänger gedient haben dürften. Zu den bekanntesten Kunstobjekten dieser Art zählen die berühmten Elfenbeinfiguren aus der unteren Aurignacien-Schicht der Vogelherdhöhle im Lonetal, die mit einem Alter von 32 000 Jahren als die frühesten Belege dieser Kunstgattung angesehen werden. Aus dem Stadel des Hohlensteins bei Asselfingen stammt eine 29 Zentimeter hohe, aus Elfenbein geschnitzte Frauenstatuette mit Löwenkopf, die 1939 von Wetzel und Völzing unerkannt in vielen kleinen Splittern geborgen worden war und ungefähr so alt sein dürfte wie die Tierfiguren aus dem Vogelherd. Aus der gleichen Zeit stammt eine kleine, unvollständige Mammutplastik aus Elfenbein, die in der Aurignacien-Schicht des Geißenklösterle ebenfalls in vielen kleinen Teilen zum Vorschein kam. Weil diese Belege für die Höhlenkunst in Mitteleuropa älter sind als die westeuropäischen, stellen sie auch ein Indiz für die Annahme dar, daß der Cro-Magnon mit seiner Kultur von Osten oder Südosten nach Westen vorgedrungen sei.

Berühmte Funde haben ihre Geschichte. Die Story der Elfenbeinfiguren aus dem Vogelherd bei Stetten ob Lontal begann im Mai 1931, als etliche Hornsteinartefakte vor einem Dachsbau die Aufmerksamkeit des Naturfreundes Hermann Mohn aus Heidenheim erregten. Mohn wußte, daß der gleiche Sachverhalt vor genau 70 Jahren zur Entdeckung der nur zwei Kilometer entfernten Bärenhöhle im Hohlenstein bei Asselfingen geführt hatte und benachrichtigte umgehend das Urgeschichtliche Institut der Universität Tübingen. Bereits am 5. Juli ließ Gustav Riek, damals Assistent am Institut für Vor- und Frühgeschichte, einen Suchschnitt anlegen; schon am zweiten Tag stieß man auf Artefakte und verbrannte Tierknochen.

Nach nur drei Monaten war die Ausgrabung abgeschlossen. Riek hatte acht paläolithische Fundschichten erkannt, und neben Tier- und Menschenknochen wurden auch zahlreiche Geräte geborgen. Die Schichten aus dem Aurignacien haben zweifellos die wichtigsten Funde geliefert, denn neben den Resten von zwei Menschenschädeln kamen insgesamt neun, zum Teil jedoch unvollständig erhaltene Elfenbeinfiguren zum Vorschein, wovon das Pferdchen ohne Frage den schönsten und wertvollsten Kunstgegenstand aus dem Vogelherd darstellt.

Während des Krieges wurden die kostbaren Figuren im Tresor der Universität aufbewahrt und nach dem Krieg wieder in das Institut für Urgeschichte verbracht. Als Riek 1956 den Lehrstuhl für Urgeschichte übernahm, verwahrte er die Kunstwerke in seinem privaten Schließfach im Banktresor. Riek starb 1976. Zum 500. Jubiläum der Universität wurde eine Ausstellung geplant, in der auch die Elfenbeinschnitzereien aus dem Vogelherd gezeigt werden sollten. Wie die Badische Zeitung am 30. Dezember 1978 berichtete, verweigerten Rieks Erben jedoch die Herausgabe der Funde mit der Begründung: „...da es urheberrechtlich nicht klar sei, ob die Universität 1931 tatsächlich direkte Eigentümerin der in ihrem Auftrag ausgegrabenen Tierfiguren geworden sei." Aus Angst vor einem möglicherweise bis zu fünf Jahren dauernden Verfahren, das sehr wahrscheinlich erst vor dem Bundesgerichtshof zu Ende gegangen wäre, willigte das Land Baden-Württemberg im Spätherbst 1978 schließlich in einen Vergleich ein, um zu verhindern, daß der Vogelherdfund während eines jahrelangen Rechtsstreites möglicherweise über Nacht im Ausland gelandet wäre. Von dort aus hätte es für Tübingens Uni selbst bei einem klaren Prozeßerfolg vor dem Bundesgerichtshof keinerlei Möglichkeiten gegeben, wieder in den Besitz der Lonetal-Ausgrabungen zu kommen. Soweit die Badische Zeitung. Die Erben erhielten insgesamt 31 000 DM für die Aufbewahrung der Funde und die Anwaltskosten.[6]

Dieser Vorfall war vermutlich der Anlaß für das in Baden-Württemberg inzwischen erlassene Schatzregal, mit dem alle archäologischen Funde dem Zugriff von Privatpersonen entzogen werden.

Weltruhm genießt auch die üppige gravettienzeitliche „Venus von Willendorf", eine mit Rötel gefärbte Kalksteinstatuette aus der Wachau. „Die Rote", eine weitere mit Rötel gefärbte Kalksteinstatuette aus dem Gravettien, wurde in den Weinberghöhlen bei Mauern ausgegraben. Die sieben Zentimeter hohe, stark stilisierte Figur ähnelt den magdalénienzeitlichen Venusfiguren aus dem Petersfels bei Engen. Die weiblichen Statuetten wurden bisher in größerer Anzahl gefunden und

Die Ofnethöhlen bei Nördlingen-Holheim. Die Große Ofnet liegt am linken Ende der Felskuppe im Schatten, die Kleine Ofnet ist rechts oben gut sichtbar. Auf dem Plateau unmittelbar über den Höhlen befinden sich die Reste einer eisenzeitlichen Wallanlage. Im Vordergrund die Grundmauern einer römischen villa rustica.

stammen zumeist aus dem Gravettien. Aufgrund der Überbetonung von Brüsten, Bauch und Gesäß werden sie als Fruchtbarkeitssymbole – im weitesten Sinne – angesehen. Angefertigt wurden diese und andere Figuren aus verschiedenen Materialien. Neben Kalk-, Sand- und Speckstein dienten auch Gagat, Ton, Elfenbein, Knochen und Geweihe als Rohmaterial für die Symbole. Die Fundstellen der Venusfiguren ziehen sich von Westeuropa über die Ukraine bis nach Malta in Sibirien.

Auf der Suche nach den Ursachen für das plötzliche Auftreten der Kunstwerke vor rund 35 000 Jahren stoßen wir auf drei Kriterien, die den Menschen am deutlichsten vom Tier, speziell vom Menschenaffen, abheben: Das sind Kunst, Sprache und rituelles Verhalten. Die meisten Wissenschaftler sehen in der Existenz der Sprache die wesentlichste Voraussetzung für das Entstehen der Kunst, und viele billigen erst dem modernen Menschen den Besitz der Sprache zu. Die Sprachfähigkeit beruht auf einer entsprechenden Anatomie des Gehirns und des Stimmapparates. Dieser aber sei – nach einer weitverbreiteten Meinung – erst beim Menschen unserer Art voll ausgebildet gewesen, denn erst bei ihm sei die notwendige Tieflage des Kehlkopfes sicher nachgewiesen.

Eine kleinere Gruppe von Fachleuten vertritt dagegen die Ansicht, daß ein so komplexes System wie die Sprache eine sehr lange Entwicklung erforderte, die bereits bei *Homo habilis* bzw. *Homo rudolfensis* eingesetzt hätte. Sie berufen sich dabei auf neuere Erkenntnisse der Paläanthropologie, die sich den Umstand zunutze macht, daß die Oberfläche des Gehirns Spuren im Inneren der Schädelkapsel hinterläßt. Wie Richard Leakey 1992 berichtete, hat der amerikanische Anthropologe Ralph Holloway gegen Ende der siebziger Jahre den Schädel KNM ER 1470 in Nairobi untersucht und dabei die Abdrücke des Brocaschen Sprachzentrums gefunden. Das ist zwar noch kein sicherer Beweis für die Sprachfähigkeit, doch nach Holloway war sie bei *Homo rudolfensis* in einem weit größeren Maße vorhanden als bei den Menschenaffen, die ja bekanntlich in der Lage sind, einige Sprachlaute hervorzubringen.

Der Cro-Magnon an Wörnitz und Eger

Im Gegensatz zum Neandertaler hat der jungpaläolithische Mensch relativ geringe Spuren im Ries hinterlassen, denn auch im Freiland fanden sich wider Erwarten nur wenige Artefakte, die mit einiger Sicherheit dem Jungpaläolithiker zugeschrieben werden können. Das ist umso erstaunlicher, als die ersten zwei Fundstellen der jüngeren Altsteinzeit, die in Süddeutschland untersucht wurden, nämlich die Rastplätze an der Schußenquelle und am Tuniberg bei Munzingen im Breisgau, Freilandstationen waren. Aufgrund aller derzeit bekannten Funde wird im Ries das Jungpaläolithikum bis auf wenige Ausnahmen durch Höhlenfunde repräsentiert, während es beim Mittelpaläolithikum genau umgekehrt ist. Gleichzeitig wird das nicht nur in Mitteleuropa bestehende zahlenmäßige Verhältnis zwischen Jung- und Mittelpaläolithikum auf den Kopf gestellt. Vermutlich deshalb, weil es sich beim Ries nur um einen eng begrenzten Ausschnitt aus der paläolithischen Fundprovinz Süddeutschland handelt, der vom repräsentativen Querschnitt abweicht.

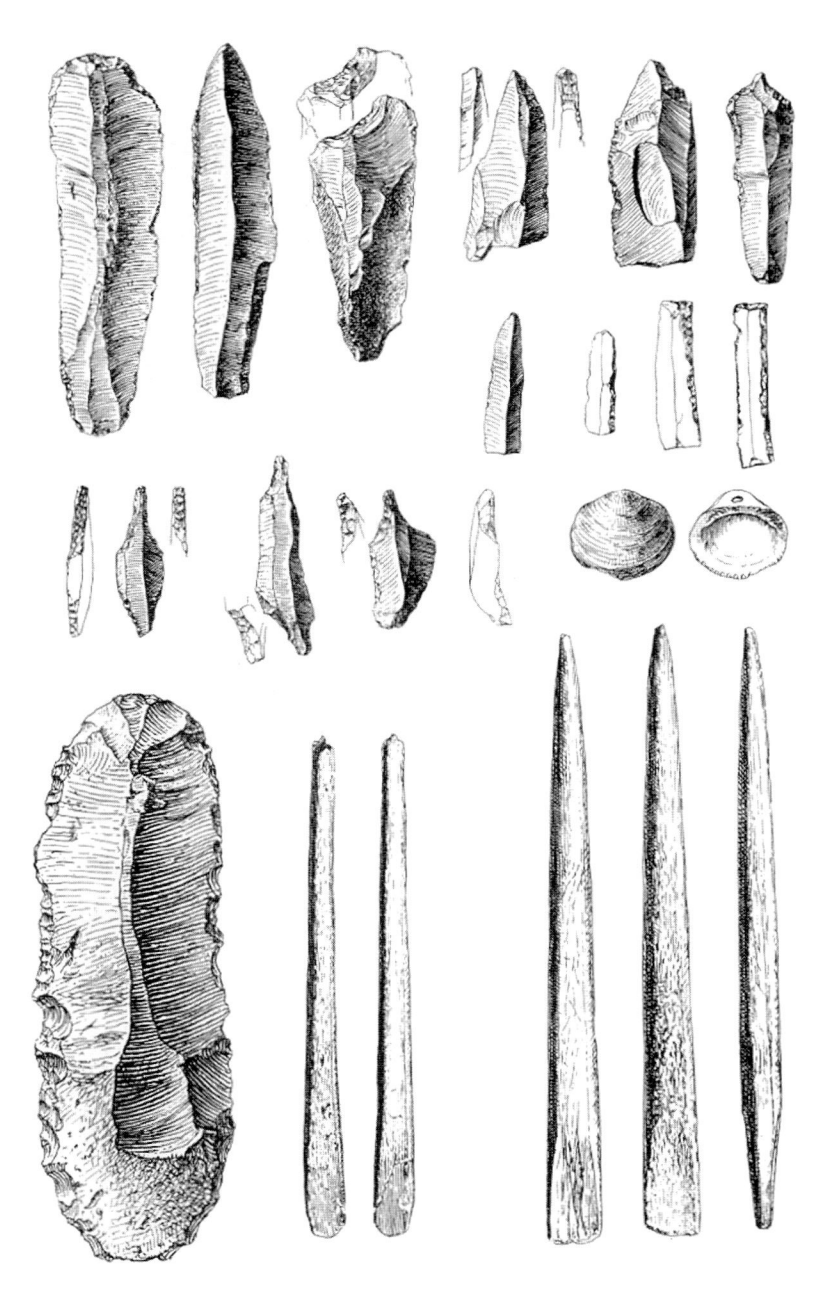

Magdalénienzeitliche Knochen- und Steingeräte aus dem Hohlenstein bei Ederheim.
(Nach F. Birkner 1912).

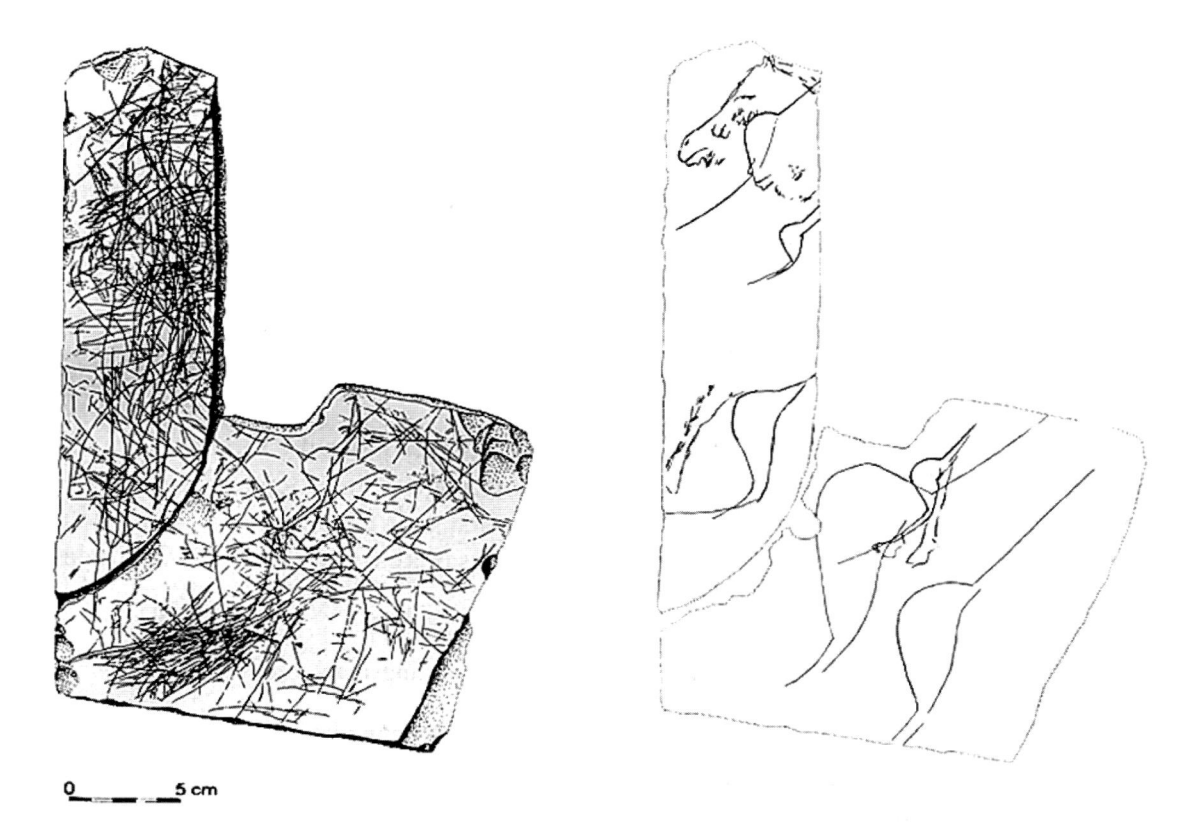

Gravierte Kalksteinplatte aus dem Hohlenstein bei Ederheim. Links das Original, rechts die bisher erkannten figürlichen Darstellungen. (Nach K. J. Narr, H. Dannheimer und L. Reisch).

Die beiden Ofnethöhlen liegen mit 30 Metern Abstand hoch am Südwesthang einer vom Riesrand abgebrochenen Großscholle aus zerrüttetem Malm, die zwischen Holheim und Ederheim über einen schmalen Sattel mit der Albhochfläche verbunden ist. Südlich des Sattels entspringt der Retzen-, nördlich davon der Maienbach, der im Talgrund unterhalb der Höhlen nach Norden zur Eger fließt. Auf dem Plateau unmittelbar darüber befinden sich im „Himmelreich" die Reste einer vorgeschichtlichen Wallanlage. Bei günstiger Witterung kann man von dort oben in nordöstlicher Richtung das ganze Ries bis zum Hahnenkamm bei Heidenheim übersehen und mit etwas Glück sogar das Schloß Spielberg erkennen. Dabei erahnt man, woher der verheißungsvolle Name dieser Höhe kommt.

Wie Edouard Lartet und Henry Christy bereits 1864 berichteten, konnten sie in der Höhle von Laugerie Haute in der Dordogne drei dunkle, durch sterile Sedimente voneinander getrennte Kulturschichten unterscheiden, die sie dann mit der Schichtenfolge anderer Höhlen verglichen haben. Als O. Fraas 11 Jahre später die Große Ofnet ausgrub, hat er leider keine stratigraphischen Beobachtungen durchgeführt, was sich später sehr verhängnisvoll auswirken sollte. Über die Arbeitsweise, die in jener Zeit gang und gäbe war, schrieb Fraas: „Sorgfältig wurde der ganze Inhalt bis zum Dolomitgrund ausgehoben, auf Schiebkarren vor das Loch herausgeführt und am Licht des Tages untersucht, so daß der Inhalt durchaus vollständig vorliegt." Fraas erwähnte 270 Feuersteinmesser bis zu einer Länge von 12 Zentimetern, zwei Knochennadeln und zwei zertrümmerte Menschenschädel. Durch die zitierte Stelle aus seinem Bericht wird zum Leidwesen aller Archäologen einmal mehr bestätigt, daß die meisten Höhlen der Schwäbisch-Fränkischen Alb um Jahrzehnte zu früh ausgegraben worden waren. So konnte es geschehen, daß Fraas, dessen Unternehmungen zunächst nur den Knochen eiszeitlicher Tiere galten, im Jahre 1862 die in der Bärenhöhle im Hohlenstein bei Asselfingen vorhandenen jungpaläolithischen Artefakte nicht erkannte.

Um doch noch eine Stratigraphie der Ofnethöhlen zu gewinnen, führte R. R. Schmidt 1907/08 die bereits oben erwähnten Nachgrabungen durch. Seinem Bericht zufolge traf er

Von allen Erhebungen des inneren Ringes hat der Hahnenberg bei Appetshofen die zentralste Lage. Die strategische Bedeutung der beherrschenden Höhe an der Eger hatten offensichtlich bereits die paläolithischen Jäger erkannt, denn von den vielen Hügeln und Höhenrücken im Ries und um das Ries herum konnten bisher nur am Hahnenberg, auf dem sich auch die Reste eines eisenzeitlichen Ringwalls befinden, altsteinzeitliche Artefakte geborgen werden.

sowohl in der Großen als auch in der Kleinen Ofnet jeweils ein Früh-, Hoch- und Spätaurignacien sowie ein Solutréen und ein Spätmagdalénien an. Nach L. Reisch war Schmidts Ausbeute an stratifizierten Artefakten des Aurignacien und Solutréen sehr gering. Er fügte aber dennoch die unstratifizierten Altfunde aus der Grabung Fraas und anderen Unternehmungen, darunter offenbar auch einige Blattspitzen, in sein auf französischen Vorbildern beruhendes Schema ein. Nach einer Arbeit von Gisela Freund hat es jedoch östlich des Rheins nirgendwo ein Solutréen gegeben.[7] Deshalb ist man nun eher der Ansicht, daß die wenigen, angeblich aus dem Solutréen stammenden Artefakte ein spätes blattspitzenführendes Mittelpaläolithikum repräsentieren, zumal ja in der Kleinen Ofnet ein solches – wenn auch nur mit wenigen Artefakten – belegt ist. Obwohl sich das für die Große Ofnet niemals mehr mit Sicherheit wird nachweisen lassen, dürfte nach L. Reisch in beiden Höhlen die steinzeitliche Schichtenfolge Mittelpaläolithikum – Aurignacien – Spätmagdalénien – Mesolithikum – Neolithikum vorgelegen haben. In Mitteleuropa unterscheidet man das Aurignacien (35 000–28 000 v.h.) als ältere, das Gravettien (27 000–20 000 v.h.) als mittlere und das Magdalénien (15 000–11 500 v.h.) als jüngere Kultur des Jungpaläolithikums. Im Ries ist das Gravettien nicht vertreten, und aufgrund der arktischen Kälte während des Hochglazials von 20 000 bis 17 000 Jahren vor heute dürften in dem relativ schmalen eisfreien Korridor zwischen dem skandinavischen Eisschild und den Alpengletschern weder Mensch noch Tier erträgliche Lebensbedingungen vorgefunden haben.

Im Gegensatz zu den benachbarten Höhlen im Lonetal haben die Ofnethöhlen, als die wichtigsten jungpaläolithischen Fundstellen im Ries, keine Kunstgegenstände geliefert; somit stellen die Gravierungen aus dem Hohlenstein und dem Kaufertsberg die einzigen Belege künstlerischer Äußerungen des späteiszeitlichen Menschen im Ries dar. Das ist nicht gerade berauschend, doch immerhin soviel, daß auch diese Kleinlandschaft zum Kreis jener Fundorte gerechnet wird, aus dem bemerkenswerte Zeugnisse der paläolithischen Kunst vorliegen.

Im Spätglazial war das Mammut schon weitgehend ausgestorben, aber noch immer tummelten sich auf den krautreichen Tundren große Wildpferd- und Rentierherden, die für die späteiszeitlichen Jäger eine ergiebige Nahrungs- und Rohstoffquelle darstellten. Gegen Ende des Spätglazials zogen sich die Gletscher in die Alpentäler zurück, und ganz allmählich setzte die Wiederbewaldung ein.

Im wärmeren Klima des anschließenden Alleröd beschleunigte sich die Wiederbewaldung; kleinere Kiefern- und Birkengehölze belebten zusehends die Landschaft. Zu Beginn des Alleröd war in Süddeutschland die Eiszeit eigentlich schon zu Ende, weil sie aber im Norden noch andauerte, kamen die Fachleute überein, zwischen das eiszeitliche Magdalénien und das nacheiszeitliche Mesolithikum ein Spätpaläolithikum einzuschieben, in dem das frühere Epipaläolithikum aufgegangen ist. In diesen von 11 500 bis 10 000 vor heute dauernden

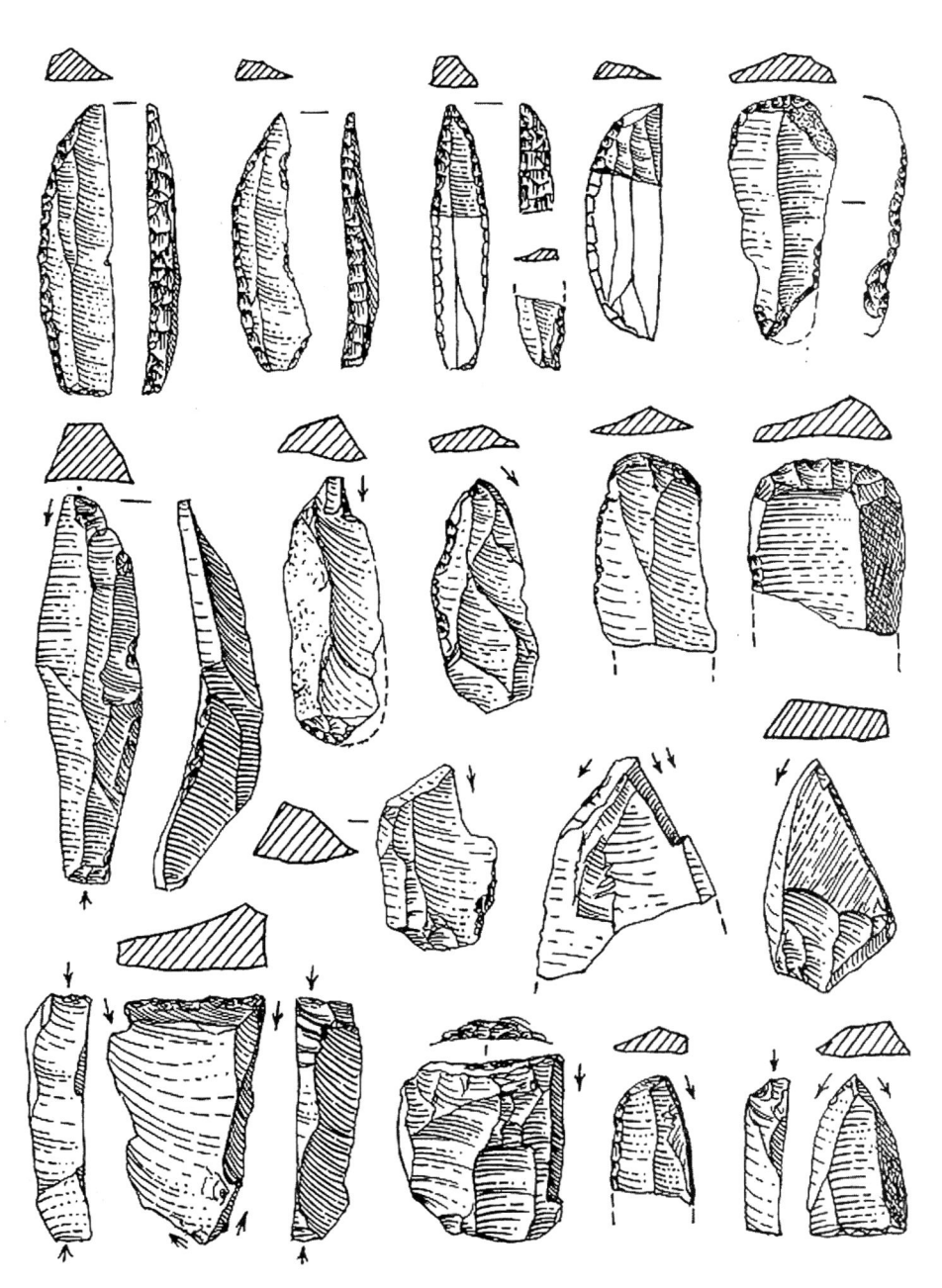

Spätpaläolithische Geräte vom Hahnenberg bei Appetshofen. (Nach W. Schönweiß 1962/63).

vorgeschichtlichen Abschnitt gehört wahrscheinlich auch die obere Schicht vom Abri am Kaufertsberg[8] und ein ebenfalls von W. Schönweiß auf dem Hahnenberg[9] bei Appetshofen geborgenes Fundensemble. Das Spätpaläolithikum brachte keine eigene Kultur hervor; das Geräteinventar war noch immer das des Spätglazials, bestehend aus Rückenmessern, Rückenspitzen, Sticheln, Bohrern und Kratzern. Als einzige Neuerung sind mitunter kurze, gedrungene Kratzer zu verzeichnen.

Wegen der zunehmenden Erwärmung und der daraus resultierenden schnelleren Ausbreitung des Waldes zogen sich die letzten Steppentiere aus Mitteleuropa nach Norden und Nordosten zurück. Es stellten sich zwar wieder mehr Waldtiere wie Reh, Elch und Rothirsch ein, doch die entstandene Nahrungslücke konnten die Menschen des Spätpaläolithikums weder durch sie, noch durch das vergrößerte Angebot eßbarer Pflanzen und Früchte, wie etwa die Haselnuß, schließen. Eine ganze Reihe von Autoren vermutet daher, daß die Rentierjäger den Herden teilweise in nördlichere Regionen gefolgt sind. Diese Annahme würde auch mit der geringen Zahl spätpaläolithischer Fundstellen in Süddeutschland übereinstimmen.

Die Mittelsteinzeit

Die mittlere Steinzeit ist die älteste Kultur der Nacheiszeit, des Holozäns, die mit dem Präboreal vor etwa 10 000 Jahren begann. Charakteristisch für das Mesolithikum sind kleine Geräte aus buntem Material, die sogenannten Mikrolithen. Die häufig rötliche Färbung der Geräte ist zumeist auf das Tempern, das Erhitzen der oft recht kleinen Silexknollen in einem Sandbad auf rund 360 Grad Celsius zurückzuführen, womit die Spaltbarkeit des Rohmaterials verbessert wurde. Neben der Verfärbung entsteht beim Tempern auch ein feiner Seidenglanz, der die mesolithischen Artefakte im allgemeinen auszeichnet. Die geometrischen Mikrolithen haben in der Regel Dreiecks- oder Vierecksform; seltener treten hingegen Kreissegmente auf. Im Frühmesolithikum wurden die Artefakte überwiegend aus unregelmäßigen, im Spätmesolithikum aus regelmäßigen Klingen mittels Kerbtechnik hergestellt. Wie durch Moorfunde belegt ist, dienten sie zur Bewehrung von Pfeilen und Speeren, wobei sie mit Baumharz auf den vorbereiteten Holzschäften befestigt wurden.

Die Spuren der Mesolithiker finden sich in Höhlen und unter Felsschutzdächern, im Freiland auch auf Kuppen und an Flüssen und Seen, wobei die nacheiszeitlichen Jäger im letzten Fall ihre Rastplätze gerne auf sandigen, flachen Erhebungen in der Nähe von Gewässern anlegten. Bei der Untersuchung mittelsteinzeitlicher Fundplätze wurden nur noch wenige Knochen größerer Beutetiere gefunden. Offenkundig lag nun das Schwergewicht auf dem Fischfang und der Sammeltätigkeit.

Im Ries war das Mesolithikum lange Zeit lediglich mit den wenigen Mikrolithen aus den Ofnethöhlen belegt. Erst 1961 publizierte K. Bleich mittelsteinzeitliche Funde aus den Schwalbsanden von Huisheim-Gosheim,[10] und im Zuge der Geländeerkundung konnten, neben einer ganzen Reihe von Einzelfunden, in Appetshofen, Großsorheim, Heroldingen und Reimlingen auch Fundstellen mit einer größeren Anzahl mesolithischer Artefakte lokalisiert werden. In den letzten Jahren fand J. Keßler auch auf dem Hahnenberg und an einigen anderen Stellen mesolithische Artefakte, während es G. Beck in jüngster Zeit gelungen ist, im nördlichen Ostries eine ganze Reihe kleinerer Fundstellen zu lokalisieren, die vorwiegend aus dem jüngeren Frühmesolithikum stammen. Somit sind im Ries zur Zeit rund 50 mittelsteinzeitliche Fundstellen meist kleinerer Art zu verzeichnen. Da bisher nur einzelne spätmesolithische Artefakte gefunden wurden, dürfte im Ries die lange Tradition der Jäger und Sammler vermutlich schon mit dem jüngeren Frühmesolithikum zu Ende gegangen sein, was auch in verschiedenen anderen Gebieten Süddeutschlands beobachtet wurde.

Die interessantesten Funde aus dieser Zeit stammen zweifellos aus der Großen Ofnet und vom Kaufertsberg. Gemeint sind damit die mysteriösen Kopfbestattungen an beiden Stellen, die zwar seltsame kultisch-religiöse Verhaltensweisen offenlegen, aber keine der damit verbundenen Fragen über Sinn und Zweck dieses Rituals beantworten können.

Als Schmidt vor 90 Jahren die Trümmer des gesprengten Versturzfelsens und die rezenten Ablagerungen wegräumen ließ, kam eine große,

Schädelbestattung in der Großen Ofnet bei Nördlingen-Holheim. (Nach R. R. Schmidt 1912).

von rotem Ocker verursachte Bodenverfärbung zum Vorschein, die bei den Ausgräbern für Spannung sorgte. Dennoch waren alle überrascht, als beim vorsichtigen Abtragen des Erdreichs, Zentimeter um Zentimeter, insgesamt 33 Menschenschädel zum Vorschein kamen, die mit dem Unterkiefer und in der Regel auch mit den ersten beiden Halswirbeln in zwei seichten Gruben, das Gesicht nach Westen gewandt, bestattet worden waren.[11] In der großen Grube befanden sich 27, in der kleinen sechs Schädel, die aufgrund ihrer Anordnung an Gelege erinnerten und deshalb treffend als Schädelnester bezeichnet wurden. Von den 33 Kopfbestattungen stammten 20 von Kindern und Jugendlichen, neun von Frauen und nur vier von Männern.

Im Zusammenhang mit den Frauen- und Kinderschädeln wurden mehr als 200 durchbohrte Hirschgrandeln und über 4000 durchlochte Schneckenhäuser geborgen, die entweder auf die Kopfbedeckung aufgenäht oder in das Haar geflochten waren. Wie Theodor Mollison[12] 1936 festgestellt hat, weisen viele der Schädel tödliche Verletzungen auf, die vermutlich von Steinbeilen herrühren. Mollison hat sich in dieser Hinsicht allerdings nicht festgelegt und meinte, die Tötung könnte eventuell auch mit Geweihbeilen oder entsprechend geformten Steinen erfolgt sein.

Nachdem eine frühere ^{14}C-Datierung der zwei Schädelnester ein Alter von rund 13 000 Jahren ergeben hatte, das aufgrund der stratigraphischen Beobachtungen nicht stimmen konnte, liegt seit 1986 ein neues Datum von 7720 ^{14}C-Jahren vor, durch das die Kopfbestattungen in das Mesolithikum datiert werden, was auch mit der Stratigraphie und den Beifunden, die aus zwei Dreiecksmikrolithen bestehen, übereinstimmen würde. Allzu sicher darf man sich dabei aber nicht fühlen, weil ein einziges ^{14}C-Datum nur einen Annäherungswert darstellen kann.

Wolfgang Taute, dem wir die Gliederung der Mittelsteinzeit in ein Frühestmesolithikum, ein Frühmesolithikum mit den Stufen Beuronien A, B, C und ein Spätmesolithikum verdanken, erkannte als erster, daß zumindest einer von den zwei Mikrolithen aus der Großen Ofnet das Spätmesolithikum

Mesolithische Mikrolithen von Harburg-Heroldingen.

anzeigt. Und wie sich erst in den letzten Jahren herausgestellt hat, gab es im Spätmesolithikum bereits beilartig geschliffene Felsgesteingeräte, was wiederum mit der Annahme Mollisons, die Verletzungen der Schädel dürften von Steinbeilen herrühren, übereinstimmen würde. Das ^{14}C-Datum steht dieser Annahme nicht entgegen, ja es rückt die Kopfbestattungen sogar zeitlich in die Nähe der frühesten Ackerbauern im Ries.

Seit dem Ende des Spätglazials vor 11 500 Jahren hatte sich die Umwelt der Jäger- und Sammlerpopulationen ständig verändert, die Wälder waren immer dichter geworden. Im feuchtwarmen Klima des Atlantikums, das vor etwa 8000 Jahren begann, stellten sich auch wieder anspruchsvollere Gehölze ein; und weil im Frühneolithikum auf vielen Böden dichte, dunkle Lindenwälder stockten, was eine Verarmung der Bodenflora zur Folge hatte, kann dieser Umstand auch die Ursache für den Bruch zwischen dem Früh- und Spätmesolithikum darstellen. Das würde auch erklären, warum es in Süddeutschland gebietsweise kaum Fundstellen mit spätmesolithischen Artefakten gibt, die sich ja deutlich von den typischen Artefakten des Frühmesolithikums abheben. Der wesentlichste Unterschied besteht darin, daß die Geräte nunmehr aus schönen regelmäßigen Klingen hergestellt wurden und größer waren als im Frühmesolithikum.

Die Leitform der letzten mittelsteinzeitlichen Stufe war das Trapez in vielen Variationen. Die hochschmale Form, Pfeilschneide genannt, diente nun zur Bewehrung der Pfeile, die sich nach Meinung der Experten besonders gut für die Vogeljagd eigneten. Neu war auch die tannenbaumförmige zweireihige Harpune aus Hirschgeweih, der jedoch die Eleganz der spätmagdalénienzeitlichen Artefakte dieser Art gänzlich fehlte und die offenbar nicht sehr häufig vorkam. Mit dem Spätmesolithikum ging in Mitteleuropa die lange Tradition der Jäger- und Sammlerkulturen endgültig zu Ende. Die letzten Jäger wurden verdrängt von den ersten Bauern, die aneignende von der produzierenden Lebens- und Wirtschaftsform, die schon bald die ganze Welt beherrschen sollte.

Jericho

Die älteste Stadt der Welt liegt in einer fruchtbaren Oase im tiefeingeschnittenen Jordangraben, rund 250 Meter unter dem Meeresspiegel. Als wichtigste Voraussetzung für die Entwicklung einer großen, stadtartigen Siedlung in so früher Zeit mußte eine sehr gut organisierte, ackerbautreibende Gemeinschaft vorhanden sein. Schon vor etwa zehn Jahrtausenden war Jericho von einer massiven Mauer umgeben und mit einem runden Turm gesichert. Die Archäologen vermuten, daß damals mehr als 2000 Menschen in der Stadt lebten.

Gut erkennbar zieht sich vom linken Bildrand der von vielen Grabungsstellen übersäte Tell es-Sultan nach rechts zur Bildmitte hin. In den untersten Schichten des Ruinenhügels wurden an einigen Stellen Siedlungsreste aus dem Natufien freigelegt. Die ausgegrabenen Gerätschaften und die Befunde lassen darauf schließen, daß Wildgetreide bei der Ernährung der mittelsteinzeitlichen Siedler bereits eine ganz wesentliche Rolle gespielt hatte.

5. Die Wurzeln der Zivilisation

Durch das warme und feuchte Klima des frühen Atlantikums wurde die Ausbreitung des Ackerbaus in Mitteleuropa offenbar begünstigt. Die höheren Niederschlagsmengen zur Zeit der Landnahme dürften aber zu einer verstärkten Besiedlung der trockeneren Landstriche, zu denen ja auch das Ries gehört, beigetragen haben. Diese Annahme erfährt insofern eine Bestätigung, als auch die sehr alte bandkeramische Siedlung in Schwanfeld bei Schweinfurt in einem der trockensten Gebiete Bayerns liegt.[1] Unter diesem Gesichtspunkt wird man auch die Vorgänge im Südries sehen müssen, wo es damals zu einer ungewöhnlichen Siedlungsdichte der ältesten Bandkeramik kam, mit der wir uns später noch befassen wollen.[2]

Als in der Mitte des sechsten Jahrtausends die ersten Ackerbauern das Ries erreichten, fanden sie, wie fast überall in Mitteleuropa, einen von Jäger- und Sammlerpopulationen offensichtlich nur dünn besiedelten Urwald vor. Sie waren vermutlich in kleinen Gruppen die Donau heraufgekommen und hatten nur das Nötigste mitgebracht. Dazu gehörten vor allem das Saatgut, die Haustiere und einige Vorräte, die in Verbindung mit der Jagd und der Sammeltätigkeit das Überleben bis zur ersten Ernte ermöglichen sollten. Sie siedelten nur auf guten Lößböden, die sie an den typischen Pflanzengesellschaften erkannten. Aufgrund zahlreicher Pollen- und Holzkohlenanalysen wissen wir über die Umwelt der ersten bäuerlichen Siedler recht gut Bescheid: Auf den trockeneren Lößplatten stockte in der Regel ein dichter Lindenwald, während sich in den feuchten Flußtälern der Auwald mit Erle, Esche, Weide, Ulme und vielen anderen Bäumen und Pflanzen ausbreitete. Eiche und Hasel waren in kleineren Anteilen sowohl im Linden- als auch im Auwald anzutreffen.[3] Doch die so häufig zitierte, zur Familie der Birkengewächse gehörende Hainbuche – ganz zu schweigen von der Rotbuche – war im frühen Atlantikum bei uns noch gar nicht heimisch.

Für die ersten Bauern war der Wald so wichtig wie der Boden, denn er lieferte ihnen alles, was sie neben den Feldfrüchten zum täglichen Leben brauchten: In erster Linie benötigten sie große Mengen an Bau- und Brennholz sowie Hölzer für alle nur denkbaren Zwecke und Gerätschaften. Die Gewächse des Waldes lieferten außerdem Reben zum Binden, Bast und Ruten für die verschiedensten Flechtarbeiten, Baumharze zum Kleben sowie Substanzen zum Färben und Gerben. Daß die Siedler von alters her die Heilkraft vieler Kräuter kannten, bedarf eigentlich kaum der Erwähnung. Sehr wichtig war der Wald schließlich auch für die Viehhaltung, ganz gleich, ob die Tiere in den Wald getrieben wurden oder ob man ihr Futter durch Schneiteln besorgte. Die beliebtesten Laubfutterbäume waren Esche und Ulme.

Wenn die Ankömmlinge den richtigen Platz gefunden hatten, der meistens an der Hangschulter eines Bachtales lag, dann erwartete sie harte Knochenarbeit, denn für die Felder mußte eine etwa zwei Hektar große Fläche gerodet werden, und auch die Herbeischaffung des Bauholzes erforderte große Anstrengungen. Für das Ackerland bediente man sich häufig der Brandrodung, weil diese bessere Ernten brachte.

Über die Silexgeräte und die meistens aus Amphibolit hergestellten Beile der allerersten Bauern Mitteleuropas wissen wir nicht sonderlich viel. Bekannt ist ein mittelschweres, trapezförmiges Beil und der hohe Schuhleistenkeil mit D-förmigem Querschnitt, den es in Längen von 5 bis 35 Zentimetern gab. Die doch recht deutlichen Größenunterschiede können einen Hinweis auf die vielseitige Verwendbarkeit dieses Holzbearbeitungsgerätes darstellen, das auch für feinere Arbeiten geeignet war. Obwohl die frühen Bandkeramiker bereits eine Technik des Steinbohrens beherrschten, wurde in der Regel nur die vermutlich als Waffe dienende Scheibenkeule mit einem Schäftungsloch versehen; durchbohrte Beile und Schuhleistenkeile kamen erst später in größerer Anzahl vor, als die Bohrtechnik schon besser ausgereift war. Aufgefundene Reste von Beilschäftungen lassen vermuten, daß der wie ein Querbeil geschäftete Schuhleistenkeil zum Roden verwendet wurde. Damit konnten die Bäume allerdings nur in Kopfhöhe geschlagen werden. Stärkere Bäume mit einem Stammdurchmesser von mehr als 30 Zentimetern wurden kaum gefällt, sondern geringelt und starben dann von selbst ab.

Die Südost-Nordwest orientierten Pfostenhäuser waren bei einer durchschnittlichen Länge von 25 Metern etwa sieben Meter breit und in drei Räume unterteilt. Die Wände bestanden größtenteils aus lehmverstrichenem Flechtwerk, das zwischen den

Wandpfosten befestigt war; nur der nordwestlichste Teil des Hauses, den die ganze Wucht der Winterstürme traf, besaß Wände aus palisadenartig nebeneinandergesetzten Baumstämmen. Der Eingang befand sich im Südosten. Das weit heruntergezogene Dach war vermutlich mit Schilf gedeckt.

Für so ein Haus benötigte man allein für die stehenden, etwa einen Meter tief gegründeten Pfosten an die 200 Eichenstämme mit einem Durchmesser von etwa 30 Zentimetern. Außerdem wurden noch ungefähr 200 laufende Meter schwächerer Hölzer für die Dachkonstruktion und Speichereinbauten benötigt.[4] Mit den zur Verfügung stehenden Steinbeilen war die Beschaffung des Bauholzes alles andere als ein Honiglecken. Bei der Rekonstruktion solcher Häuser zeigte sich, daß mindestens acht Personen erforderlich waren, um die schweren Eichenpfosten bewegen und aufstellen zu können. Die Firsthöhe eines bandkeramischen Hauses dürfte zwischen fünf und sechs Metern gelegen haben.

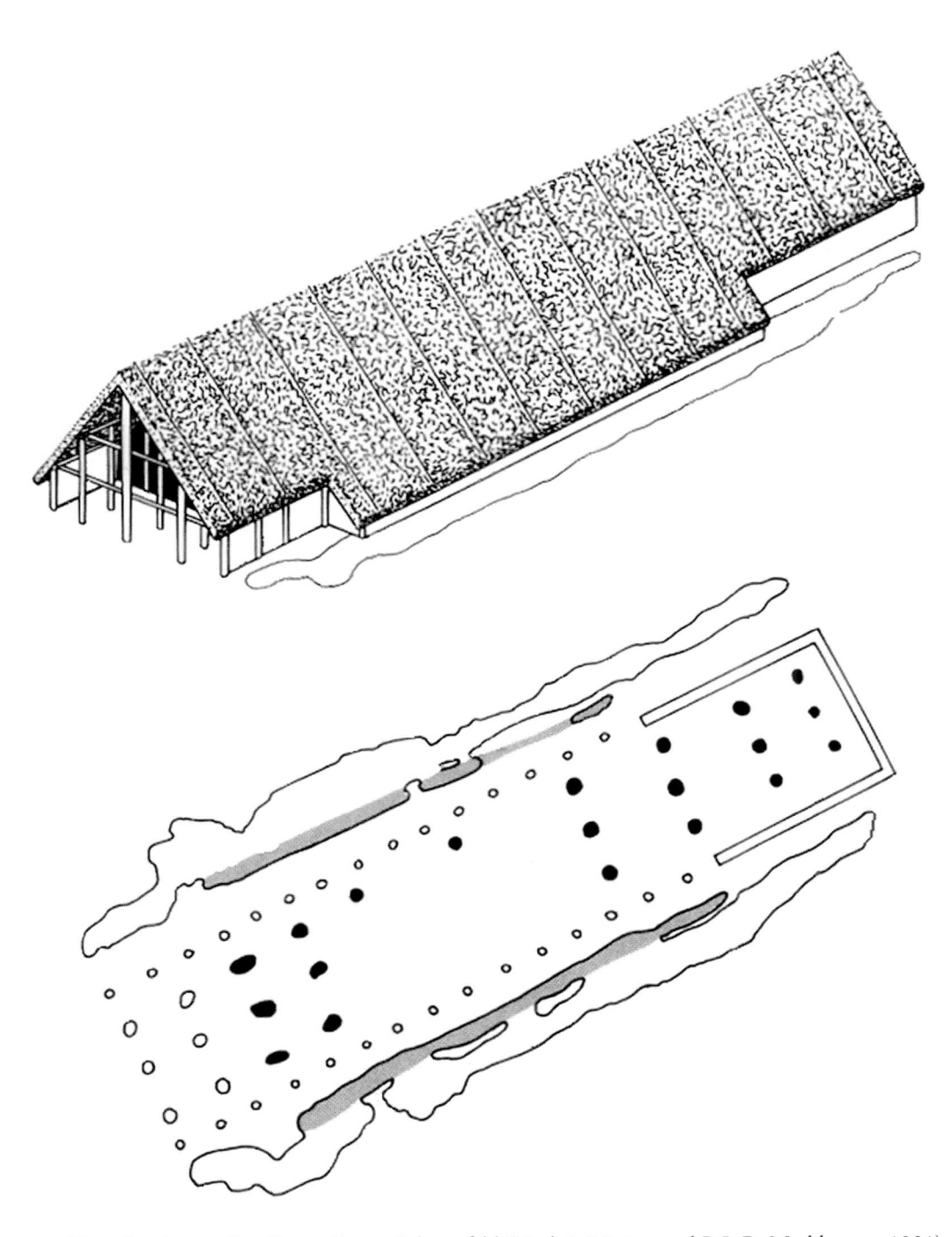

Haus der ältesten Bandkeramik von Schwanfeld (Nach J. Lüning und P. J. R. Modderman 1981).

In einigen europäischen Ländern haben Versuche der experimentellen Archäologie nach vorausgegangener Brandrodung gute Ernten erbracht, doch danach gingen die Erträge ziemlich schnell zurück. In vielen Fällen hat diese Tatsache in vorgeschichtlicher Zeit zu einer Brandwirtschaft geführt, bei der die Felder schon nach wenigen Jahren aufgegeben und durch Brandrodung immer neue Anbauflächen urbar gemacht wurden. Nach Ansicht vieler Fachleute hätte diese Wirtschaftsweise, zusätzlich noch verschärft durch Bevölkerungsdruck und Waldweide, in den Siedlungsgebieten oft schon nach zwei bis drei Jahrzehnten zu einer Degeneration des Waldes geführt. Da der Ackerbau in dieser Form sehr schnell an seine Grenzen stieß, konnte – wie Lüning annimmt – die Ertragsfähigkeit der hochwertigen Lößböden nur durch eine intensive Bodenbearbeitung erhalten werden.[5] Aufgrund einschlägiger Versuche und anderer Hinweise vermutet er, daß die erfolgreiche Behauptung der Linienbandkeramiker im mitteleuropäischen Urwald unter anderem auch dem Hakenpflug mit Ochsenbespannung zu verdanken ist. Ein wichtiges Indiz für diese Annahme sind Bovidenknochen, die nach Ansicht der Zoologen Veränderungen aufweisen, wie sie eigentlich nur nach Kastrationen zu beobachten sind.[6]

Die ältesten Pflugspuren stammen aus dem Jungneolithikum. Weil diese Spuren aber nur unter Erdanhäufungen erhalten geblieben sind, zu denen vor allem Wälle und Grabhügel gehören, die ja erst Jahrhunderte später in Erscheinung traten, gibt es bislang keine direkten Beweise für die Verwendung des Pfluges durch die Bandkeramiker. Doch angesichts des von unzähligen Wurzeln durchsetzten Waldbodens, der den Siedlern das Leben schwermachte, kann die Verwendung des Pfluges durch die frühen Kolonisten nicht rundweg von der Hand gewiesen werden.

Die Keramik der ersten Bauern stellt die älteste Töpferware Mitteleuropas dar. Sie wirkt archaisch, denn sie hatte ungewöhnlich dicke Böden und war mit Spelzen, Grannen oder gehackten Gräsern, später auch mit Knochenkohle gemagert. In der Regel war sie weichgebrannt und mit kräftig eingerillten geraden oder spiralförmigen Linien und Bändern verziert, oft auch mit einem grauen, braunen oder rötlichen Überzug versehen. Aufgrund dieser Merkmale unterscheidet sich die älteste Bandkeramik grundlegend von allen späteren Töpfererzeugnissen und erleichtert so das Auffinden und Datieren der frühesten Ackerbausiedlungen.

Häuser, Keramik sowie Gerätschaften und das ganze kulturelle Gepräge waren im gesamten Verbreitungsgebiet der frühen Bandkeramik erstaunlich einheitlich. Erst nach einigen Jahrhunderten löste sich diese Geschlossenheit in viele Einzelstile häufig lokalen Charakters auf.

Die Kultur der Linienbandkeramiker ist von allen vorgeschichtlichen Bauernkulturen am besten erforscht. Viele beispielhafte Ausgrabungen in fast ganz Europa haben wesentlich zu unserem Wissen beigetragen. Wir kennen die Siedlungen, die Haustypen, die Keramik und die Steingeräte, und wir wissen auch, was angebaut, was gesammelt und welche Tiere gezüchtet wurden. Zu den ersten Feldfrüchten gehörten Gerste, Einkorn und Emmerweizen, später kamen Erbse, Linse, Schlafmohn und Hirse dazu. Neben dem Hund hielt man Schaf, Ziege, Schwein und Rind. Weil bereits die allerersten Bandkeramiker eine fertige und ausgereifte Kultur besaßen, fragt man sich, woher denn die erste mitteleuropäische Bauernkultur zu uns gekommen sein mag. Die Antwort darauf gibt ein archäologisches Prinzip, nach dem jede Kultur innerhalb ihres Verbreitungsgebietes entstanden sein muß. Doch das der Bandkeramik ist sehr groß, denn es erstreckt sich vom Pariser Becken bis in die Ukraine, und damit tat sich ein weites Feld für Spekulationen auf. Da gab es eine Richtung, die aufgrund einer gewissen Ähnlichkeit verschiedener bandkeramischer Stilelemente mit paläolithischen Zierweisen an eine autochthone Entstehung der Bandkeramikkultur und des Ackerbaus im Herzen Mitteleuropas glaubte, doch dafür konnten bis heute keine Beweise beigebracht werden. Außerdem waren in Mitteleuropa weder die von den frühen Ackerbauern zuerst domestizierten Getreidearten wie Gerste und Einkorn, noch die Wildformen der ursprünglichen Haustiere, nämlich Schaf und Ziege, heimisch.

Dem tschechischen Archäologen E. Neustupny verdanken wir die Erkenntnis, daß eine in der Slowakei, Mähren und Niederösterreich schon länger bekannte, urtümlich anmutende flachbodige Keramik mit organischer Magerung, die man bis dahin dennoch häufig als eine jüngere Erscheinung angesehen hatte, früher einzustufen ist als die Flomborner Ware und somit die älteste Kera-

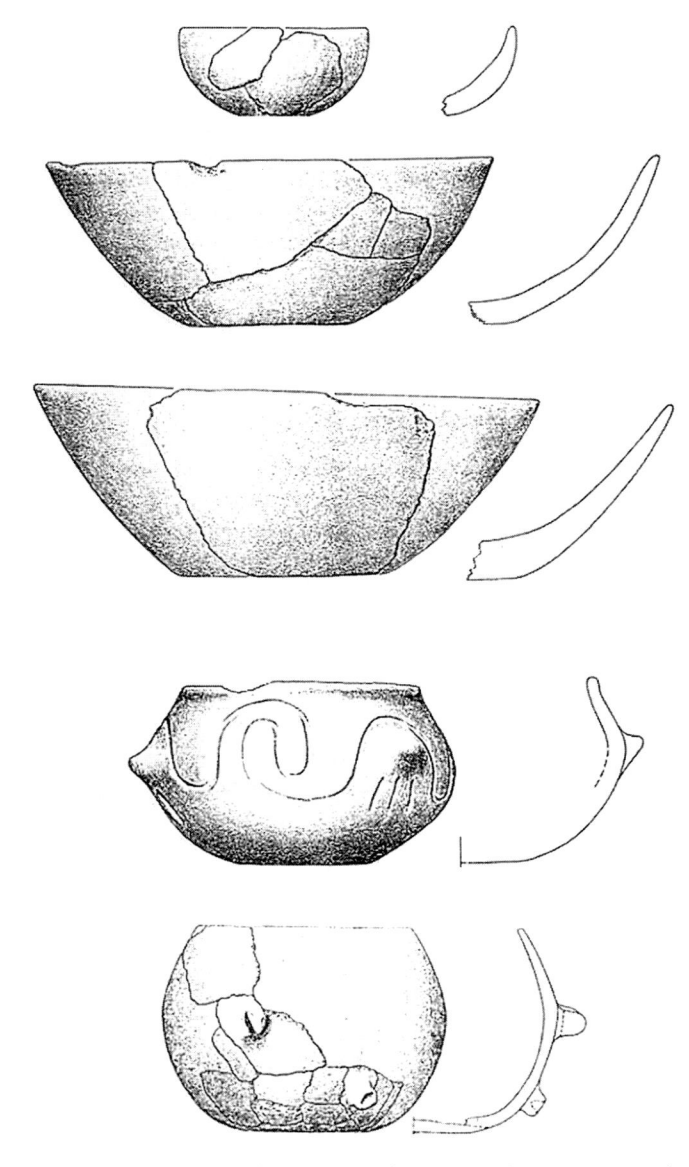

Älteste Bandkeramik von Möttingen-Enkingen. (Nach E. Reuter). M unten 1 : 4, sonst 1 : 2.

mik Mitteleuropas darstellt. Kurz darauf konnte Hans Quitta nachweisen, daß es diese Keramik auch in verschiedenen Altsiedellandschaften Deutschlands gibt, die aber bis dahin unerkannt in den Museen ein Schattendasein geführt hatte. Das Ries erwähnte er allerdings nicht, und auch in der bereits 1954 erfolgten Materialvorlage *Die Steinzeit im Ries* gab es keine Hinweise auf ein Material, das älter war als die Flomborner Keramik.[7] Diese auch im Meteoritenkrater aufzuspüren, blieb dem Verfasser vorbehalten.[8]

Aufgrund dieser ältesten Bandkeramik, bzw. der Stufe I nach Meier-Arendt, konnten dann enge genetische Beziehungen zwischen der Linienbandkeramik und der vorwiegend an der mittleren Donau beheimateten Starčevo-Körös-Kultur, die wiederum zu dem großen anatolisch-balkanischen Kulturkreis gehört, nachgewiesen werden. Wie man bislang dem archäologischen Material entnehmen kann, dürfte die Genese der Bandkeramik in den westlich und nordwestlich an die Starčevo-Körös-Kultur anschließenden Regionen erfolgt sein, wobei vor allem Transdanubien, die westliche Slowakei, Südmähren und der nordöstliche Teil von Niederösterreich in Frage kommen. Von dort ist ihre Ausbreitung bis an den Rhein und nach Mitteldeutschland relativ schnell erfolgt, doch haben wir keine konkrete Vorstellung davon, wie das im einzelnen vor sich gegangen sein mag.

Mit ziemlicher Sicherheit dürfte der Anstoß zur Erschließung der mitteleuropäischen Wälder für die Zivilisation von außen her, sehr wahrscheinlich aus dem Karpatenbecken heraus, erfolgt sein. Die aus dem Südosten kommenden Kolonisten waren Pioniere im wahrsten Sinne des Wortes, Menschen, die ins Ungewisse aufgebrochen waren und sich dann in kleinen Gruppen in einer mehr oder weniger feindlichen Umwelt Tag für Tag aufs neue behaupten mußten. Dieser Vorgang ist nur mit der ersten Besiedlungwelle des amerikanischen Kontinents vor fast 500 Jahren zu vergleichen, doch mit dem wesentlichen Unterschied, daß in unserer Heimat vor 7500 Jahren keine Überlegenheit der Siedler aufgrund ihrer Feuerwaffen und ihrer Werkzeuge aus Eisen und Stahl vorhanden war. Nur mit Steingeräten eroberten sie die ausgedehnten Wälder dieses Kontinents. Diese Leistung ist vielleicht besser zu beurteilen, wenn wir uns vergegenwärtigen, daß die steinzeitlichen Siedler allein für die Beschaffung des Rohmaterials und die Herstellung eines einzigen Steinbeiles oder Schuhleistenkeiles sehr viel Zeit aufwenden mußten.

Der Ursprung des Ackerbaus

Zunächst waren es nur einzelne Archäologen, die nach dem Zweiten Weltkrieg darangingen, die Ursprünge des Ackerbaus zu erforschen. Der bekannte englische Vorgeschichtler Vere Gordon Childe hatte zunächst die Vermutung geäußert, daß der Ackerbau in den Ländern der nachmaligen Hochkulturen entstanden sei. Eine ganze Reihe von Prähistorikern hielt das aber für äußerst unwahrscheinlich, wenn nicht sogar für unmöglich, weil in diesen Gebieten die Niederschlagsmengen auch schon in vorgeschichtlicher Zeit zu gering waren, um dort Regenfeldbau betreiben zu können. Folglich wäre Ackerbau nur bei künstlicher Bewässerung möglich gewesen. Ganz abgesehen von den großen Vorleistungen, die für eine solche Art des Ackerbaus mit der Anlage von Kanalsystemen erforderlich sind, konnte es in diesen trockenen Gebieten auch kein Wildgetreide gegeben haben, und damit entfiel eine der wichtigsten Voraussetzungen für die Entstehung des Ackerbaus in Ländern wie Ägypten oder Mesopotamien. Im Gegensatz zu Childe waren Braidwood und andere Forscher der Meinung, daß diese Bedingungen eher an den hügeligen Flanken der vorderasiatischen Gebirge gegeben waren, wo heute noch Wildgetreide wächst und auch damals schon ausreichende Niederschlagsmengen fielen, um Regenfeldbau zu ermöglichen.

Heute sind die meisten dieser Gebiete, die früher von lichten Eichen- und Pistazienwäldern bedeckt waren, durch jahrtausendelange Überweidung zerstört und fast baumlos. An den vielen Ruinenhügeln, von den Einheimischen Tells genannt, ist jedoch unschwer zu erkennen, daß es sich um ein sehr altes Kulturland handelt. Die zahlreichen Ruinenhügel Vorderasiens verdanken ihre Entstehung einer traditionellen Verhaltensweise der Siedler, denn immer dann, wenn die in Lehmbauweise errichteten Häuser baufällig oder einem Feuer zum Opfer gefallen waren, wurden die Reste einfach eingeebnet und der alte Platz erneut überbaut. Aus diesem Grunde tut sich der Archäologe meistens leicht damit, einen vielversprechenden Tell zu finden, aber sehr schwer, diesen auch erfolgreich auszugraben, denn häufig liegen viele Siedlungsschichten übereinander, die oft nur schlecht zu unterscheiden sind. Dennoch waren die Ausgrabungen im Vorderen Orient sehr aufschlußreich, denn im Gegensatz zu Mitteleuropa, wo man auch in den ältesten Ackerbausiedlungen immer auf eine vollneolithische Kultur stößt, kamen im Vorderen Orient viele Stadien einer langen Entwicklung zutage.

Nach einigen Sondierungen und reiflicher Überlegung setzte Robert Braidwood 1950 den Spaten auf einem Tell bei dem im nordöstlichen Irak gelegenen Ort Jarmo zu einer Ausgrabung an, mit der einzig und allein der Zweck verfolgt wurde, den Ursprung des Ackerbaus zu erforschen. In vier Jahren grub sich Braidwood durch 16 Schichten einer bäuerlichen Siedlung, die etwa um 7000 v. Chr. gegründet worden war, und gewann dabei viele neue Erkenntnisse, doch zu seinem Bedauern steckten die Wurzeln des Ackerbaus nicht in dem Hügel von Jarmo. Der Ort war nur eine Station auf dem Wege des Menschen in die Zivilisation. Wie sich erst später zeigen sollte, lagen seine Ursprünge nicht an der Westflanke des Zagrosgebirges, sondern an den Hängen der Gebirgszüge in Israel, Syrien und Jordanien.

Bei den Ausgrabungen in der bereits erwähnten Kebarahöhle hatten die Archäologen auch noch andere sensationelle Ergebnisse erzielt: In einer 17 000 Jahre alten Schicht waren nämlich Mahlsteine, Mörser und Stößel zutage gekommen, alles Gerätschaften, die eine Getreidenutzung bereits im Jungpaläolithikum belegen. Was hier als Mörser bezeichnet wird, das waren natürlich noch keine Gefäße, sondern runde Vertiefungen im anstehenden Felsen. Da für die Herstellung solcher Strukturen mit Steinwerkzeugen sicher sehr viel Mühe aufgewendet werden mußte, gelten sie als Indizien für eine gewisse Seßhaftigkeit der Kebarier.

In der Levante wurde das Kebarien um 10 000 v. Chr. von der mesolithischen Kultur des Natufien abgelöst, in dem sich der Übergang von der aneignenden zur produzierenden Wirtschaftsweise allmählich anbahnte. Charakteristisch für diese Kultur sind mikrolithische Geräte und Sichelklingen, die auf zusammengesetzte Waffen und Gerätschaften schließen lassen, wie sie gute 2000 Jahre später in ähnlicher Ausführung auch von den mesolithischen Jägern und Sammlern in Mitteleuropa benützt wurden. Als Behausungen dienten neben Höhlen auch Rundhütten aus gestampftem Lehm, die einen Durchmesser von etwa sieben Metern hatten. Die Toten wurden unter dem Estrich begraben. Diese Rundhütten der Natufier waren weltweit die ersten festen Behausungen des Menschen.

Die älteste Siedlung aus dieser Zeit wurde 1955 bei Ain Mallaha am inzwischen trockengelegten Hulesee in Israel ausgegraben. Zutage kamen die Reste einer größeren Anzahl von Rundhütten, die leicht in den Boden eingetieft waren und zum Teil auf Steinsockeln ruhten. Die in verschiedenen Lagen aufgefundenen Bestattungen lassen darauf schließen, daß es in der Siedlung keinen einheitlichen Grabritus gab. Einige der Toten waren ohne Kopf oder Beine, andere wahrscheinlich gefesselt begraben worden. Neben Mahlsteinen, Mörsern, Sicheln und anderen Steingeräten legten die Ausgräber erstmals auch Vorratsgruben frei. Die Siedlung dürfte bereits im zehnten Jahrtausend v. Chr. angelegt worden sein. Um so erstaunlicher ist es, daß die Natufier schon in so früher Zeit mit der Vorratshaltung vertraut waren, denn es kam ja nicht allein darauf an, eine Grube auszuheben und das Getreide hineinzuschütten. Die Vorräte mußten auch vor Schädlingen und Nässe geschützt werden. Mit dem Besitz dieser Kenntnisse war bereits eine wesentliche Voraussetzung für die bäuerliche Wirtschaftsweise erfüllt. Bei der Jagdbeute nahm die Gazelle den ersten Platz ein.

Nach rund 2,5 Millionen Jahren war der Mensch also nun im Vorderen Orient erstmals dabei, seine Lebensweise grundlegend zu ändern, indem er Häuser baute, Vorräte anlegte und allmählich seßhaft wurde.

In Nahal Oren bei Haifa war eine aus 14 Rundhütten bestehende Siedlung des präkeramischen Neolithikums zum Vorschein gekommen. Der Begriff „präkeramisches Neolithikum" impliziert, daß die Siedler zwar bereits Getreide anbauten, aber noch keine Keramik kannten. Als Beweise für den Ackerbau in Nahal Oren dienen einige verkohlte Körner von kultiviertem Getreide. Kulturgetreide unterscheidet sich nicht nur in Form und Größe der Körner vom Wildgetreide, sondern auch in der Beschaffenheit der Ährenspindel. Bei letzterem ist die Spindel äußerst brüchig und zer-

Der Turm von Jericho während der Ausgrabung. (Nach K. Benesch).

65

fällt in reifem Zustand bei der geringsten Erschütterung in die einzelnen Teile, wobei die Körner zu Boden fallen, während die kultivierte Form eine feste Spindel besitzt. Da es vermutlich längere Zeit gedauert haben dürfte, bis der Kultivierungsprozeß soweit fortgeschritten war, daß er für den modernen Paläobotaniker erkennbar ist, muß mit einem wesentlich früheren Beginn des Getreideanbaus gerechnet werden, als an den Funden selbst abzulesen ist.

Für die Erforschung des Neolithisierungsprozesses kommt den Befunden von Jericho außerordentliche Bedeutung zu. Die Stadt liegt in einer fruchtbaren Oase im Jordangraben, rund 250 Meter unter dem Meeresspiegel an einer Paßstraße, die über Jerusalem an die Küste des Mittelmeeres führt. Aufgrund dieser Topographie kann es nach Meinung der Experten in der Nähe von Jericho kein Wildgetreide gegeben haben, weshalb man das Saatgut aus einer anderen Gegend in die Oase gebracht haben muß.

Unter der biblischen Stadt am Tell es-Sultan liegen mächtige Ablagerungen aus der prähistorischen Zeit. Die älteren Schichten dokumentieren die Entwicklung des Ackerbaus fast lückenlos. An der Basis des Hügels wurde eine Siedlung des Natufien freigelegt, die vermutlich schon gegen das Ende des 10. Jahrtausends v. Chr. errichtet worden war. An einer anderen Stelle stieß man auf Ablagerungen von Siedlungsschutt mit einer Mächtigkeit von vier Metern, sie stammten aus einer Periode, die nicht mehr vorbehaltlos dem Mesolithikum zugeordnet werden konnte, aber auch noch keine typische jungsteinzeitliche Prägung aufzuweisen hatte und von Kathleen M. Kenyon, der Ausgräberin, einer protoneolithischen Phase zugeschrieben wurde. Darüber folgten Straten des älteren präkeramischen Neolithikums. Aus diesem rund 10 000 Jahre alten Kultursubstrat stammen die bisher ältesten Belege des kultivierten Emmerweizens und der zweizeiligen Gerste. Der Fleischbedarf wurde allerdings immer noch durch die Jagd gedeckt. Die Knochen stammten vorwiegend von der Gazelle und den Wildformen von Rind, Schwein und Ziege.

Leider ist es bei Tellgrabungen nur selten möglich, die untersten Schichten großflächig zu untersuchen. Dennoch konnte festgestellt werden, daß diese Siedlung ein Areal von rund fünf Hektar bedeckte und über 2000 Einwohner gehabt haben dürfte. Die Rundbauten waren aus Lehmziegeln errichtet worden und hatten einen Fußboden aus gebranntem Lehm. Darunter wurden manchmal Bestattungen angetroffen, denen mitunter der Kopf fehlte. Diese Schädel fanden sich dann an anderen Stellen in verschieden angeordneten Gruppen wieder. Auch einige Kinderschädel waren auf die gleiche Art deponiert worden. Diese Befunde erinnern an eine Verhaltensweise, die auch in den Kopfbestattungen der Großen Ofnet sichtbar wird, doch ist an den Schädeln von Jericho keine Gewalteinwirkung erkennbar.

Die Siedlung war von einer 1,75 Meter dicken und noch bis zu einer Höhe von drei Metern erhaltenen Steinmauer umgeben, zu der auch ein kegelstumpfförmiger Turm mit einem Durchmesser von zehn und einer Höhe von neun Metern gehörte. In seinem Inneren sind noch 22 Treppenstufen erhalten. Vor der Mauer lag ein aus dem Felsen herausgeschlagener Graben von acht Metern Breite und drei Metern Tiefe. Das Erstaunliche daran ist das hohe Alter dieser eindrucksvollen Wehranlagen, denn sie stammen aus dem frühen 8. Jahrtausend v. Chr. In diesem wehrhaften Gemeinwesen sehen nicht nur Archäologen die älteste Stadt der Welt. Offenbar waren die Bewohner von Jericho schon vor 10 000 Jahren einer ständigen Bedrohung ausgesetzt, durch die sie sich veranlaßt sahen, einen mächtigen Schutzwall um ihre Siedlung zu legen.

Ungefähr in der Mitte des 8. Jahrtausends macht sich in den archäologischen Befunden Syriens und Palästinas tatsächlich eine Zäsur bemerkbar, die auch in Jericho durch eine Siedlungsunterbrechung nachgewiesen ist. Warum die Einwohner ihre Stadt verlassen haben, wissen wir leider nicht. Indizien deuten jedoch auf eine zunehmende Trockenheit hin, in deren Gefolge sich vermutlich Hungersnöte breitmachten. Erst gegen Ende des gleichen Jahrtausends nahm eine andere Bevölkerung die Stadt in Besitz, von der auch die Mauern verstärkt wurden. Die neuen Bewohner errichteten Rechteckbauten mit Fußböden aus Kalkstuck. Darunter fanden die Ausgräber des öfteren verfüllte Schächte mit Skeletten. Auch in dieser Periode war die Kopfbestattung üblich; einige Schädel hatte man sogar mit gefärbtem Gips überzogen. Aus dem Siedlungsschutt des jüngeren präkeramischen Neolithikums stammen einige formschöne Steingefäße sowie Malachitperlen. Artefakte aus Obsidian bezeugen den Fernhandel mit anatolischen Völkern. Die Hausziege tauchte auf und verdrängte die Gazelle vom ersten Platz der Proteinlieferanten, während die pflanzliche Kost durch den Anbau von Hülsenfrüchten eine wesentliche Bereicherung erfuhr. Nach einer weiteren Unterbrechung in der Besiedlung Jerichos trat um 5500 v. Chr. erstmals Keramik auf. Das war rund tausend Jahre später als in Çatal Hüyük, einem in der Konya-Ebene Anatoliens gelegenen und vermutlich etwas später entstandenen Zentrum des Ackerbaus mit einem beachtlichen kulturellen Niveau.

Die Erfindung der Keramik

In diesem Gebiet mit vielen Ruinenhügeln, die in der Türkei Hüyük genannt werden, hat man etwa 9000 Jahre alte Spuren von künstlichen Bewässerungssystemen gefunden. Çatal Hüyük, der Hügel am Scheideweg, ist der größte aller Siedlungshügel im Konyabecken und wurde von 1961 bis 1965 von dem englischen Archäologen James Mellaart teilweise untersucht.[9] Obwohl mit einem halben Hektar bisher nur ein sehr kleiner Teil des gesamten Areals erforscht wurde, wobei man sich aus technischen Gründen auf die oberen Schichten konzentrierte, und das sind zwangsläufig immer die jüngsten. An der Basis ist ein rund vier Meter mächtiges Schichtpaket, das unter der heutigen Geländeoberfläche liegt, noch nicht untersucht. Dennoch wurden viele aufsehenerregende Befunde erzielt, die Çatal Hüyük eine Sonderstellung unter den frühneolithischen Siedlungen einräumen.

Nach Mellaart dürften auf der 13 Hektar großen Siedlungsfläche mindestens 1000 Häuser gestanden haben; die Einwohnerzahl wurde auf annähernd 7000 Menschen geschätzt. Çatal Hüyük war in jeder Hinsicht ein bemerkenswerter Ort. Seiner Größe nach eine Stadt, ja sogar die größte Stadt des Neolithikums, wenn sie auch von keiner Mauer umgeben und von keiner Straße durchzogen wurde. In Çatal Hüyük war fast alles genormt und geplant. Als Maßeinheiten dieser Ordnung dienten die Breite der Hand und die Länge des Fußes. Die rechteckigen, aus mehreren Räumen bestehenden Häuser waren aus luftgetrockneten, in Holzformen hergestellten Lehmziegeln errichtet und ohne Zwischenräume wabenartig aneinandergebaut worden. Der Zugang lag auf dem Dach und war in den meisten Fällen nur über andere Häuser zu erreichen, wobei häufig Holztreppen und Leitern benutzt werden mußten. Vom Dach führte eine Treppe hinunter in das Haus. Diese Treppen waren lediglich viereckig behauene und mit Trittkerben versehene Baumstämme.

Welche Absicht dieser eigenwilligen Architektur zugrunde lag, ging aus den Befunden nicht hervor. Ähnliche Siedlungen gibt es auch heute noch in verschiedenen Gebieten Kurdistans. Vermutlich befriedigte diese Bauweise ein gewisses Schutzbedürfnis der Einwohner, denn durch die geschlossene Front der Hauswände wurde ungebetenen Gästen das Eindringen in die Siedlung erheblich erschwert.

In vielen Häusern stieß man auf Räume, die wegen ihrer Ausstattung mit Wandmalereien, Reliefs, Stein- und Tonstatuetten sowie Bukranien von J. Mellaart als Kulträume angesprochen wurden. Die Wandgemälde zeigten oft makabre Szenen des Totenkults, so etwa kreisende Geier über Leichen, denen die Köpfe abgetrennt worden waren. Die Schädel wurden verschiedentlich auf den Fußböden der Kulträume – des öfteren zusammen mit Stierköpfen – aufgefunden. Die Toten hatte man vor der Bestattung offensichtlich zur Exkarnation ausgesetzt.

Häufigkeit und Ausstattung dieser „Kultschreine" lassen auf einen Lebensstandard in Çatal Hüyük schließen, der weit über dem Niveau anderer jungsteinzeitlicher Siedlungen lag. Im vollentwickelten Neolithikum dienten offensichtlich in Herden gehaltene Haustiere als Proteinlieferanten, zu denen um 6000 v. Chr. auch das Rind gehörte. An Feldfrüchten wurden drei Weizen- und zwei Gerstensorten sowie Öl- und Hülsenfrüchte angebaut. Weiterhin kannten die Siedler auch die Traubenkirsche, Weintraube, Walnuß und den Weißdorn.

Auch die sonstige Ausstattung läßt häufig einen gewissen Wohlstand, aber auch eine soziale Schichtung erkennen. Mellaart ist es gelungen, neben den Keramikfragmenten auch solche von formschönen Gefäßen aus Stein und Holz sowie Korbwaren auszugraben. Des weiteren konnten sogar Reste eines feinen Wollgewebes geborgen werden, das auch heute noch als das älteste der Welt angesehen wird und in seiner Qualität erst von den dreitausend Jahre jüngeren Hochkulturen wieder erreicht wurde. Solche Textilien und die ebenfalls aufgefundenen Spiegel aus poliertem Obsidian waren Luxusgüter, die sich auch in Çatal Hüyük nur Angehörige der begüterten Oberschicht leisten konnten.

Der Hausrat umfaßte viele aus Holz oder Knochen geschnitzte Gegenstände; Löffel, Spatel und Nähnadeln kamen am häufigsten vor. Die zumeist aus Grabbeigaben stammenden Perlen und Fingerringe aus Kupfer, Blei, Karneol, Apatit, Ocker, Lignit, Perlmutt, Serpentin, Kalkstein und Alabaster werfen ein bezeichnendes Licht auf die verzweigten Handelsbeziehungen der Siedlung. Daneben gab es noch viele andere Rohstoffe, die auch von weither kamen. Das alles läßt auf ein wohlorganisiertes Gemeinwesen schließen, das nicht nur von Ackerbau und Viehzucht lebte, sondern bereits komplizierte Technologien beherrschte, Arbeitsteilung kannte und Handel trieb. Weil man keine Werkstätten fand, können die einzelnen Produktionsvorgänge nicht rekonstruiert werden. So weiß man zum Beispiel nicht, auf welche Weise die Steinperlen mit Durchbohrungen versehen wurden, die so fein sind, daß man – nach Mellaart – mit keiner modernen Stahlnadel hindurchkommt. Ebensowenig läßt sich nachvollziehen, wie in Çatal Hüyük um 6400 v. Chr. Kupfer geschmolzen wurde. Doch im Gegensatz zu diesem Luxus und im Vergleich mit späteren Siedlungen waren die Keramikfunde sehr spärlich und stammten vorwiegend von einer polychromen, von orange bis dunkelbraun variierenden Ware; bemalte Scherben stellten eher eine Ausnahme dar. Dieser Sachverhalt macht deutlich, daß dem Menchen, trotz seiner jahrtausendelangen Erfahrung mit plastischem Material wie Lehm oder Ton, die Gebrauchskeramik nicht nebenbei in den Schoß gefallen ist. Wie aus verschiedenen Befunden in Vorderasien hervorgeht, bedurfte es vieler Versuche, bis es endlich gelang, die schwierige Technologie der Töpferei in den Griff zu bekommen.

Die Frage, wann und wo in Vorderasien die ersten Tongefäße gebrannt wurden, kann bis heute nicht eindeutig beantwortet werden. Weil in den meisten der untersuchten neolithischen Fundstellen die Keramik erst gegen Ende des 7. Jahrtausends in Erscheinung tritt, dürfte der kritische Zeitpunkt kaum wesentlich früher anzusetzen sein, denn die Keramik hat, im Gegensatz zum Ackerbau, von ihrem ersten Auftreten an ganz eindeutige Spuren in den Siedlungen und etwas später auch in den Gräbern hinterlassen. Schon aus diesem Grunde ist die Keramik ein wichtiges Zeugnis menschlicher Kultur, denn sie ermöglicht es prinzipiell, die vorgeschichtliche Zeit in einen akeramischen und einen keramischen Abschnitt zu unterteilen. Die ältesten Produkte der Töpferei waren meistens monochrom, ohne Verzierung und nicht besonders fein gearbeitet. Doch ging man mancherorts schon verhältnismäßig früh daran, die Keramik zu polieren und mit geometrischen Mustern zu bemalen, die vermutlich symbolhaften Charakter besaßen, deren Bedeutung wir aber nicht kennen. Aufgrund der bestehenden Unterschiede bei Formen, Farben und Verzierungen ist es den Archäologen möglich, die einzelnen Kulturen räumlich und zeitlich einzugrenzen sowie Aufschlüsse über den Ort ihrer Entstehung, über ihre Ausbreitung und ihren Untergang zu gewinnen. Was für eine enorme Bedeutung die Keramik in der Vorgeschichtsforschung erlangt hat, ist schon daran zu erkennen, daß manche Kulturen nach der Art ihrer Töpferware benannt wurden: So sprechen wir beispielsweise von einer Trichterbecher- und von einer bandkeramischen Kultur; häufig rücken wir auch die Träger einer Kultur mehr in den Vordergrund und bezeichnen diese dann als Band- bzw. Schnurkeramiker oder auch Glockenbecherleute.

In Çatal Hüyük stand Mellaart nahe davor, auf die wichtige Frage, wo die erste Keramik gebrannt wurde, zumindest einmal für Anatolien eine Antwort zu finden. Doch dann wurden die Grabungen unvermittelt eingestellt und nie wieder aufgenommen. So birgt also Çatal Hüyük bis heute das Geheimnis, wann dort erstmals Keramik hergestellt beziehungsweise verwendet wurde. In der untersten der untersuchten Schichten, die auf 6400 Jahre v. Chr. datiert wurde, kamen in geringerem Umfang noch Tonscherben zum Vorschein.

Die älteste Töpferware der Welt gehört zur japanischen Jomon-Kultur und dürfte schon um 12 000 v. Chr. gebrannt worden sein. Doch als der Mensch erstmals daranging, Gefäße aus Ton anzufertigen, hatte die Keramikherstellung schon eine lange Tradition, denn bei Unterwisternitz in

Südmähren wurden anthropomorphe Statuetten aus gebranntem Ton gefunden, die, ebenso wie die Willendorferin, aus dem Gravettien stammen und rund 25 000 Jahre alt sind.

Das Gestalten und Formen mit plastischem Material scheint die Phantasie der Menschen zu allen Zeiten enorm beflügelt und bis ins Mystische gesteigert zu haben, denn bereits in den ältesten literarischen Quellen, sei es nun das Buch Genesis der Heiligen Schrift oder das Gilgamesch Epos, wird der Vorstellung Ausdruck verliehen, daß Gott den ersten Menschen aus Lehm geformt und dieser Figur dann Leben eingehaucht hat. Die Legende von der Erschaffung des Menschen gewährt auch einen kleinen Einblick in die metaphysische Gedankenwelt der frühen Kulturen, in deren Vorstellungen das geformte plastische Material offenbar mystische Eigenschaften besaß und vermutlich häufig eine Sonderstellung zwischen der belebten und unbelebten Natur einnahm.

Eine Idee, die im 20. Jahrhundert bei der Suche nach dem Ursprung des Lebens in abgewandelter Form wieder zu Ehren kam. So vertritt u.a. auch der englische Biochemiker Graham Cairns-Smith die Ansicht, die vielzitierte Ursuppe könne gegen Ende der präbiotischen Zeit gar nicht in der Lage gewesen sein, organische Strukturen hervorzubringen und setzt daher auf bestimmte Tonminerale, die er in seinem Buch von 1982 „Lehmgene" nennt. Er meint, daß Aluminiumsilikate die Fähigkeit besäßen, Informationen zu speichern und sich selbst zu replizieren.[10]

Ursachen und Folgen der neolithischen Revolution

Die Ausgrabungen in Vorderasien brachten keinen Aufschluß darüber, warum der Mensch vor 10 000 Jahren seine Lebensweise als Jäger und Sammler aufgab und dazu überging, Pflanzen zu kultivieren und Tiere zu züchten. Weil wir die Ursachen nicht kennen, müssen wir auch in Erwägung ziehen, ob am Ende der letzten Vereisung aufgrund der fortgeschrittenen Evolution des Menschen die Zeit nicht einfach reif war für eine neue Lebensform. Und wie wir der Geschichte des Ackerbaus entnehmen können, entfernte sich der Mensch ja nur in sehr kleinen Schritten und zunächst vollkommen unbeabsichtigt von seiner angestammten Lebensform.

Aus den Befunden in der Levante geht eines klar hervor: Als sich bald nach dem Hochglazial aufgrund der zunehmenden Erwärmung auch Gräser mit größeren Samenkörnern einstellten, da machte der Mensch zunächst doch nur das, was er in seiner langen Geschichte immer getan hat, wenn etwas geeignet war, den Hunger zu stillen: Er sammelte die Körner und bereitete sie auf zum Verzehr.

Jahrtausendelang wurde das Wildgetreide nur gesammelt. An seinen Standorten dürften die Sammler aus einem weiten Umkreis ihren Bedarf gedeckt haben, und mit dem größeren Nahrungsangebot ist sicher auch die Bevölkerung angewachsen, weshalb immer mehr Getreide benötigt wurde. Deshalb dürfte es bei der Ernte zwischen den einzelnen Gruppen des öfteren Streitigkeiten gegeben haben. Um die Abhängigkeit von den ursprünglichen Standorten zu verringern, könnte als nächster Schritt die bewußte Aussaat in so fruchtbaren Oasen wie Jericho erfolgt sein.

Unter dem Eindruck der voll ausgebildeten jungsteinzeitlichen Kulturen, die ganz unvermittelt in Europa auftauchten, hat der Theoretiker V. G. Childe von einer neolithischen Revolution gesprochen. Obwohl man dann später anhand der Befunde in Vorderasien sehr wohl erkannte, daß es sich bei diesem Prozeß um eine sehr lange Entwicklung und nicht um einen plötzlichen revolutionären Umbruch handelte, hat man für den Übergang des Menschen von der aneignenden zur produzierenden Lebens- und Wirtschaftsform diese Bezeichnung beibehalten.

Ein wesentliches Kriterium der neuen Lebensweise war die Seßhaftigkeit der Bauern. Sie bot den Menschen nunmehr die Möglichkeit, Vorräte und andere Besitztümer anzusammeln. Besitz bedeutete Reichtum und Ansehen, beide zusammen bildeten auch damals schon die Grundlagen der Macht. Das Streben nach Besitz und die schon sehr bald erforderlichen Maßnahmen zum Schutze des Eigentums veränderten die menschliche Gesellschaft grundlegend und sind auch heute noch so prägnant wie vor 10 000 Jahren, denn Eigentumsdelikte stehen noch immer, mit steigender Tendenz, an der Spitze aller Straftaten. Die Mauern von Jericho sind der beste Beweis dafür,

Keimzellen der Kulturlandschaft

Als sich in der Mitte des sechsten Jahrtausends im warmen, aber feuchten Klima des Atlantikums die ersten Bauern in Süddeutschland niederließen, war Mitteleuropa von ausgedehnten Wäldern bedeckt. Die Erschließung des Urwaldes für den Ackerbau ist in der Regel von den Flußtälern aus erfolgt. Besiedelt wurden anfangs nur die guten Lößböden. Auf diesen stockten vorwiegend mit Eichen durchsetzte Lindenwälder, während auf der feuchteren Talaue neben Weiden und Erlen vor allem Birken, Eschen und Ulmen wuchsen. Die Haselnuß kam wohl in beiden Biotopen vor. Buche und Hainbuche waren damals bei uns noch nicht heimisch. Experten schätzen, daß für eine sechsköpfige Familie eine Anbaufläche von etwas mehr als zwei Hektar gerodet werden mußte.

Wie man auf dem abgebildeten Ausschnitt eines Modells, das im Rheinischen Landesmuseum in Bonn steht, im Ansatz erkennen kann, lagen die ersten Keimzellen der Kulturlandschaft verstreut in den weiten Wäldern.

6. Die ersten Bauern im Ries

Die Entdeckung der ältesten Bandkeramik war das wichtigste Ergebnis der Riesbegehungen auf dem neolithischen Sektor. 20 Siedlungen mit ältester Bandkeramik konnten im Zuge der Geländeprospektion im Meteoritenkrater entdeckt werden; ferner kamen auch an zwei altbekannten Fundstellen typische Scherben zum Vorschein. Diese Siedlungskammer der ersten Bauern mit 22 Fundstellen liegt im Süden des Beckens und hat einen Durchmesser von gut zehn Kilometern. Nach einer mündlichen Mitteilung von Prof. Lüning, der im Ries in zwei bandkeramischen Siedlungen der Stufe I Untersuchungen durchführte, handelt es sich dabei um eine der bedeutendsten kleinräumigen Siedlungskonzentrationen der frühen Ackerbauern in Deutschland.

Nach einhelliger Meinung der Experten haben die ersten Bauern nur Lößböden besiedelt. Ob nun drei kleinere Fundstellen, die weit außerhalb der heutigen Lößverbreitung zwischen der Wennenmühle und Wörnitzostheim Hanglagen am Fluß einnehmen, eine Ausnahme von der Regel darstellen oder ob sie sich vielleicht im Bereich einer früheren Lößinsel befinden, könnte, wenn überhaupt, nur durch Untersuchungen geklärt werden. Von diesem speziellen Fall einmal abgesehen, kann die Fundstellenverteilung der ältesten Bandkeramik als Indiz dafür gelten, daß zur Zeit der Landnahme durch die ersten Bauern die Lößverbreitung kaum größer gewesen sein kann als heute. Neben der Lage an der Hangschulter wurden auch langgestreckte, flache Rücken bevorzugt, die sich weit in die Talaue vorschieben, wobei sich tiefere Lagen um 420 Meter und höhere zwischen 440 und 465 Meter über NN in etwa die Waage halten. Eine verzierte feinkeramische Scherbe wurde sogar auf der Kuppe des 535 Meter hohen Ochsenberges gefunden, wovon sich allerdings nicht zwangsläufig ableiten läßt, der Ochsenberg wäre schon zur Zeit der ersten Bauern besiedelt gewesen.

Nach Meinung der Experten hat die älteste Keramik der Stufe I nur einen geringen Prozentsatz verzierter Gefäße aufzuweisen. Aufgrund einer quantitativen Analyse müßte demnach eine Fundstelle in der Balgheimer Flur „Rothenberg", die nur sehr wenige verzierte Scherben geliefert hat, als älteste Ackerbausiedlung im Ries – und vermutlich weit darüber hinaus – angesehen werden, gefolgt von der Siedlung Möttingen-Enkingen. Das ist eine der beiden Siedlungen, die 1986 von J. Lüning untersucht wurden.[1] Dagegen dürfte die älteste Keramik von Hohenaltheim, die vielerlei Stilelemente und einen hohen Prozentsatz verzierter Gefäße aufweist, eher aus einer jüngeren Phase der Stufe I stammen.

Diese knapp zwei Dutzend Siedlungen der allerersten Ackerbauern waren die Keimzellen der Kulturlandschaft Ries. In den folgenden vier Jahrhunderten machte sich offenbar ein enormes Bevölkerungswachstum bemerkbar, denn die Zahl der Siedlungen stieg bis zum Ende der linienbandkeramischen Kultur auf rund 100 an. Fast alle liegen in der Südhälfte des Beckens westlich der Wörnitz. Im Ostries sind bisher nur fünf kleinere Fundstellen bekannt geworden. In der Materialvorlage von W. Dehn und E. Sangmeister sind nur 21 Fundstellen der Linienbandkeramik aufgeführt. Darin sind auch drei Höhlen enthalten, die jedoch – ähnlich wie der Rollenberg – eher als Kultstätten oder auch als kurzzeitige Verstecke gewertet werden müssen und – von Hanseles Hohl einmal abgesehen – nur wenige Funde geliefert haben. Auch kleinere Freilandfundstellen sind darin enthalten, so eine in der Flur Totenland der Gemarkung Holheim mit nur fünf unverzierten Scherben und eine zweite beim Bleichgut in Nördlingen, von der nur drei Scherben und zwei Steingeräte stammen. Erst in den Jahren danach haben Tiefpflügen, Bodenerosion und Flurbegehungen Bedingungen geschaffen, die es nun ermöglichen, ein deutlicheres Bild der frühen Ackerbaukulturen im Ries zu zeichnen. Über eines muß man sich allerdings im klaren sein: Es wird auch mit modernster Technik niemals gelingen, alle noch im Boden vorhandenen Spuren aus vorgeschichtlicher Zeit zu erfassen. Einerseits gilt es zu berücksichtigen, daß die bis heute lokalisierten 98 Fundstellen nur einen Teil der tatsächlich noch im Boden vorhandenen Reste bandkeramischer Siedlungen ausmachen, andererseits aber auch, daß nicht alle diese Siedlungen zur gleichen Zeit existierten.

Rekonstruktion eines Hauses der jüngeren Linienbandkeramik für die Landesgartenschau Straubing. (Nach K. Böhm).

Die Eger – Lebensader der frühen Ackerbauern

Während sich das Ballungszentrum im Südosten des Beckens bereits in der Alt- und Mittelsteinzeit deutlich abzeichnete, waren in der Jungsteinzeit die Fundstellen etwas gleichmäßiger im Ries verteilt. Das Herzstück dieser Siedlungskammer an der Eger ist Nördlingen. Die topographische Lage der alten Stadt auf einem Ausläufer des inneren Ringes, der sich im Norden bis an die Eger vorschiebt, war auch für die frühen Siedler ideal. Gute Lößböden und die nahe Eger, nicht zuletzt auch das Relief, verliehen dem Platz schon damals eine besondere Attraktivität. Leider ist es in den alten Städten meistens so, daß prähistorische Funde und Befunde infolge der immerwährenden Bautätigkeit weitgehend zerstört sind, weshalb in der Innenstadt – trotz der günstigen Lage – nur eine einzige Scherbe auf die anzunehmende Besiedlung durch die Bandkeramiker hindeutet. Doch dafür sind die Fundstellen am nordöstlichen und südwestlichen Stadtrand und in der nächsten Umgebung um so zahlreicher vorhanden, ohne jedoch die Funddichte der Konzentration am Südrand des Beckens zu erreichen.

An der Eger erstreckt sich dieses Gebiet von Nähermemmingen bis Deiningen, und eine der bedeutendsten bandkeramischen Siedlungen im Ries liegt in der Deininger Flur „Am Keller". Sie war in allen Stufen belegt und auch die Rössener Kultur hat dort zahlreiche Spuren hinterlassen. Annähernd 2000 Scherben, 300 Silexartefakte, mehrere Felsgesteingeräte, einige Reibplatten und verziegelter Hüttenlehm wurden von der Oberfläche der Äcker geborgen.[2] Fast die Hälfte des Materials gehört zur ältesten bandkeramischen Stufe. Ausdehnung und Fundreichtum sprechen für eine lange und intensive Besiedlung des Platzes. Doch ohne Untersuchung können über die Anzahl der Häuser allerdings nur Vermutungen angestellt werden. An anderen Fundstellen in Nördlingen, Holheim, Schmähingen, Großsorheim und Balgheim sieht es ähnlich aus. Vor mehreren Jahren sind bei den Rettungsgrabungen in Nördlingen-Kleinerdlingen und Nördlingen-Baldingen auch bandkeramische Siedlungen untersucht worden.

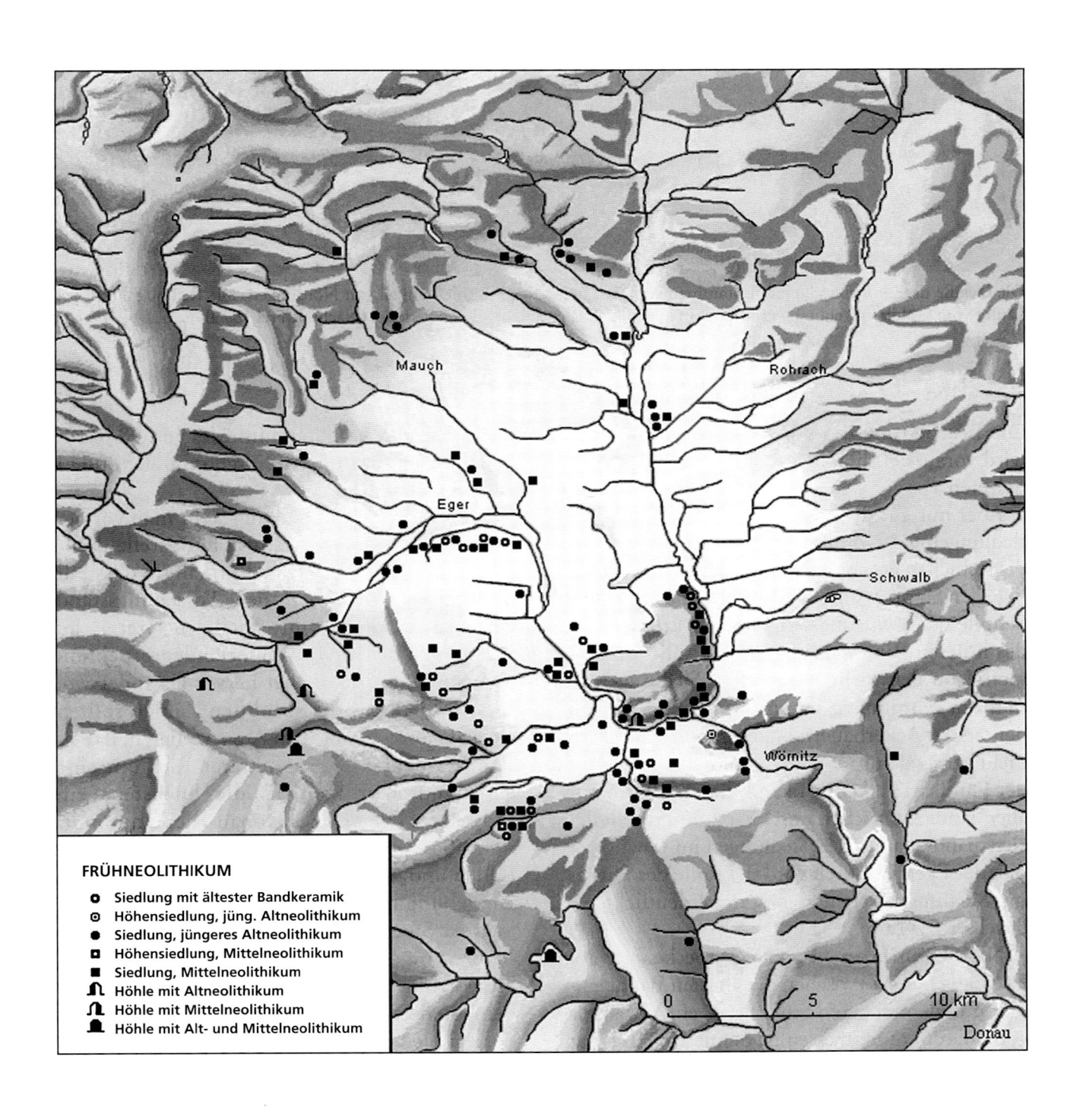

FRÜHNEOLITHIKUM
- ○ Siedlung mit ältester Bandkeramik
- ⊙ Höhensiedlung, jüng. Altneolithikum
- ● Siedlung, jüngeres Altneolithikum
- ▫ Höhensiedlung, Mittelneolithikum
- ▪ Siedlung, Mittelneolithikum
- ⋂ Höhle mit Altneolithikum
- ⋂ Höhle mit Mittelneolithikum
- ⋂ Höhle mit Alt- und Mittelneolithikum

Die Gefäße der Linienbandkeramik stammen von Herkheim, der Schuhleistenkeil von Nördlingen. Die Reibplatte und der Läufer vom Goldberg gehören vermutlich in eine jüngere vorgeschichtliche Periode. (Nach H. Frei 1979).

Die Bearbeitung des umfangreichen Materials wird voraussichtlich mehrere Jahre in Anspruch nehmen.

Aber nur gut die Hälfte der frühen Ackerbausiedlungen um Nördlingen ist zur Eger orientiert, die restlichen liegen in dem hügeligen Gebiet südlich der Stadt, wo vom Riesrand abgebrochene Schollen, Auswurfmassen und die Erhebungen des inneren Ringes das Landschaftsbild bestimmen. Von den mehr als 20 alten Siedlungen in und um Nördlingen herum sind bereits 12 von den ersten Ackerbauern angelegt worden. Doch nicht genug damit: Wie man mit etwas Mühe auf der Fundkarte erkennen kann, liegen 80 Prozent aller bandkeramischen und knapp 90 Prozent der ältestbandkeramischen Siedlungen im Einzugsgebiet der Eger. Dadurch wird die Rolle des Flusses im Siedlungsgeschehen besser verdeutlicht als durch viele Worte.

Nach Lüning besteht im Neckarbecken und im Tübinger Gebiet zwischen der ältesten Bandkeramik und den jüngeren Stufen II-V ein Verhältnis von 20:400, in Südhessen ist es mit 15:370 sogar noch schlechter, während im Ries von 98 bandkeramischen Siedlungen 22 schon in der Stufe I angelegt worden sind.

In diesem Zusammenhang steht man vor der Frage, ob die oben erwähnte Fundstellenkonzentration wirklich etwas Einmaliges darstellt oder ob darin nur der aktuelle Forschungsstand zum Ausdruck kommt. Vielleicht treten im Ries wegen der intensiven Geländeprospektion manche Dinge deutlicher hervor als anderswo. Im Hinblick auf die absoluten Zahlen sollten wir jedoch nicht aus dem Auge verlieren, daß es sich bei dem Meteoritenkrater Ries um eine Kleinlandschaft handelt, die höchstens ein Drittel des Landkreises Donau-Ries einnimmt, sich aber wegen der recht unterschiedlichen Böden und der scharfen Abgrenzung gegen ihre Umgebung hervorragend für siedlungsarchäologische Studien eignet. Vielleicht waren bei der Entstehung der vorgeschichtlichen Besiedlungsstrukturen neben den bekannten Gegebenheiten auch Faktoren beteiligt, die uns verborgen bleiben.

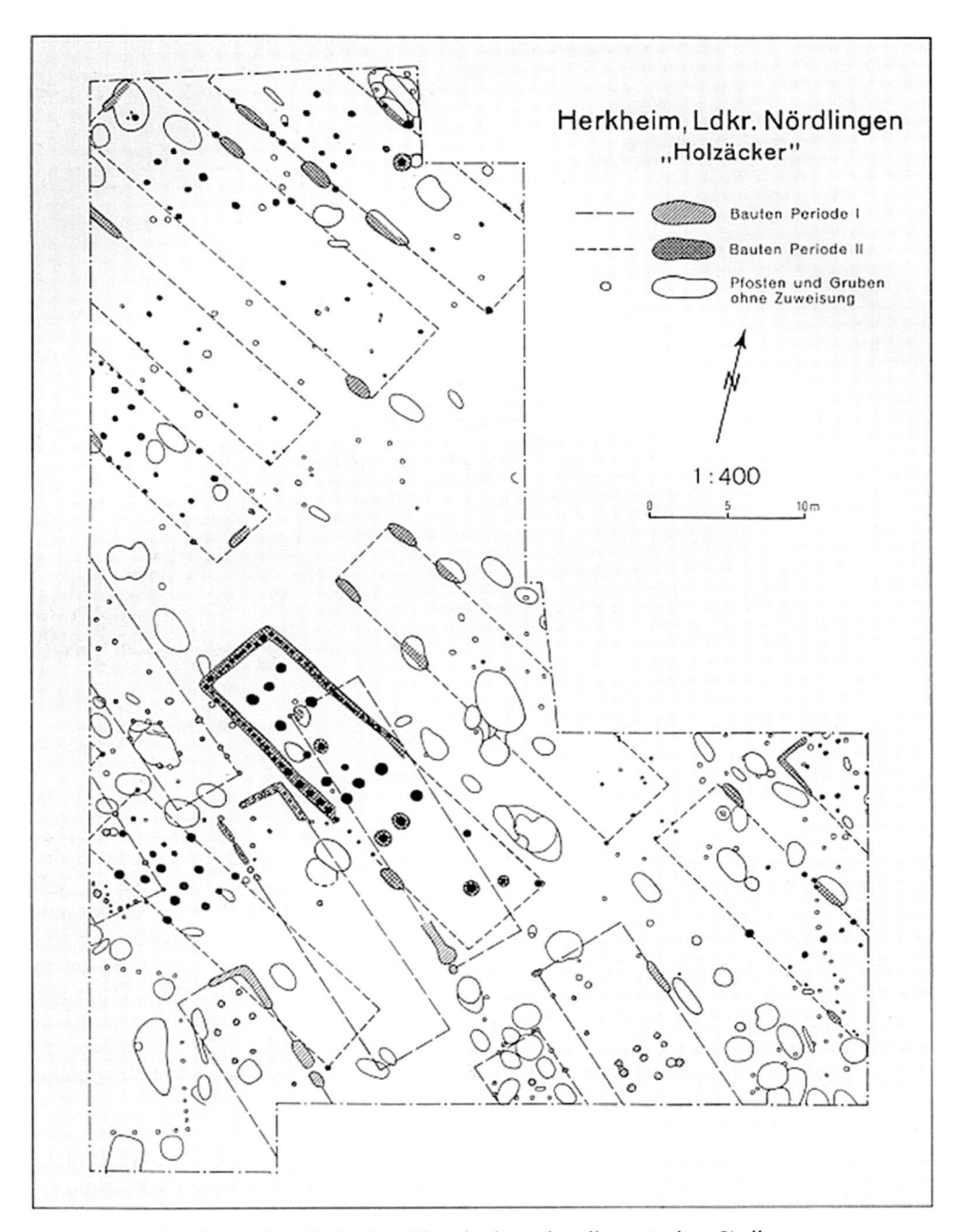

Herkheim, Flur Holzäcker. Plan der linienbandkeramischen Siedlung.
(Nach W. Dehn und E. Sangmeister).

Wie es im Meteoritenkrater weiterging

Während es noch immer Schwierigkeiten bereitet, die relativ lange Lebensdauer der recht einheitlich wirkenden ältesten bandkeramischen Stufe in zwei oder mehrere Phasen chronologisch zu gliedern, sind die Stufen II-V aufgrund der Weiterentwicklung des Formenschatzes und der Ziermotive, wobei besonders letztere durch immer stärkere Betonung der Bänder, sei es durch Stichfüllung oder diverse Schraffuren, eine brauchbare Gliederung ermöglichen. Besonders das Ende der Linienbandkeramik war durch die Entstehung regionaler Stile mit eigenen Zierelementen gekennzeichnet.

Mit den für die damalige Zeit vorbildlichen Ausgrabungen auf den Holzäckern in Herkheim und den Lohmühläckern in Nähermemmingen hat Frickhinger ganz wesentlich zur Erforschung des – aus heutiger Sicht – jüngeren Abschnittes der Linienbandkeramik beigetragen. Doch erst Jahre nach seinem Tode haben Dehn und Sangmeister[3] 1954 anhand der Grabungsbefunde einen Siedlungsplan mit mehreren parallellaufenden, Nordwest-Südost orientierten Hausgrundrissen, die von anderen Häusern mit etwas abweichender Ausrichtung geschnitten werden, erstellt. Grundrißüberschneidungen belegen immer mindestens zwei Bauphasen. Die gleichsinnig ausgerichteten Häuser wurden von Sangmeister Orientierungsgruppen genannt und als gleichzeitig bestehende Bauten angesehen. Dementsprechend hat man die Befunde von Herkheim – wie woanders auch – als zwei Besiedlungsphasen mit jeweils mehreren Häusern interpretiert. Diese Meinung wurde auch von E. Sangmeister vertreten und mit der zuerst von Buttler geäußerten Idee eines bandkeramischen Wanderbauerntums verknüpft.[4]

Seit den Ausgrabungen auf der Aldenhovener Platte – und da vor allem im Merzbachtal – glauben viele Archäologen nicht mehr recht an das Wanderbauerntum und die aus mehreren Häusern bestehenden kompakten Siedlungen der Bandkeramiker. Am Merzbach hat man nämlich eine lockere Besiedlung aus Einhaushöfen – wie Lüning es nennt – angetroffen.[5] So könnte es sich in Herkheim statt um zwei Bauphasen eines Dorfes auch um mehrere aufeinanderfolgende Hausgenerationen eines einzelnen Gehöftes gehandelt haben. Nach dieser Auffassung dürften kleinere Dörfer erst dann entstanden sein, als die Bevölkerung stärker angewachsen war. Beweisen ließe sich das allenfalls mit Hilfe der Dendrochronologie; datierbare Hölzer haben sich aber nur in Feuchtbodensiedlungen erhalten, die in der bandkeramischen Zeit so gut wie unbekannt waren.

Das Durcheinander von Pfostenlöchern, Wandgräbchen und Gruben, das bei großflächigen Untersuchungen aufgedeckt wird, bereitet den Archäologen häufig Probleme und ist meistens nur mit Hilfe der für die bandkeramischen Siedlungen so typischen Längsgruben zu entwirren, die mit den langen Wänden der Häuser parallellaufen. Bei ihnen handelt es sich in erster Linie um Materialgruben, denen der Lehm für den Wandverputz entnommen wurde. Später dienten sie zum Sammeln des Traufwassers und – zum Glück für die Archäologen – auch als Abfallgruben, denn der Abfall, vor allem die Keramik, versetzt den Ausgräber in die Lage, das einst zwischen den Gruben gelegene Haus zu datieren.[6]

Eine Wissenslücke konnte trotz der regen Forschungstätigkeit bis heute nicht geschlossen werden: Über die Kleidung der Bandkeramiker wissen wir so gut wie nichts. Wenn jedoch der jungpaläolithische Jäger vor mehr als 12 000 Jahren eine auf den Körper zugeschnittene Pelz- bzw. Lederkleidung trug, dürfen wir sie wohl auch bei den neolithischen Bauern voraussetzen. Spinnwirtel in linienbandkeramischem Fundzusammenhang eröffnen jedoch eine neue Perspektive, und wenn die Neolithiker in Çatal Hüyük schon Wollgewebe herstellen konnten, sollten es auch die Siedler im Ries fertiggebracht haben.

Totenkult und andere Rituale

Ganz im Gegensatz zu den zahlreichen Siedlungsbelegen sind altneolithische Grabfunde noch immer relativ selten, obwohl das Gräberfeld von Flomborn bei Worms, nach dem die damals älteste linienbandkeramische Stufe benannt wurde, bereits seit 1901 bekannt ist. Durch die Entdeckung einer ganzen Reihe von Gräberfeldern in den letzten Jahrzehnten konnte das Mißverhältnis zwar gemildert werden, doch besteht in dem riesigen Verbreitungsgebiet dieser Kultur immer noch ein Defizit an Gräbern. Das gilt auch im Ries. Wir sind deshalb auf Analogieschlüsse angewiesen, die sich am besten von den Gräberfeldern bei Aiterhofen-Ödmühle im Landkreis Straubing und Dillingen-Steinheim ableiten lassen. Das erste kann als repräsentativ für ganz Südbayern gelten, und das zweite ist für uns wegen seiner räumlichen Nähe zum Ries von Interesse.

In Aiterhofen wurden 160 Körper- und 69 Brandgräber untersucht. Bei den meisten Körpergräbern handelte es sich um Ost-West ausgerichtete Hockerbestattungen. Die Toten lagen in der Regel auf der linken Seite mit dem Gesicht nach Süden. Nach Udo Osterhaus kamen hinsichtlich der Lage der Toten und Orientierung der Gräber sehr viele Abweichungen vor. Zu den Beigaben der Männergräber, die besser ausgestattet waren als die der Frauen, gehörten im allgemeinen

Stierförmiges Kultgefäß von Herkheim.
(Nach W. Dehn 1944/50).

Felsgesteingeräte wie Schuhleistenkeile und Flachhacken sowie Schmuck aus importierten Spondylusmuscheln – am Oberarm wurden häufig Spondylusarmringe getragen –, und des weiteren wurden auch Perlenketten gefunden. Die Frauen mußten sich mit einem Haarschmuck aus einheimischen Schnecken begnügen. Zur Tracht beider Geschlechter gehörte offenbar ein Gürtel aus organischem Material, der – so Osterhaus – von einer Muschelklappe zusammengehalten wurde. Selbst mit Schminkutensilien, bestehend aus Platte, Rötel, Knochenspatel und einer Silexknolle, waren Männer wie Frauen ausgestattet. Verzierte Knochenkämme gehörten ebenfalls zur Ausstattung beider Geschlechter. Das gleiche gilt auch für die Tongefäße und Speisen, die den Toten für die Reise ins Jenseits mitgegeben worden waren. In Aiterhofen lag der Anteil der Brandgräber über dem Durchschnitt anderer Gräberfelder.

Auch bei den 1987 untersuchten 25 Körpergräbern in Steinheim[7] kamen Abweichungen hinsichtlich der Orientierung und Körperhaltung der Skelette vor. Von den Toten waren zwölf in Hocker- und neun in gestreckter Rückenlage bestattet worden. In vier Fällen konnte die Lage wegen erheblicher Störungen nicht mehr festgestellt werden. Die Gräber waren annähernd Nordost-Südwest ausgerichtet, wobei der Kopf, von einer Ausnahme abgesehen, immer im Osten lag.

Die Gräber waren teils beigabenlos, teils sehr ärmlich ausgestattet: Achtmal fand sich je ein Schuhleistenkeil, zweimal ein Tongefäß, je einmal eine Silexklinge und ein Spinnwirtel. Wegen der Nähe zu Steinheim wird man für die sicher auch im Ries vorhandenen bandkeramischen Gräber ebenfalls eine wesentlich einfachere Ausstattung voraussetzen müssen, als es beispielsweise in der Straubinger Gegend der Fall ist.

Auf dem steilen Nordhang des Michelsberges bei Fronhofen liegt die „Hanseles Hohl" genannte, größtenteils verstürzte Höhle, mit der wir uns noch nicht beschäftigt haben, weil der Mensch dort weder in der Alt- noch in der Mittelsteinzeit Funde hinterlassen hat, obwohl sein Aufenthalt in der Höhle durch einen fossilen Zahn und eine reiche eiszeitliche Fauna belegt ist. Wesentlich aufschlußreicher waren jüngere Funde, die bei den Untersuchungen in den zwanziger Jahren durch Birkner, Frickhinger und Zenetti dort geborgen wurden. In den neolithischen Schichten mit einem großen Anteil linienbandkeramischer Scherben kamen in der Nähe von zwei Feuerstellen neben tierischen auch zerschlagene und angebrannte menschliche Knochen zum Vorschein, die vorwiegend von Jugendlichen stammten. Diese Menschenreste belegen, ebenso wie die meisten neolithischen Funde aus dem Hohlenstein in Ederheim und vermutlich auch jene aus der

Hexenküche im Kaufertsberg, kultischen Kannibalismus. Eine Parallele dazu stellt die Knochentrümmerstätte im Stadel des Hohlensteins im Lonetal dar. Dort fanden sich in einer größeren, flachen Grube kleingeschlagene Knochen von Menschen und Tieren zusammen mit neolithischen Artefakten und Gefäßscherben. Die menschlichen Knochen wiesen häufig Schnittspuren auf und stammten von etwa 40 Individuen, bei denen es sich offenkundig ausnahmslos um Frauen und Kinder handelte.

An den zuletzt genannten Fundstellen ließ sich der rituelle Kannibalismus nicht zweifelsfrei mit einer bestimmten jungsteinzeitlichen Kultur in Verbindung bringen. Während in Hanseles Hohl der weitaus größte Teil der Scherben aus dem Altneolithikum stammt, handelt es sich bei der Knochentrümmerstätte im Hohlenstein des Lonetals vermutlich um eine Rössener Hinterlassenschaft, was aber nicht ganz sicher zu sein scheint.[8] Bei den Ausgrabungen in der Jungfernhöhle bei Tiefenellern, unweit von Bamberg, wurden darüber und auch über Opferrituale wertvolle Erkenntnisse gewonnen, durch die frühere Beobachtungen bestätigt wurden. Denn auch in Tiefenellern war unter den Resten von 38 geborgenen Individuen nur ein männliches Skelett.[9] 23 der Opfer waren Kinder zwischen einem und sieben Jahren. Die Schädel weisen häufig tödliche Verletzungen auf, die Vorderzähne sind in der Regel entfernt und auch die Schädelbasen wurden in den meisten Fällen herausgebrochen. Ferner befanden sich die Skelette nur selten im Verband, und in der Höhle lagen die Funde kreuz und quer durcheinander. Das alles sind Indizien für rituelle Anthropophagie, die allerdings nicht in der Höhle, sondern auf einem geeigneten Platz in der Nähe stattgefunden haben dürfte, worauf auch die Phosphatuntersuchungen hindeuten.

Wie sich aus den Befunden rekonstruieren läßt, war die Höhle zunächst durch die Darbringung eines Ferkels – vermutlich als Brandopfer – geweiht worden. Während des rituellen Mahls, bei dem man Teile der Menschen- und Tieropfer verzehrte, wurden die Schädel der Opfer zerschlagen und anschließend alle Opferreste zusammen mit den verwendeten Gefäßen in die Schachthöhle geworfen. An der Basis der deponierten menschlichen und tierischen Reste fanden sich u.a. Scherben von mehr als 100 Tongefäßen der jüngeren Linienbandkeramik, die überwiegend mit Kammstempeleindrücken verziert ist. Da sich zwischen den Überresten der kannibalischen Mahlzeiten immer wieder Sedimente befanden, dürfte, wie Kunkel annahm, die Höhle sehr lange mit in die kultischen Handlungen einbezogen gewesen sein, was auch durch die datierenden Funde bestätigt wird, die bis in die Metallzeiten reichen. Ob die religiösen Vorstellungen der späten Bandkeramiker an und für sich Menschenopfer erforderten, oder ob besondere Umstände – z.B. schlechte Ernten – die Ursache dafür waren, wird sich wohl niemals feststellen lassen. Mit dem Erlöschen der linienbandkeramischen Kultur flaute auch die Anthropophagie in der Jungfernhöhle ab. Doch wie aus den Befunden anderer Schachthöhlen ersichtlich ist, waren Menschenopfer bis zum Beginn unserer Zeitrechnung üblich.

Diese Opfer standen offenbar mit einer Muttergottheit oder einem Fruchtbarkeitskult in Verbindung, der schon mit den jungpaläolithischen Venusstatuetten einsetzte, aber erst mit dem Aufkommen des Ackerbaus eine überragende Bedeutung erlangte. Doch nicht alle ackerbautreibenden Kulturen scheinen Menschenopfer dargebracht zu haben. Weil sich im gesamten Verbreitungsgebiet der ältesten Linienbandkeramik Fragmente von Venusstatuetten finden, aber noch nie eine vollständige Figur geborgen werden konnte, dürften – so meinen manche Wissenschaftler – anstelle von Menschen Statuetten geopfert worden sein, wobei sie in einer rituellen Handlung zerbrochen und anschließend auf den Äckern verstreut worden seien. Eine andere Gruppe bringt aber auch dieses Ritual mit Menschenopfern in Verbindung, doch gibt es bislang keine Beweise für diese Annahme.

Im Ries konnte bislang nur bei den Ausgrabungen in Möttingen-Enkingen ein solches Fragment gefunden werden.[10] Ein zylindrischer, oben und unten abgerundeter Anhänger mit stark abstrahiertem Gesicht, der in Nördlingen zutage kam, hat einen ganz anderen Charakter und kann nicht zu diesen Figuren gezählt werden. Darüber hinaus liegt noch das Fragment einer Applikation vor, das offensichtlich von einem ältestbandkeramischen Topf abgeplatzt ist. Und damit sind wir unversehens bei den Kultgefäßen gelandet. Zu den bekanntesten Objekten dieser keramischen

Sonderform des Altneolithikums gehört zweifellos der Kumpf von Gneiding im Landkreis Deggendorf, mit dem aus der Gefäßwand herausmodellierten Halbrelief eines Menschen mit ausgebreiteten Armen und weit geöffnetem Mund, in dem viele Autoren einen Betenden sehen. In den kultischen Bereich gehören auch die Tiergefäße von Hienheim im Landkreis Kelheim und Herkheim im Ries,[11] die wohl beide Stiere darstellen. Doch während das Hienheimer Gefäß kaum anders gedeutet werden kann, lagen aus Herkheim nur wenige Scherben vor, die zu einem stierförmigen Gefäß ergänzt wurden.

Das Ende einer alten Kultur

Auf der Aldenhovener Platte endete die Kultur der Linienbandkeramiker nach über 400 jähriger Siedlungsdauer in einer Krise ökonomischer und sicher auch ökologischer Art, denn nach Lüning wurden die von den Bandkeramikern aufgegebenen Siedlungsgebiete von den Trägern der nachfolgenden Großgartacher Kultur nicht mehr belegt. Durch den intensiven Ackerbau infolge des enormen Bevölkerungswachstums waren die Wälder offensichtlich weitgehend zerstört und die Böden erschöpft. Am Rhein machten sich demnach schon nach relativ kurzer Siedlungstätigkeit der Bauern und Viehzüchter prägnante Umweltzerstörungen bemerkbar. Aufgrund der besonderen Bedingungen, die auf der Aldenhovener Platte gegeben waren, könnte man annehmen, daß diese Krise nur lokalen Charakter besaß. Indessen gibt es aber auch im Ries, das allerdings schon einige Jahrhunderte früher besiedelt worden war, Anzeichen einer krisenhaften Entwicklung am Ende des Altneolithikums, denn wie die Fundkarte zeigt, liegen aus dem nachfolgenden Mittelneolithikum, bei etwa gleicher Dauer des älteren und mittleren Abschnitts der Jungsteinzeit, wesentlich weniger Fundstellen vor.

Welche Ursachen dieser Zäsur zugrunde liegen, muß noch erforscht werden. Möglicherweise beruht diese Diskrepanz auch nur auf unterschiedlichem Siedlungsverhalten. Vielleicht haben die bandkeramischen Bauern ihre Siedlungen doch öfter mal an einen anderen Ort verlegt. Wenn man aber berücksichtigt, daß Kulturumbrüche in der Regel durch Krisen ausgelöst werden oder mit Krisen einhergehen, ist eine andere Annahme wahrscheinlicher: Auf der Aldenhovener Platte ist gegen Ende der bandkeramischen Kultur die Zahl der Häuser – und damit natürlich auch die der Menschen – ständig zurückgegangen. Dasselbe könnte auch im Ries der Fall gewesen sein. Wenn man beispielsweise in der letzten bandkeramischen Stufe nur noch von 15 Siedlungen ausgeht, bleibt zwar die Gesamtzahl 98 erhalten, aber der Rückgang wäre bereits im Alt- und nicht erst im Mittelneolithikum zu verzeichnen. Um das beweisen zu können, müßte allerdings das gesamte linienbandkeramische Material analysiert werden. Das könnte im Rahmen einer Dissertation geschehen.

Der Goldberg

Zu den wichtigsten Fundorten im Ries gehört der aus Süßwasserkalk aufgebaute Goldberg am Westrand des Beckens. So wie der Wallersteiner Felsen, ist auch er ein Relikt aus der Zeit des Kratersees. Nach drei Seiten steil abfallend, überragt er die Riesebene um etwa 60 Meter und ist im Westen über einen flacheren Rücken mit den Hügeln des Riesrandes verbunden. Die ältesten Keramikfunde vom Plateau stammen aus der mittelneolithischen Rössener Kultur. Sie belegen, daß es auf dem Goldberg bereits im frühen 5. Jahrtausend eine Höhensiedlung gab – die älteste im Ries. Befestigt war sie wahrscheinlich noch nicht. Entgegen einer älteren Meinung hat es auf dem Berg wohl nie eine Kultstätte gegeben.

Die Funde und Befunde vom Goldberg spiegeln in gewisser Weise die Situation im Ries insofern wider, als sich die Anziehungskraft und die Durchgängigkeit des Beckens offenbar auf die Zusammensetzung der einzelnen neolithischen Fundkomplexe ausgewirkt hat.

7. Tempel der Steinzeit?

Lange Zeit hat man den Ursprung der im süddeutschen Mittelneolithikum vorherrschenden Rössener Kultur in ferneren Gefilden gesucht und vermutet, sie hätte sich in Mitteldeutschland aus der in Böhmen und Mähren entstandenen stichbandkeramischen Kultur entwickelt. Und das nur, weil die eponyme Fundstelle – ein Gräberfeld in Rössen bei Merseburg – im Verbreitungsgebiet der Stichbandkeramik liegt. Inzwischen wissen wir, daß die Rössener Gruppe aus der Großgartacher Kultur hervorgegangen ist und diese wiederum aus der Hinkelstein Gruppe. Hermann Müller-Karpe hat Hinkelstein als einen spätlinienbandkeramischen Lokalstil Rheinhessens begriffen, der noch in das Mittelneolithikum hineinreichte.[1] Heute stellen die meisten Archäologen die nach einem Gräberfeld in der Monsheimer Flur „Hinkelstein" bei Worms benannte Kultur in das Mittelneolithikum, weil es bei der Hinkelsteiner und der stichbandkeramischen Kultur einige Parallelentwicklungen gibt, die besonders beim Schmuck und den durchbohrten Schuhleistenkeilen deutlich hervortreten. Die bestehenden Ähnlichkeiten zwischen der Stichbandkeramik, der Hinkelstein- und der Rössener Gruppe führt man heute auf eine gemeinsame Wurzel (die Linienbandkeramik) dieser Kulturen zurück.

Am deutlichsten fällt diese Ähnlichkeit bei den Häusern ins Auge. Die Bauten sowohl der stichbandkeramischen als auch der Rössener Kultur sind mitunter länger als die linienbandkeramischen Häuser und haben einen trapezförmigen Grundriß mit leicht gebauchten Wänden, die entfernt an einen Schiffsrumpf erinnern. Die Rekonstruktionen der Rössener Häuser zeigen windschlüpfige Bauten, die im Nordwesten schmal und niedrig sind, nach Südosten hin jedoch an Breite und Höhe gewinnen, wodurch auch der Rauchabzug begünstigt wird. Für die Wände, die im Gegensatz zu den bandkeramischen Bauten das Dach mittragen mußten, wurden sehr häufig Spaltbohlen verwendet und in annähernd gleichmäßigen Abständen Doppelpfosten gesetzt.

Während sich die ältere Stichbandkeramik durch die Formen ihrer Gefäße, die häufig mit Stichreihen und daraus gebildeten Winkelbändern

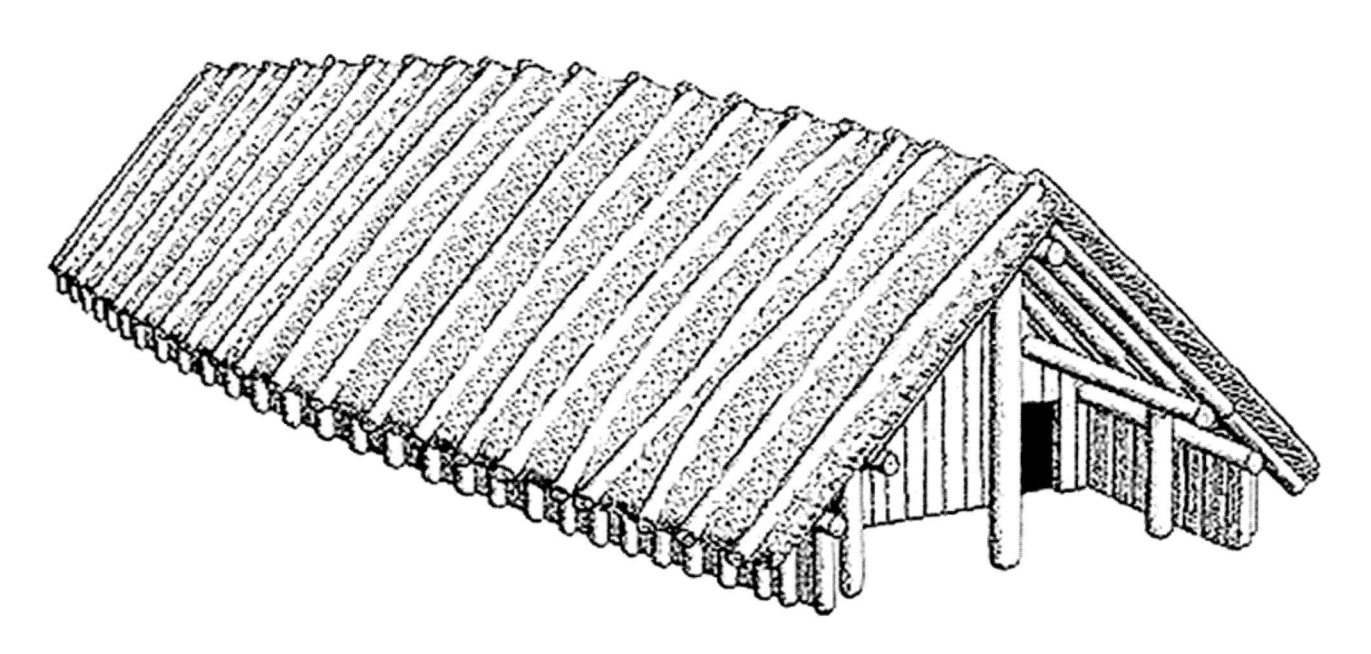

Rekonstruktion eines stichbandkeramischen Hauses von Schwanfeld.
(Nach J. Lüning 1982).

äußere Grabensystem fortifikatorischen Charakter hatte oder lediglich eine symbolische Abgrenzung darstellte, entzieht sich der Kenntnis des Ausgräbers und bedarf noch der Klärung.

Es ist schon merkwürdig, wenn gleichzeitig mit dem Zerfall des großen linienbandkeramischen Verbreitungsgebietes in einzelne Kulturprovinzen auch die ersten Erdwerke auftraten und von da an immer größere Bedeutung erlangten. Sollte Helmut Becker recht haben, und sehr wahrscheinlich liegt er mit seiner Annahme richtig, dann hätte das Mittelneolithikum im frühen 5. Jahrtausend mit einem Paukenschlag, mit einer geistigen und organisatorischen Pionierleistung der mitteleuropäischen Bauern begonnen. Die Erbauer dieser Anlagen waren keine Primitivlinge. Sie hatten früher als andere die ausschlaggebende Bedeutung der Sonne für alles Irdische erkannt, und sie versuchten, den Dingen auf den Grund zu gehen. Wenn den Sonnentempeln trotzdem nur eine relativ kurze Lebensdauer beschieden war, so hatte das andere Gründe.

Anhand der Befunde von Meisternthal konnte H. Becker 1993 nachweisen, daß die Erbauer der Rondelle bereits vor knapp sieben Jahrtausenden ein Verfahren zur Konstruktion geometrisch exakter Elipsen kannten. Er ist außerdem davon überzeugt, daß der Planung eine Maßeinheit von 83 Zentimetern Länge zugrunde lag, für die er die Bezeichnung „Neolithische Elle" vorschlug.[5]

Die Grabung in Künzing-Unternberg gab aber auch über einen anderen Aspekt der mittelneolithischen Rondelle Aufschluß: Die Gräben waren nach etwa zehn Jahren zugeschwemmt und mußten erneuert werden. Das ist viermal geschehen, dann wurde die Kreisgrabenanlage aufgegeben und statt dessen ein dreifacher Palisadenring errichtet. Vermutlich fehlten die Arbeitskräfte für die ständige Erneuerung der Gräben. Im Laufe der Zeit dürfte es auch immer problematischer geworden sein, das nötige Holz für die Erneuerung der insgesamt fast 1000 Meter langen Palisaden herbeizuschaffen. Trotz dieser Schwierigkeiten wurden im Mittelneolithikum erstmals Höhensiedlungen angelegt.

Im Ries ist die Oberlauterbacher Gruppe nur mit wenigen einzelnen Scherben belegt. Aber auch die Stichbandkeramik, im Becken hauptsächlich durch die Munzinger Ausprägung vertreten, bei der die Stiche auf Lücke gesetzt sind, kommt nicht sehr häufig vor und ist meistens mit Rössener Keramik vergesellschaftet, wobei letztere in der Regel den weitaus größeren Anteil stellt. Das gilt auch für kleinere Fundstellen, die wohl kaum über einen längeren Zeitraum oder mindestens zweimal belegt waren. Das würde aber bedeuten, daß Gefäße beider Kulturen zur gleichen Zeit und vermutlich auch von denselben Menschen verwendet wurden. Rudolf A. Maier bemerkte schon 1964 zu diesem Phänomen: „Im Hinblick auf manche spätneolithischen Verhältnisse in Bayern wäre schließlich eine über Zufälligkeiten siedlungsgünstigen Zusammentreffens hinausführende „Mischkultur" von Stichbandkeramik, Rössen und Münchshöfen nicht ganz undenkbar."[6] Von einer Mischkultur könnte man jedoch nur dann sprechen, wenn eine Population nicht nur Erzeugnisse zweier Kulturen verwendet, sondern die verwendeten Gegenstände auch selbst herstellt. Das scheint im Ries offenkundig nicht oder nicht häufig der Fall gewesen zu sein, weil sich die jeweils von einer Fundstelle stammende stichbandkeramische und Rössener Keramik nicht nur in den Stilelementen, sondern oft auch in der Beschaffenheit des Materials unterscheidet. Mithin könnte es sich allenfalls um Importware handeln. Denkbar wäre natürlich auch eine Vermischung des kulturellen Niederschlags aufgrund von Exogamie oder einer Zuwanderung von Menschen aus dem Gebiet der anderen Kultur. Daß sich aber dann in jeder kleinen Rössener Siedlung eine stichbandkeramische Töpferin (und umgekehrt) befunden hätte, ist sicher auch recht unwahrscheinlich.

Rössener Kugelbecher mit klassischer Tiefstichverzierung.

Durch wiederholte prähistorische Funde auf dem Plateau und in den Steinbrüchen erregte der Goldberg schon im 19. Jahrhundert die Aufmerksamkeit der Vorgeschichtsfreunde. Gold hat man auf dem Berg allerdings nie gefunden. Sein Name rührt offensichtlich von einer der mittelalterlichen „Goldburgen" her, die seit dem 4. Jahrhundert auf dem Plateau errichtet wurden. Und diese waren anscheinend wiederum nach der goldgelben Farbe des Baumaterials benannt, das am Berg selbst gebrochen wurde. Auch die einst zur Burg gehörende Siedlung Goldburghausen hat ihren Namen über alle Zeitläufte bewahrt. Noch im späten Mittelalter wurden auf dem Goldberg Gerichtstage abgehalten. In den alten Akten wird jedoch – bezeichnenderweise – die Goldburg als Ort der Rechtssprechung genannt.[7]

Die überragende Bedeutung des Fundortes beruht jedoch auf den Ergebnissen der von Gerhard Bersu in den Jahren 1911 bis 1929, mit einer längeren Unterbrechung während des Ersten Weltkrieges und in der Nachkriegszeit, durchgeführten Ausgrabungen auf dem mehrere Hektar großen Plateau des Berges. Obwohl viele Funde und Unterlagen den Luftangriffen auf Stuttgart zum Opfer gefallen sind, noch bevor eine umfassende Dokumentation vorgelegt werden konnte, bilden Bersus Beobachtungen auf dem Goldberg die Grundlage für die chronologische Gliederung der Jungsteinzeit im gesamten süddeutschen Raum.

Nach G. Bersu umfaßte die früheste Goldbergsiedlung, die einem Feuer zum Opfer gefallen ist, ungefähr 20 Häuser und wurde im Westen durch eine Palisade gesichert. Obwohl G. Bersu richtig erkannt hatte, daß der älteste Fundhorizont (Goldberg I) neben Rössener Keramik auch solche der Aichbühler Art enthielt, wies er diesen Fundhorizont mit dem Aichbühler Haustyp der Rössener Gruppe zu. Das konnte nur geschehen, weil damals die charakteristischen Rössener Langhäuser noch gänzlich unbekannt waren. Erst nach der Entdeckung der für diese Periode so typischen Hausgrundrisse bei anderen Ausgrabungen erkannte man gegen Ende der sechziger Jahre, daß auf dem Goldberg keine Rössener Bauten nachgewiesen worden waren und die Häuser der ältesten Siedlung mit denen der Aichbühler Kultur identisch sind. Nachdem gegen Ende der dreißiger Jahre die Schwieberdinger und die Bischheimer Kultur entdeckt worden waren, stellte sich außerdem heraus, daß die zweite Keramikgruppe des ältesten Fundhorizontes nicht nur Stilelemente der Aichbühler, sondern auch der Schwieberdinger und der Bischheimer Gruppe in sich vereinigte, die dann von Jens Lüning als Goldbergfazies in die Literatur eingeführt wurde.[8] Neben Goldberg I konnte Bersu noch vier weitere Siedlungshorizonte erkennen, auf die wir bei der Besprechung der jeweiligen vorgeschichtlichen Abschnitte zurückkommen.

Im Ries ist das Mittelneolithikum mit 50 Fundstellen vertreten, die sich in der Regel durch ein reiches kleingerätiges Silexinventar auszeichnen. Die Keramik ist im allgemeinen schlecht gebrannt, weshalb sich häufig nur noch kleine Scherben finden. In *Die Steinzeit im Ries* sind nur neun Freilandfundstellen und fünf Höhlen mit mittelneolithischen Funden verzeichnet, die in drei Fällen nur von je einer einzigen Scherbe belegt werden. Andere mittelneolithische Kulturen wie Münchshöfen, Großgartach, Hinkelstein sind meistens nur mit einzelnen Scherben vertreten und fallen nicht ins Gewicht. Einige Funde der Münchshöfener Gruppe, zu der vermutlich auch einige Scherben aus Hanseles Hohl gehören, fanden sich im „Dürrefeld" von Großsorheim, und eine kleine Siedlung der Großgartacher Kultur konnte 1989 in Möttingen-Appetshofen, Flur Egelsee, am Nordwestfuß des Hahnenberges lokalisiert werden.

Der Michelsberg bei Untergrombach

Es ist ein Charakteristikum der Luftaufnahmen, daß selbst höhere Berge auf den Fotos ziemlich flach aussehen. So ist auch hier nicht zu erkennen, daß der wenige Kilometer südlich von Bruchsal an der rechten Flanke des Oberrheintales gelegene Keuperberg die Ebene immerhin um 160 Meter überragt.

Leider ist nicht überliefert, ob der Oberst a. D. Carl A. von Cohausen 1884 nur die schöne Aussicht genießen wollte oder ob ihn die strategische Bedeutung des ziemlich steil abfallenden Höhenrückens dazu veranlaßt hatte, sich die vorgeschobene Bastion etwas genauer anzusehen. Wie dem auch sei: Oberst v. Cohausen fand auf dem Plateau einige Scherben, die zunächst der süddeutschen Pfahlbaukultur zugerechnet wurden. Als man später aufgrund der keramischen Sonderformen die Eigenständigkeit dieser Kultur erkannte, war es eigentlich ganz selbstverständlich, sie nach dem inzwischen berühmt gewordenen Michelsberg zu benennen. – Blickrichtung WSW.

8. Rätselhafte Erdwerke

Bei den Rettungsgrabungen der Außenstelle Schwaben des LfD. im Baugebiet von Nördlingen-Baldingen unter der örtlichen Leitung von K. H. Henning kamen auf einer Fläche von rund 80 000 Quadratmetern zahlreiche Hausgrundrisse und Funde zum Vorschein, die eine kontinuierliche Besiedlung des „Kleinen Feldle" am Goldbach vom Altneolithikum bis ins Mittelalter belegen. Zu den interessantesten Einzelheiten gehören einige Hausgrundrisse, die in den Boden eingetieft waren und sich im Planum als dunkle Rechtecke abzeichneten. Aufgrund dieses Befundes und der geborgenen Keramik ist die Archäologin Andrea Zeeb davon überzeugt, daß es sich hier um eine Parallele zur Siedlung Goldberg I bzw. um die Goldbergfazies I handelt.[1] Obwohl – wie weiter oben schon erwähnt – die Auswertung des gesamten Materials noch längere Zeit in Anspruch nehmen wird, läßt sich – auch aufgrund dieser Tatsache – schon jetzt die überregionale Bedeutung der Ausgrabungen in Baldingen erkennen.

Vor einigen Jahren hat man die Bischheimer Kultur wegen des vereinzelten Auftretens von Arkadenrandtöpfen und sogenannten Backtellern, aber auch durch einen Kupferfund in Schernau, noch für die jüngste mittelneolithische Erscheinung gehalten, die zum Jungneolithikum überleitete. Inzwischen sehen jedoch viele Archäologen nicht nur in Bischheim und Aichbühl, sondern auch in der Goldbergfazies Elemente der jungneolithischen Entwicklung, die nun am Anfang des späten Abschnittes der Jungsteinzeit stehen.

Der Michelsberg bei Untergrombach liegt zwischen der hügeligen Altsiedellandschaft des Kraichgaus und der Rheinebene, die er um etwa 160 Meter überragt. An klaren Tagen hat man von dort oben einen herrlichen Blick über das Rheintal. Gleichzeitig erkennt man aber auch die Bedeutung dieses strategischen Punktes. Im Jahre 1884 fand der ehemalige Oberst Carl August von Cohausen auf dem Plateau einige Tonscherben, die letzten Endes zur Entdeckung einer nach diesem Berg benannten Kultur führen sollten, die sich gegen Ende des 5. Jahrtausends ganz offensichtlich aus der Bischheimer Gruppe entwickelte und nahezu ein Jahrtausend vornehmlich in Südwestdeutschland verbreitet war.

Keramik der Goldbergfazies.

Tulpenbecher der Michelsberger Kultur; links vom Goldberg, rechts von einem oberbayerischen Fundort. *(Fotomontage)*.

1888 setzte Karl Schumacher erstmals den Spaten an der eponymen Fundstelle an. Einige Jahre später führte der Anatom Bonnet von der Universität Bonn die Untersuchungen fort. Nach dem letzten Krieg wurden die Ausgrabungen von W. Bauer und A. Dauber wieder aufgenommen. Inzwischen ist der über zwei Meter tiefe und auf der Sohle etwa drei Meter breite Graben auf einer Länge von 720 Metern nachgewiesen. Im Norden und Westen waren die Spuren der Befestigung vermutlich bereits der Erosion zum Opfer gefallen. Aus dem Graben und den etwa 150 Gruben auf der Innenfläche kam eine große Fundmenge zutage, darunter auch etwas Rössener Keramik. Viele Scherben waren geglüht, und auch sonst stieß man allenthalben auf Brandspuren.

Die ältesten Fundstellen der jungneolithischen Michelsberger Kultur datieren in die Zeit um 4200 v.Chr. Ihre Leitformen sind der Tulpenbecher und der sogenannte Backteller. Extrem langgezogene Gefäßformen bezeichnet man auch als Beutelbecher. Die Randarkaden der Töpfe stellen meistens die einzige Verzierung der Keramik dar und sind eigentlich für das ganze Jungneolithikum charakteristisch; das betrifft in besonderem Maße die Altheimer Kultur. Ihre Existenz verdanken die Arkadenränder ganz offensichtlich einer Herstellungstechnik, denn bei einem großen Teil der jungneolithischen Töpfe wurde der Rand – wahrscheinlich zur Verstärkung – nach außen umgeschlagen und mit den Fingerspitzen an die Gefäßwand angedrückt. Und neben all den Töpfen, Bechern, Flaschen, Henkelkrügen, Schüsseln, Schalen, Näpfen und „Backtellern" traten nun auch Schöpfer mit Lappengriff häufiger in Erscheinung.

Einige Archäologen sehen in den plötzlich verstärkt auftretenden Schöpfkellen sowie großen und kleinen Trinkbechern ohne Standboden, zu denen ja auch die Tulpenbecher gehören, die man folglich erst aus der Hand legen konnte, wenn

Altheimer Gefäß mit Arkadenrand von der eponymen Fundstelle.

90

man sie vollkommen geleert hatte, einen Zusammenhang mit rituellen Trinkgelagen. Diese Möglichkeit besteht durchaus, doch bis heute sind die jungneolithischen Trinkgelage kaum mehr als eine Hypothese.

Ein weiterer Befund vom Michelsberg scheint für mehrere der jungneolithischen Gruppen symptomatisch zu sein: Im Graben und in zahlreichen mit Kulturschutt aufgefüllten Gruben kamen menschliche Skelettreste zum Vorschein, die sich nie im Verband befanden und niemals vollständig waren. Häufig handelte es sich um einzelne Knochen, und manche dieser Menschenreste wiesen Beschädigungen durch Gewalteinwirkung oder Brandspuren auf. Auch auf dem Goldberg, der fast während des gesamten Jungneolithikums (Goldberg II) besiedelt und am Westrand des Plateaus durch eine etwa 100 Meter lange Palisade mit vorgelegtem und mehrmals unterbrochenem Graben geschützt war, wurden viele Scherben und menschliche Skelettreste geborgen. In dieses Bild läßt sich auch die siloartige jungneolithische Skelettgrube von Augsburg-Inningen gut einfügen, in der sich die Überreste von mindestens sechs Menschen befanden, die einen gewaltsamen Tod erlitten hatten und dann in die Grube geworfen worden waren.

Aufgrund solcher Befunde wurden die jungneolithischen Erdwerke oft als Funeralbauten angesehen, zumal der fortifikatorische Charakter dieser Anlagen, allein schon wegen der vielen vorhandenen Erdbrücken und anderen Ungereimtheiten, immer etwas fraglich erschien. Doch Rainer Christlein deutete die Altheimer Erdwerke anhand der letzten Befunde von der eponymen und anderen untersuchten Anlagen als befestigte Siedlungen und

Jungneolithische Skelettgrube von Inningen während der Ausgrabung.

Herrenhöfe: „In diesem mittleren Abschnitt jungsteinzeitlicher Geschichte und in diesen Grabenwerken der Altheimer Kultur wird zum ersten Male eine Herrenschicht archäologisch faßbar."[2]

Bei den Anlagen auf dem Michelsberg bei Untergrombach und dem Goldberg im Ries handelt es sich offenbar auch um befestigte Siedlungen. Allerdings scheinen mit Christleins Deutung noch nicht alle Geheimnisse der jungneolithischen Erdwerke enträtselt zu sein, zumal aus dieser Zeit keine regulären Gräber bekannt sind, während in den Gräben verschiedener Anlagen ungewöhnlich viele Skelette geborgen werden konnten. Widersprüchliche Befunde liegen auch von einer Befestigung bei Calden vor, die sich etwa zehn Kilometer nordwestlich von Kassel befindet. Dort sind alle Gräben und Palisadengräbchen in den anstehenden Muschelkalk eingetieft und gut erhalten. Diesem Umstand ist es zu verdanken, daß in Calden ganz eindeutig Bastionen nachgewiesen werden konnten, die auf den Erdbrücken errichtet worden waren und die Lücken im Doppelgraben vollkommen ausfüllten. Außerdem waren sie mit der unmittelbar hinter den Gräben stehenden Palisade verbunden. Während also auf diese Weise Sinn und Zweck

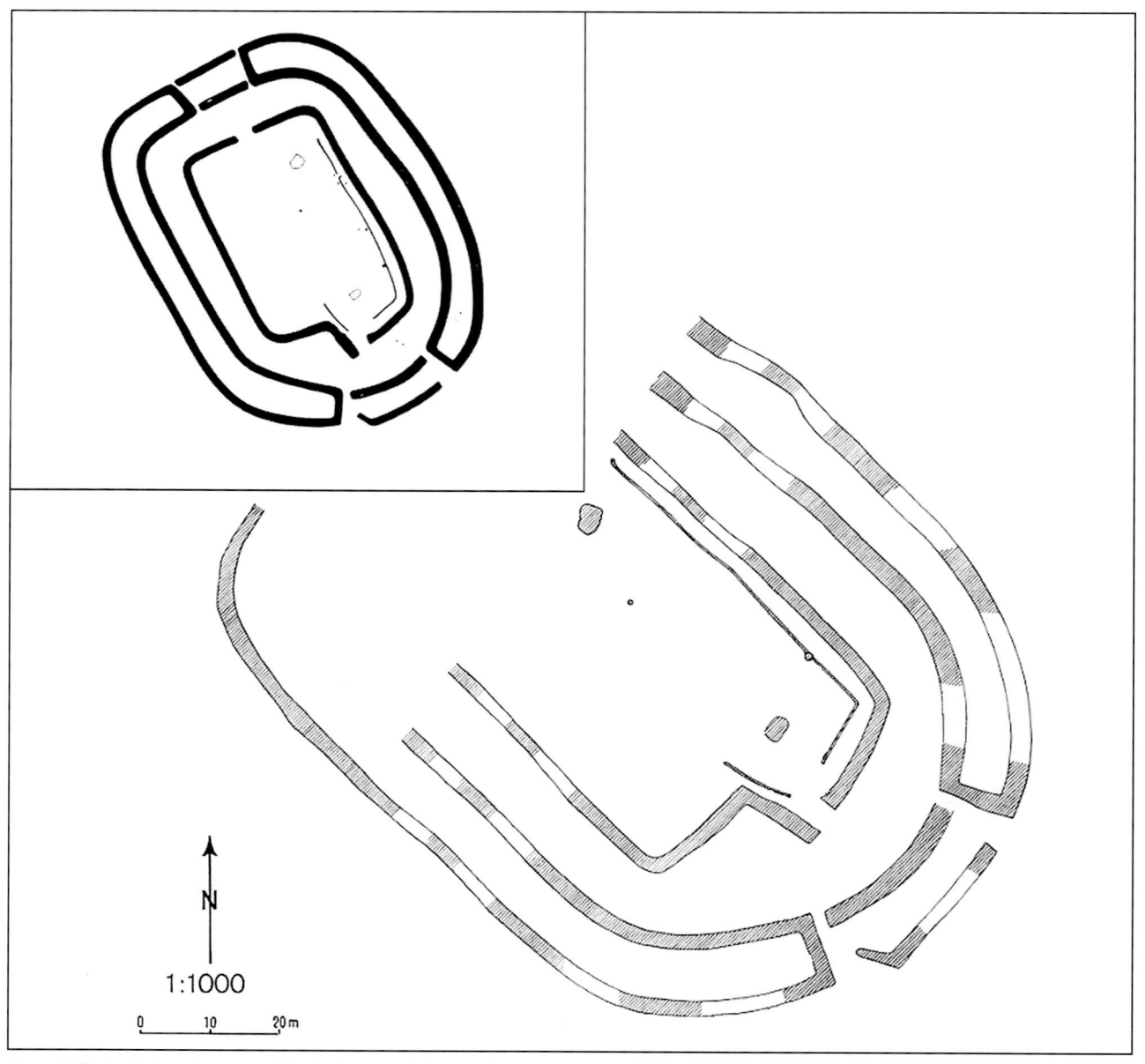

Grundriß des Erdwerkes von Altheim bei Landshut nach Ausgrabungen (unten) und nach Luftaufnahme (oben). Nach R. Christlein und LfD.

Jungneolithische Keramik von Wechingen.

der vielen Erdbrücken in den jungneolithischen Grabenwerken offenkundig und der Befestigungscharakter dieser Anlagen gesichert schien, stiftete eine andere Beobachtung erneut Verwirrung: Wie nämlich aus den Befunden noch hervorgeht, wurden die Gräben nach einiger Zeit mit Siedlungsschutt, in dem sich auch Menschenknochen befanden, wieder aufgefüllt.[3]

Nach all diesen Erkenntnissen dürften die jungneolithischen Erdwerke entweder verschiedenen Zwecken gedient haben, oder aber die Bestimmung der Anlagen war einem Wandel unterworfen, der von Kultstätten zu Fluchtburgen oder befestigten Siedlungen und zentralen Orten geführt hatte. Möglicherweise hat es zwischen den Erdwerken der Michelsberger und der Altheimer Kultur auch funktionale Unterschiede gegeben. So widersprüchlich diese Befunde auch interpretiert werden können, sie zeigen dennoch, daß das Jungneolithikum eine bewegte, unruhige Zeit war. An vielen Stellen, hauptsächlich aber in den untersuchten Erdwerken, kommen Funde zutage, die auf blutige Auseinandersetzungen schließen lassen. Das gilt besonders für die namengebende Fundstelle Altheim bei Landshut, wo im Siedlungsbereich etwa 170 Silexpfeilspitzen und in den Gräben des Erdwerkes ebenfalls menschliche Skelettreste gefunden worden waren. Auch bei der erst vor kurzem abgeschlossenen Ausgrabung in der Feuchtbodensiedlung Weil-Pestenacker im Landkreis Landsberg, die viele neue Erkenntnisse erbrachte und nebenbei auch noch das älteste Textilgewebe Bayerns zutage gefördert hat,[4] wurden in der Nähe der Palisade ebenfalls ungewöhnlich viele Pfeilspitzen gefunden.

Welche Unsicherheit sich damals im Land breit machte, erkennt man nicht nur an der Zunahme der Erdwerke, sondern auch am veränderten Siedlungsverhalten der Bevölkerung, das von einem ausgeprägten Sicherheitsdenken gekennzeichnet war: Die Zahl der Höhensiedlungen stieg sprunghaft an, und viele Dörfer wurden nun in Pfahlbauweise an Seeufern sowie im Schutz der Moore angelegt. Die Ursachen dieser Unruhe sind nicht bekannt. Doch weil nun auch schlechtere Böden unter den Pflug genommen wurden, vermutet man, daß nach 2000 Jahren Ackerbau und anhaltendem Bevölkerungswachstum der Boden knapp wurde und nicht mehr alle Teile der Bevölkerung ausreichend ernähren konnte.

Auch im Ries wurden damals die sandigen Böden östlich der Wörnitz erstmals urbar gemacht und eine ganze Reihe von Höhensiedlungen angelegt. Zu diesen gehörte auch der Goldberg. Durch den Entschluß Bersus, auf dem Plateau des Berges umfassende Ausgrabungen

Drei Altheimer Knaufhammeräxte und eine Michelsberger Hammeraxt (rechts) von verschiedenen bayerischen Fundorten.

durchzuführen, wurden im Ries die siedlungsgeschichtlichen Relationen auch wieder etwas verschoben, denn die Goldbergstratigraphie erweckte den Eindruck, die Michelsberger Kultur sei während des Jungneolithikums der dominierende Faktor im Meteoritenkrater gewesen. Doch das hat sich jedoch inzwischen als Irrtum erwiesen, denn von bislang insgesamt 56 jungneolithischen Siedlungen konnten nur drei mit Sicherheit der Michelsberger Kultur zugewiesen werden. Da andere jungneolithische Kulturen wie Polling bzw. Schussenried insgesamt auch nur fünfmal vorkommen, wird es sich bei der Masse der noch verbleibenden 48 Siedlungen wohl um solche der Altheimer Kultur handeln. Es ist dennoch möglich, ja sogar wahrscheinlich, daß sich unter dem nicht näher bestimmbaren jungneolithischen Material auch einige Scherben der Michelsberger Gruppe befinden, doch könnte es sich aufgrund der Sachlage nur um eine kleine Anzahl handeln. Dagegen ist die Altheimer Kultur mit einigen großen Fundstellen im Ries vertreten, zu denen Feuchtboden- und Höhensiedlungen gehören.

Während die Michelsberger Kultur am Ende des 5. Jahrtausends hauptsächlich in Südwestdeutschland verbreitet war, siedelte die etwas jüngere Altheimer Gruppe vorwiegend in Südostbayern. Tulpenbecher und Backteller waren ihr fremd. Zu ihren keramischen Leitformen gehörten neben Arkadenrandtöpfen Henkelkrüge und Trichterrandschüsseln; deutlicher fallen die Neuerungen bei den Steingeräten ins Auge: An die Stelle der Holzsichel mit eingesetzten Silexklingen trat nun die aus einer Silexplatte hergestellte Sichel, und bei Flachhacken wie Beilen war in der Regel nur noch die Schneide geschliffen. Als eigentliche Leitform kann die polierte Knaufhammeraxt angesehen werden, die jedoch mehr ein Statussymbol der Würdenträger gewesen sein dürfte.

In der Materialvorlage von Dehn/Sangmeister sind 26 jungneolithische Fundstellen aufgelistet; 22 davon können als Siedlungen angesehen werden. Der Zuwachs infolge der Oberflächenerkundung beträgt somit nur 163 Prozent. Die Ursache für das weit unter dem Durchschnitt liegende Ergebnis dürfte wohl darin zu sehen sein, daß knapp die Hälfte der 22 altbekannten Fundstellen als Höhensiedlungen zu werten sind, deren exponierte Lage schon in früherer Zeit – vorwiegend bei Steinbrucharbeiten – zu ihrer Entdeckung geführt hatte.

Die Höhensiedlungen am Ochsenberg bei Hohenaltheim

Eine der größten Altheimer Höhensiedlungen im Ries liegt auf dem Ochsenberg bei Hohenaltheim und wurde ebenfalls im Rahmen der archäologischen Landesaufnahme lokalisiert. Auf dem bewaldeten und nach drei Seiten steil abfallenden

SPÄTNEOLITHIKUM

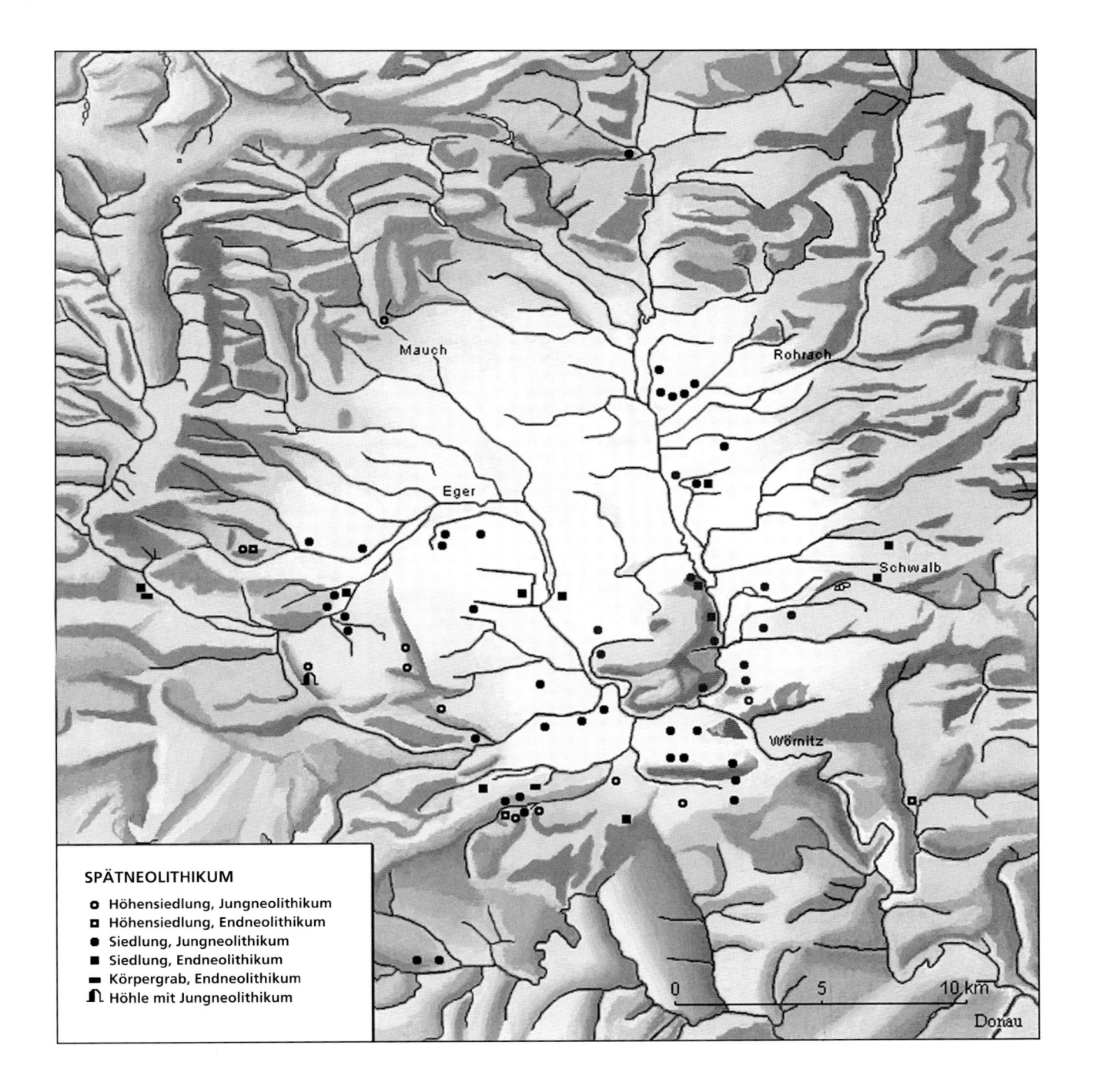

- ○ Höhensiedlung, Jungneolithikum
- ◻ Höhensiedlung, Endneolithikum
- ● Siedlung, Jungneolithikum
- ■ Siedlung, Endneolithikum
- ▬ Körpergrab, Endneolithikum
- ⋒ Höhle mit Jungneolithikum

Berg in günstiger topographischer Lage sind zwar keine eindeutigen Befestigungsspuren zu erkennen, doch dessen ungeachtet zählt er aus vorgeschichtlicher Sicht mit zu den wichtigsten Erhebungen des südlichen Riesrandes. Vermutlich liegt er auch am Ausgangspunkt eines alten Weges, der zwischen Küh- und Ochsenberg, am nur zeitweise sprudelnden Hungerbrunnen vorbei, zunächst ein Stück nach Süden führt, um dann die Richtung mehrmals zu ändern, wobei er, im Gegensatz zur modernen Straße, einen bequemen Übergang vom Ries ins Kesseltal herstellt.

Der Berg erstreckt sich etwa einen Kilometer in ostwestlicher Richtung und weist im oberen Bereich des Nordhangs größere Abflachungen auf, die zwar eine Besiedlung, doch vermutlich keinen Ackerbau gestattet hatten. In jüngeren Buchenwäldern, wie sie zur Zeit am Ochsenberg vorherrschen, sind die Beobachtungsmöglichkeiten aufgrund des starken Laubanfalls beträchtlich eingeschränkt. Dennoch konnte im Verlauf mehrerer Jahre ein zusammenhängendes Siedlungsareal nachgewiesen werden, das sich von der Oststirn des Berges rund 600 Meter nach Westen ausdehnt. Zuerst waren es nur einige Fundstellen, oft auch nur einzelne Scherben oder Artefakte, die eine jungneolithische Besiedlung anzeigten. Durch Beharrlichkeit und infolge der Winterstürme von 1990, bei denen sich Wiebke besonders hervortat, konnte die Funddichte schließlich so gesteigert werden, daß man nun von einer mindestens vier Hektar großen Siedlung sprechen kann. Von wenigen Ausnahmen abgesehen, liegen alle Fundstellen auf dem Nordhang.

Das Vegetationsbild eines Waldes verändert sich nur sehr langsam. Und weil der junge Buchenwald auch auf größeren Flächen des Nordhanges stockt, auf dem die meisten Fundstellen liegen, werden sich dort die Beobachtungsmöglichkeiten ebenfalls nur langsam bessern. So wäre ein Menschenalter erforderlich, um aus den Oberflächenfunden ein detaillierteres Bild der Besiedlungsstrukturen gewinnen zu können, denn auf dem Ochsenberg haben neben der ältesten Bandkeramik, der Altheimer Kultur und insbesondere der Hallstattzeit auch noch andere Epochen – wenn auch in recht unterschiedlichem Maße – ihre Spuren hinterlassen.

Diese befinden sich unter anderem auch auf einem vom Südwestrand des Plateaus 300 Meter nach Nordwesten vorspringenden langschmalen Sporn in der Waldabteilung Ursprung, auf dessen Ende eine 60 bis 70 Meter lange Fläche durch eine bogenförmige, grabenartige Eintiefung abgeschnitten wird. Ob es sich hier tatsächlich um eine Abschnittsbefestigung handelt oder lediglich um einen Altweg, müßte durch eine Grabung geklärt werden. Von der früher vermutlich befestigten Fläche stammt neben mittelneolithischem offensichtlich auch jung- und endneolithisches sowie bronzezeitliches Material. Östlich der Eintiefung, also außerhalb der vermutlich abgeschnittenen Fläche, wurden beim Wegebau auch einige hallstattzeitliche Gruben angeschnitten, während von dem Sporn westlich dieser grabenförmigen Eintiefung keine eindeutig eisenzeitlichen Funde vorliegen.

Darüber hinaus gibt es noch zwei weitere „verdächtige" Stellen, die aber weniger prägnant in Erscheinung treten als jene auf dem Sporn. Eine davon liegt im Nordwesten des jungneolithischen Siedlungsareals und ist auf den älteren Meßtischblättern durch eine Signatur und den Aufdruck „Schanzenreste" gekennzeichnet, die andere liegt am Westrand des relativ kleinen Plateaus und erscheint auf den neuen, zur Zeit im Handel befindlichen topographischen Karten 1:25 000 als Schanzenrest. Ganz im Osten wurde das jungneolithische Siedlungsgelände in späterer Zeit durch ein Schürfgrubenfeld zerstört.

Als Siedlungsbelege der Altheimer Kultur sind zu werten: in Anbetracht der ungünstigen Fundumstände eine relativ große Zahl von Scherben, darunter einige Arkadenränder, ferner verziegelter Hüttenlehm und mehrere der für Altheim so typischen Artefakte aus Plattensilex, darunter eine Pfeilspitze.

Spätneolithischer Silexdolch von Balgheim. Länge 11,6 cm.

Der Ochsenberg hat nicht nur selbst eine hohe Siedlungsdichte aufzuweisen, er ist auch von mehreren vorgeschichtlichen Fundstellen umgeben und bildet sozusagen den westlichen Eckpfeiler der bereits erwähnten Fundstellenkonzentration, die den südlichen Riesrand auszeichnet. Während der eigentliche Beckenrand in westnordwestlicher Richtung weiterläuft, biegt der Fundhorizont stärker nach Norden ein und zieht sich am Ostrand der auch schon weiter oben angesprochenen

Hügel ins Riesinnere auf die Stadt Nördlingen zu. Als die prägnantesten Fluchtpunkte dieser Linie sind die damals besiedelten und teilweise auch befestigten Höhen hervorzuheben: der Schmähinger Kirchberg, der Reimlinger Berg bei Herkheim und der Adlersberg bei Reimlingen.

Am Nordfuß des Ochsenberges fließt der hier in das Ries eintretende und durch die Ursprungsquelle verstärkte Bautenbach zunächst fast parallel zum Beckenrand nach Osten. Die linke Talflanke säumen zahlreiche Fundstellen aller Perioden, die Römerzeit eingeschlossen. Eine der wichtigsten, die zahlreiche Funde von der ältesten Linienbandkeramik bis zur Latènezeit geliefert hat, darunter auch Material der Goldbergfazies, liegt unmittelbar nördlich des Ochsenberges auf dem vier Kilometer langen Rücken, der sich zwischen Bauten- und Eierbach von Hohenaltheim bis Ziswingen nach Osten zieht.

Feuchtbodensiedlungen

Im Gegensatz zu den zahlreichen Höhensiedlungen hat das Ries nur eine einzige ausgesprochene Feuchtbodensiedlung aufzuweisen, die aber zu den größten Fundstellen der Altheimer Kultur gehört. Sie liegt in der Gemarkung Möttingen-Appetshofen und schiebt sich nördlich des Sulzgrabens, der an der Nordflanke des Hahnenberges nach Westen zur Eger fließt, vom Fuße eines flachen Hanges weit in die Talaue der Eger hinein. Wegen der tiefen Lage ist sie nur in der Gewannfurche gut aufgeschlossen. Das südliche Ende der Fundstelle liegt in unmittelbarer Nähe eines Feuchtbiotops. Aufgrund der topographischen Lage dürften beste Erhaltungsbedingungen gegeben sein. Als weiterer interessanter Aspekt kommt noch hinzu, daß die von J. Lüning nur in einem kleinen Ausschnitt untersuchte ältestbandkeramische Siedlung Möttingen-Enkingen, die sich mit einem noch nicht ausgegrabenen Teil ebenfalls bis auf die Talaue hinunterzieht, nicht weit entfernt ist.

Aufgrund der guterhaltenen Hölzer in der Altheimer Feuchtbodensiedlung Weil-Pestenacker bei Landsberg war es möglich, das Alter der Häuser dendrochronologisch auf das Jahr genau zu bestimmen. Die ältesten Bäume waren 3546, die letzten 3533 v.Chr. gefällt worden.[5] Eine Uferrandsiedlung im Starnberger See bei Kempfenhausen wurde auf die gleiche Weise in das Jahr 3722 v.Chr. datiert und stammt somit aus einer sehr frühen Phase der Altheimer Kultur. Neben zahlreichen Gerätschaften aus Holz halten die Feuchtbodensiedlungen zusätzlich noch viele Informationen für den Archäologen bereit, die auf trockenen Böden nicht gewonnen werden können. So liefern beispielsweise Blütenpollen, die nur in Mooren und begrenzt auch in Feuchtböden Jahrtausende überdauern können, wichtige Hinweise auf die Umweltverhältnisse der jeweiligen Siedler.

In welchem Maße das Vordringen des Kupfers zu der Unruhe beitrug, von der die spätneolithische Gesellschaft erfaßt wurde, ist schwer zu beurteilen, denn der Übergang von der Stein- zur Metallzeit war ein langwieriger Prozeß, der sich über zwei Jahrtausende hinzog. Dennoch dürfte es zu Spannungen zwischen den konservativen und progressiven Kräften gekommen sein. Mit Sicherheit hat aber das Auftreten dieses Metalls zu einer stärkeren sozialen Differenzierung beigetragen, weil ja nur wenige von denen, die gerne einen Ring oder ein anderes Schmuckstück aus Kupfer gehabt hätten, sich diesen Luxus auch leisten konnten, denn das Metall kam damals noch von weither und hatte seinen Preis.

Diese Tatsache kommt sogar in den Funden zum Ausdruck, weil das Herannahen des Metallzeitalters in weit stärkerem Maße von Imitationen kupferner Gegenstände angekündigt wurde, als durch das Kupfer selbst. Das zeigt sich nicht nur bei der Keramik, sondern auch bei den Steinbeilen und Äxten insofern, als selbst metallische Zierweisen und Gußnähte nachgeahmt wurden. Das wird am Beispiel der Altheimer Knaufhammeraxt besonders anschaulich vor Augen geführt, während sich diese Modeerscheinung in der Michelsberger Kultur anscheinend noch nicht so deutlich zeigte.

Der Sporn des Ochsenberges bei Hohenaltheim

    Obwohl durch den dichten Wald die Formen des Reliefs etwas verschleiert erscheinen, ist vom Lindenberg aus die steile Westflanke des Sporns doch recht gut zu erkennen. Unten im Talgrund fließt der Ursprungs- bzw. Bautenbach nach Norden und tritt nach rund 200 Metern durch eine enge Pforte in das Ries ein. Auf dem schmalen Ende des Sporns konnten neben zahlreichen atypischen Scherben auch Funde des Mittel-, Jung- und Endneolithikums sowie der Bronze- und der Hallstattzeit geborgen werden. Unter dem Fundmaterial befand sich auch ein T-förmiges Randprofil der endneolithischen Glockenbecherkultur.

    In Bayern waren die Siedlungsgebiete der endneolithischen Kulturen – namentlich die der Schnurkeramiker und der Glockenbecherleute – nicht scharf gegeneinander abgegrenzt, sondern häufig eng miteinander verzahnt, so daß für die Archäologen das Siedlungsverhalten und die kulturelle Entwicklung oft nur schwer durchschaubar sind.

9. Die endneolithischen Kulturen

Das Ende der 2,5 Millionen Jahre währenden kulturellen Entwicklung, die neben organischen Materialien im wesentlichen auf dem Werkstoff Stein beruhte, war in einigen Gebieten Mitteleuropas kaum weniger problematisch als ihre Anfänge in Afrika. So lebten im Endneolithikum vor allem in Süddeutschland drei Kulturen, die sich im archäologischen Befund ganz unterschiedlich darstellen und über deren Herkunft wir kaum etwas wissen, einige Jahrhunderte nebeneinander. Daraus erwuchsen immer wieder Konfliktsituationen, die zu einer weiteren Zunahme befestigter Höhensiedlungen und zur landwirtschaftlichen Nutzung karger Böden führte, während sich im Alpenvorland die Siedlungen unaufhaltsam weiter nach Süden vorschoben und dabei immer höhere Lagen besetzten. Zerstörte Gehöfte und verbrannte Palisaden zeigen an, daß es auch zu kriegerischen Auseinandersetzungen gekommen ist.

Die Chamer Kultur

Die Chamer Kultur bildete die nordwestlichste Gruppe des großen „Spätäneolithischen Kulturkomplexes", der sein Zentrum im Karpatenbecken hatte. In Bayern finden sich ihre Spuren vorwiegend an der Donau zwischen Ingolstadt und Passau, während in Böhmen hauptsächlich das Pilsner Becken besiedelt war. Zwischen der Chamer und der mährischen Jevišovicer Gruppe bestehen deutliche Parallelen. Durch die starken Einflüsse der mährischen Gruppe sind die bodenständigen Wurzeln der Chamer Kultur kaum noch zu erkennen. Verschiedentlich geben Altheimer Stilelemente und die Tatsache, daß man auch von der Chamer Kultur bislang noch keine Gräber gefunden hat, Hinweise auf ihre Herkunft. Die zu einem großen Teil aus Schlauchgefäßen bestehende Keramik ist zwar reich mit Leisten, Kerben und Einstichen verziert, aber ohne jede Sorgfalt gearbeitet. Deshalb wird bei der Chamer Keramik ganz allgemein von einem Rückschritt gesprochen. Und diese Rückständigkeit kam nicht nur bei der Keramik zum Ausdruck, sie scheint ein Merkmal der gesamten Kultur gewesen zu sein.

Obwohl man die älteste der endneolithischen Kulturen nur aufgrund ihres Siedlungsniederschlages kennt, weiß man über die Konstruktion der Häuser so gut wie nichts. Von zwei unvollständigen Hausgrundrissen in Hienheim wird allenfalls vermutet, daß sie zur Chamer Siedlung gehören, und bei Ausgrabungen in einigen befestigten, aber durch Feuer zerstörten Höhensiedlungen hat man zwar verziegelten Hüttenlehm gefunden, der vermutlich von der Palisade stammte, doch ließen sich bisher nirgendwo Hausgrundrisse anhand von Pfostenstandspuren rekonstruieren, die mit einiger

Spätneolithische Keramik des Komplexes Goldberg III. Württembergisches Landesmuseum. Höhe des Schlauchgefäßes ca. 35 cm. (Nach R. A. Maier 1979).
Fotomontage.

Ein Grabfund der endneolithischen Glockenbecherkultur. (Nach K. Schmotz 1989).

schutzplatte aus poliertem Stein, ferner der Kupferdolch sowie Pfeil und Bogen. Von letzteren haben sich natürlich nur die steinernen Pfeilspitzen erhalten. Das typische Dekor der Becher besteht meist aus mehreren horizontalen Bändern mit Ritz- oder Stempelverzierung, wobei die Zierweise in vertikaler Richtung mehrmals wechseln kann.

Die Archäologie schöpft ihr Wissen über die Glockenbecherkultur – analog zur schnurkeramischen Gruppe – ebenfalls hauptsächlich aus Gräbern, und deshalb muß es genauso lückenhaft sein. Bei der gegebenen Quellenlage ist es ganz unausweichlich, daß es sich bei den Leitformen dieser Kultur um die üblichen Grabbeigaben handelt, die zuweilen noch durch Fingerringe und Armspiralen aus Kupfer ergänzt werden. Beliebt waren offenbar auch verzierte Anhänger aus Eberhauern. Natürlich gab es hinsichtlich der Grabbeigaben größere Unterschiede. Als selbstverständlich kann vorausgesetzt werden, daß Armschutzplatte, Dolch sowie Pfeil und Bogen zur Ausstattung der Männer gehörten, während in den Frauengräbern neben der Keramik, die man fast in allen Gräbern antrifft, mitunter auch V-förmig durchbohrte Beinknöpfe gefunden werden.[4] Im Gegensatz zu den Schnurkeramikern wurden die Glockenbecherleute in Nord-Süd orientierten Flachgräbern in Hockerlage, die Männer mit dem Kopf im Norden, die Frauen in entgegengesetzter Richtung, doch beide Geschlechter mit dem Gesicht nach Osten, bestattet.

Früher herrschte die Meinung vor, daß die Träger der Glockenbecherkultur auf ähnliche Weise wie vor ihnen die Schnurkeramiker – doch nun von der Iberischen Halbinsel her – nach Mitteleuropa vorgedrungen wären. Man stellte auch Überlegungen darüber an, wie es eine zahlenmäßig wesentlich kleinere Population fertiggebracht hatte, sich im Siedlungsraum der einheimischen Bevölkerung nach eigenem Gutdünken anzusiedeln oder diesen mit wertvollen Handelsgütern unbehelligt und nach Belieben zu durchqueren. Der englische Archäologe Geoffry Bibby warf in diesem Zusammenhang die Frage auf, ob die Einheimischen etwa von den Glockenbecherleuten durch Verabreichen von Rauschgetränken in Abhängigkeit gebracht worden seien. Bei der Verfolgung der vielfach verschlungenen Pfade dieser endneolithischen Kulturen ist aber weder blühende Phantasie, noch dichterische Freiheit gefragt. Weiterhelfen kann in diesem Falle nur archäologischer Realismus. Sicher benötigt auch der gute Archäologe ein gewisses Maß an Phantasie, doch letztlich müssen alle Theorien anhand der Fakten überprüft werden.

Aufgrund der archäologischen Funde und Befunde, die vor allem in den letzten Jahren zutage kamen, bestehen kaum noch Zweifel an dem zeitweiligen Nebeneinander von Cham, Schnurkeramik und Glockenbecherkultur, doch wird es als sehr unwahrscheinlich angesehen, daß sich die Glockenbecherleute in gleichem Maße ausgebreitet hätten wie ihre Kultur. Eine Mehrheit der Archäologen vertritt inzwischen die Ansicht, daß der Glockenbecher ebenfalls auf dem Wege der Akkulturation von der einheimischen Bevölkerung übernommen worden sei. Wie verzahnt die endneolithischen Kulturen tatsächlich waren, das geht schon daraus hervor, daß sich Schnurkeramiker und Glockenbecherleute mitunter am gleichen Ort aufhielten und sogar denselben Friedhof benutzten, wie das im böhmischen Brandeis der Fall war. Weil die Glockenbecherkultur bei uns nur etwa 200 Jahre später in Erscheinung trat als die der Schnurkeramiker, ließ sich nicht feststellen, ob beide Populationen bzw. die Träger zweier verschiedener Kulturen den Friedhof gleichzeitig oder nacheinander belegt haben.

Der wichtigste Zeuge für das endneolithische Siedlungsgeschehen im Ries ist wiederum der Goldberg, der – nach Ansicht von Ingrid Burger[5] – den nordwestlichen Eckpfeiler der Chamer Gruppe darstellt. Doch wirft der Fundhorizont Goldberg III offensichtlich mehr Fragen auf als er beantwortet, weil der endneolithische Fundkomplex Stilelemente mehrerer Kulturen, darunter auch eine Altheimer Komponente, enthält. Viele Archäologen sind deshalb der Meinung, Goldberg III könne keiner bestimmten Kulturgruppe zugewiesen werden. Während R. A. Maier[6] Goldberg III mehr als selbständige Lokalvariante neben Cham und Řivnač stellt, wird diese Fazies von I. Burger zwar voll in die Chamer Kultur integriert, aber neben einer Donau-, einer westböhmischen und einer nordostalpinen Region der regionalen Gruppe Fränkische Alb und Ries zugewiesen. Schon 1975 hatte Peter Schröter die Vermutung geäußert, daß Goldberg III vielleicht zur Chamer Gruppe gehört.

Nach Bersu stellte die aus rund 50 Häusern bestehende Siedlung Goldberg III den umfangreichsten Fundhorizont der Jungsteinzeit auf dem Goldberg dar. Die nahezu quadratischen Häuser waren etwas in den Boden eingetieft und zu zwanglosen Kreisgruppen angeordnet. Die leichtere Bauweise der Häuser und das Fehlen von Hüttenlehm läßt auf Zelthütten mit Fellbedeckung schließen. Auf dem Goldberg befanden sich in sowie zwischen den Häusern kreisrunde, bis zu vier Meter tiefe und mit Abfällen aufgefüllte Gruben. Darin fand man neben anderem auch menschliche Skelettreste, darunter aufgeschlagene Röhrenknochen und Schädelteile mit Brandspuren, die oft von Kindern stammten. Da die Siedlung nicht abgebrannt ist, sondern offenkundig verlassen wurde, stellen die Befunde deutliche Hinweise auf Kannibalismus dar.

Zum Fundhorizont Goldberg III gehören neben dem Material der Chamer Gruppe noch jeweils einige Scherben der Kugelamphoren- und der Glockenbecherkultur sowie der Schnurkeramik und der Horgener Gruppe. Darüber hinaus gibt es im Ries kaum noch endneolithische Fundstellen, denn im Rahmen der Geländeprospektion konnten lediglich an zehn weiteren Stellen Scherben aus jener Zeit kartiert werden. Sie kamen allerdings immer zusammen mit Funden anderer Kulturen vor, und in der Regel waren sie auch mit einer größeren Anzahl atypischer Scherben vergesellschaftet. In diesem Zusammenhang muß man sich jedoch vergegenwärtigen, daß jede der weit verstreuten Einzelscherben ein Gefäß und damit vielleicht ein Grab oder ein anderes archäologisches Objekt anzeigt. Durch zwei glockenbecherzeitliche Hockergräber – eines davon mit Doppelbestattung – sowie einige Siedlungsfunde, die 1989 bei den Ausgrabungen im Industriegebiet von Bopfingen-Flochberg zutage kamen, wird die Bilanz etwas günstiger gestaltet. Alles in allem kommen wir also gerade mal auf 14 Fundstellen; dazu kommen noch einige Pfeilspitzen und Einzelgeräte, die jedoch nicht kartiert wurden. Man muß kein Fachmann sein, um zu erkennen, daß dieses Material kaum geeignet ist, fast ein ganzes Jahrtausend prähistorischer Siedlungsgeschichte zu repräsentieren.

Andererseits war die aus rund 50 Häusern bestehende Siedlung Goldberg III größer als alle vorausgegangenen, und Frickhinger hat zudem in den dreißiger Jahren in Nähermemmingen, Flur

Feldwiesäcker, eine der wenigen bisher in Süddeutschland bekannt gewordenen Siedlungen der Glockenbecherkultur untersucht. Ein von ihm als schnurkeramisch bezeichnetes Grab in Mönchsdeggingen läßt sich dagegen nicht mit letzter Sicherheit dieser Kultur zuweisen.[7]

Aufgrund der wenigen endneolithischen Fundstellen ist man versucht, zu behaupten, das Ries sei am Ende der Steinzeit kaum besiedelt gewesen, was wiederum schwer zu verstehen ist, zumal ja die vorausgegangene Altheimer Kultur verhältnismäßig viele Spuren hinterlassen hat. Wenn wir jedoch einen Blick über den Kraterrand hinaus in die süddeutsche Landschaft werfen, erkennen wir sehr schnell, daß das Ries voll im herrschenden Trend liegt, daß es überall, trotz des verstärkten Fundanfalls in letzter Zeit, ein Defizit endneolithischer Fundstellen, insbesondere von Siedlungen, gibt. Auf unsere Frage nach dem Verbleib der endneolithischen Behausungen können wir aber nur eine Antwort erhalten, wenn wir noch eine zweite Frage anschließen, nämlich, wie denn die Häuser der Endneolithiker ausgesehen haben, welcher der drei Gruppen die Grubenhäuser vom Goldberg zugeordnet werden können. Schröter meint weiterhin, wegen der Kriegsverluste sei es unmöglich, den endneolithischen Besiedlungsablauf zu rekonstruieren; er betont außerdem, daß es Probleme bereitete, im Fundhorizont Goldberg III eine Hauptkomponente zu benennen. Die bestehenden Unterschiede zwischen dem Siedlungsniederschlag von Goldberg III und allen anderen Chamer Fundstellen führt Schröter auf die Lage des Goldberges am Rande des Verbreitungsgebietes dieser Kultur zurück. Daraus ergibt sich zwangsläufig, daß anhand der noch vorhandenen Funde und Befunde beim derzeitigen Forschungsstand die zu Goldberg III gehörenden Hausgrundrisse nicht zwingend mit einer bestimmten endneolithischen Kultur in Verbindung gebracht werden können.

Einen Hinweis auf die kulturelle Zugehörigkeit dieser Häuser erhalten wir vielleicht von drei 1987 in Prunn bei Landau untersuchten Hüttenresten der Glockenbecherkultur.[8] Nach Ludwig Kreiner hatten die völlig unregelmäßigen Verfärbungen ein Ausmaß von etwa fünf mal sieben Metern. Die Hüttenböden waren etwas eingetieft und die Außenpfosten nach innen geneigt, was an Zelte denken läßt. Durch die hauptsächlich auf den Hüttenböden angetroffenen Keramikscherben werden die Behausungen in die Glockenbecherkultur datiert. Nach allem, was wir bisher vom süddeutschen Endneolithikum und von Goldberg III wissen, wäre es durchaus möglich, daß die betreffenden Häuser ebenfalls von den Glockenbecherleuten errichtet worden waren, zumal ja die Chamer Häuser an anderen Fundorten keine Standspuren hinterlassen haben. Frickhingers Grabungsbefunde auf den Feldwiesäckern in Nähermemmingen deuten in die gleiche Richtung, allerdings wurde damals auch Hüttenlehm gefunden.

Weil man sich auch im Endneolithikum das Ries als fast menschenleere Landschaft nur schwer vorstellen kann, wird man sich damit abfinden müssen, daß die damalige Lebens- und Wirtschaftsweise der Menschen keine markanten Spuren im Gelände hinterlassen hat. Und wenn sich im archäologischen Befund neben einem veränderten kulturellen Gepräge etwas unvermittelt auch eine andere Lebensweise der Bevölkerung abzeichnet, wird man vielleicht doch mit kleineren oder langsamen ethnischen Verschiebungen rechnen müssen. Die moderne Archäologie und ihre Hilfswissenschaften wenden bei der Spurensuche immer bessere und feinere Methoden an. Bei verstärkter interdisziplinärer Zusammenarbeit sollte es über kurz oder lang möglich sein, eine Antwort auf die ungelösten Fragen der endneolithischen Kulturen zu finden.

Der Rollenberg

Schon in der Bronzezeit war es üblich, den Göttern an exponierten Stellen Brandopfer darzubringen.[1] Bevorzugt wurden geeignete Berggipfel und Plateaus. In den Alpen und im nördlichen Vorland gibt es viele solcher Brandopferplätze, manchmal sogar mit mächtigen Ascheschichten. Der bekannteste von allen ist wohl der am Schlern in den südtiroler Dolomiten. Aber auch im Ries gibt es innerhalb von Wallanlagen zwei solche Heiligtümer, die besonders in der Bronzezeit genutzt wurden. Das eine liegt auf dem 600 Meter hohen Weiherberg am Rande des Kartäusertals und das andere auf dem Rollenberg an der rechten Seite der Wörnitz, dort wo der Fluß auf seinem Weg zur Donau in das enge Durchbruchstal eintritt. Etwas abseits vom Ries führt der Osterstein mit einem weiteren Opferplatz, der bereits 1951–52 von Hermann J. Seitz untersucht wurde, auf der Liezheimer Alb bei Unterfinningen eher ein Schattendasein.

10. Metalle verändern die Welt

Mit der Erfindung der Bronze wurde eine neue Ära in der kulturgeschichtlichen Entwicklung der Menschheit eingeleitet. Doch wie schon erwähnt, geschah das nicht in einem plötzlichen Umbruch, sondern, wie die gesamte kulturelle Evolution, in einem nur ganz langsam voranschreitenden Prozeß. So hat man bereits im 7. Jahrtausend in Kayönü Tepesi, bei Ergani Maden im Armenischen Taurus gelegen, wo gediegenes Kupfer abgebaut wurde, Kupfer und Blei zu Fingerringen und Perlen verarbeitet, noch bevor die Siedler in der Lage waren, eine brauchbare Keramik herzustellen. Wie durch einige Funde – darunter auch der kleine Meißel und der Ring von Schernau – belegt ist, erreichte die Metallurgie gegen Ende des 5. Jahrtausends Mitteleuropa. Aber erst rund 2000 Jahre später nützten die Träger der Aunjetitzer und der Straubinger Kultur die Möglichkeiten des neuen Werkstoffs Bronze in einem nennenswerten Umfang.

Trotz des gewaltigen Fortschritts, den der Bronzeguß für die Menschheit bedeutete, kann diese Technologie nicht mit der neolithischen Revolution, die ja in jeder Hinsicht etwas absolut Neues darstellte, verglichen werden. Alle Entwicklungsstufen, die dem Neolithisierungsprozeß folgten, gingen zwangsläufig aus der produzierenden Wirtschaftsweise hervor.

Da gediegenes Kupfer in der Alten Welt nur in geringen Mengen vorkommt, verlegte man sich offenbar sehr bald darauf, auch Kupfererzvorkommen auszubeuten. Weil die Schmelztemperatur des Kupfers bei 1083 Grad Celsius und damit um 20 Grad höher liegt als die des Goldes, wurden offensichtlich zuerst die leichter schmelzbaren oxydischen Kupfererze Malachit und Cuprit verhüttet. Das geschah anfangs vermutlich in offenen Herdgruben, aber unter Verwendung von Holzkohle, die zur Reduktion der Erze unbedingt erforderlich war. Reines Kupfer ist weich und hat keine besonders guten Gußeigenschaften; um so besser läßt es sich aber auf mechanischem Wege formen. Häufig ist es mit Spuren anderer Elemente wie Silber, Blei, Nickel, Eisen, Wismut, Antimon oder Arsen verunreinigt. Einige dieser Metalle und Halbmetalle wirken sich in Anteilen von mehr als einem Prozent nachteilig, andere, wie Blei oder Arsen, vorteilhaft auf die Gießfähigkeit des Kupfers aus. Außerdem verleiht das Arsen diesem Werkstoff eine größere Härte.

Obwohl sich durch die erwähnten Gegebenheiten die erste Arsen-Kupfer-Legierung auf mehr oder weniger natürliche Weise fast von selbst eingestellt haben dürfte, hat es verhältnismäßig lange gedauert, bis sich der Mensch diese Tatsache zunutze machte und dem Rohkupfer einen höheren Prozentsatz (etwa 1 Zehntel) Arsen zusetzte, das in ausreichenden Mengen mit den Kupfererzen gewonnen werden konnte.

Vor einigen Jahren hat man in England mit modernsten Methoden die Entwicklung der Bronzetechnologie untersucht und dabei herausgefunden, daß bis zum Ende der frühen Bronzezeit nur die Arsen-Kupfer-Legierung Verwendung fand. Erst in der anschließenden Hügelgräberbronzezeit war die Zinn-Bronze allgemein verbreitet, und in der Spätbronzezeit wurden außerdem – wohl zur Streckung des Materials – bis zu sieben Prozent Blei zugeschlagen. Zinn ist im Vergleich mit Kupfer und Arsen ein eher seltenes Metall. Und wenn es selbst in England, das in vorgeschichtlicher Zeit neben Spanien die ergiebigsten Zinn- bzw. Zinnsteinlagerstätten Europas aufzuweisen hatte, offensichtliche Engpässe bei der Zinnversorgung gab, dürfte es in Süddeutschland kaum anders gewesen sein. Erst in dieser Zeit sind feuerfeste Schmelztiegel – mit und ohne Deckel – durch Funde belegt.

Kupfer hat man wegen seiner mangelhaften Gußeigenschaften fast ausnahmslos in offenen Formen gegossen und anschließend durch Hämmern in seine endgültige Form gebracht, wobei es gleichzeitig gehärtet wurde. Dagegen erfolgte der Bronzeguß sowohl in offenen als auch zweiteiligen Formen aus Stein, gebranntem Ton oder Bronze als auch in der verlorenen Form, dem sogenannten Wachsausschmelzverfahren. Für die wenigen Spezialisten, die anfänglich das Geheimnis des Gießverfahrens kannten, war es sicherlich etwas schwierig, in den Besitz des seltenen und deshalb auch teueren Zinns zu gelangen. Und solange nur ein verhältnismäßig kleiner Kreis von Eingeweihten eine Art Monopolstellung innehatte, war das neue Metall einfach zu kostbar, um daraus nur Gebrauchsgüter anzufertigen, obwohl der Bronzeguß, rein technisch gesehen, erstmals eine Serienproduktion solcher Gerätschaften ermöglicht hätte. Deshalb wurden von den Gießern zunächst hauptsächlich Schmuckgegenstände aus der Kupfer-Zinn-Legierung angefertigt, während sie Dolche und Beile vorerst noch aus Arsenbronze herstellten.

Das galt besonders für Mitteleuropa, denn hier wurde auch das Kupfer zuerst noch aus fernen Ländern eingeführt. Kupferbergbau gab es damals offensichtlich auf der Iberischen Halbinsel, im Kaukasus, in Anatolien und auf Zypern, dessen Name ja von dem lateinischen cuprum – Kupfer – abgeleitet ist. Die älteste europäische Kupfermine stammt aus der Mitte des 5. Jahrtausends und wurde 1980 in Rudna Glava bei Belgrad entdeckt, doch bereits im Endneolithikum waren in zunehmendem Maße die mitteleuropäischen Kupferlagerstätten – vor allem in der ostalpinen Region, aber auch im Harz und im Vogtland – ausgebeutet worden.

In der frühen Bronzezeit kam das Rohmaterial, Kupfer wie Bronze, in diversen Barren auf den Markt. Die inneralpinen Gießereien wurden von den Kupferhütten vorwiegend mit den noch ziemlich verunreinigten Gußkönigen beliefert, die eine gewisse Ähnlichkeit mit einem Brotlaib hatten und auch Reguli[2] genannt werden. Außerhalb der Alpen trifft man sie, ganz im Gegensatz zu den recht häufigen Barren in Form von Ösenhalsringen und den wiederum etwas selteneren Stangenbarren, nicht gerade oft an.

Um 2200 v.Chr. war von der Westslowakei bis nach Mitteldeutschland die frühbronzezeitliche Aunjetitzer Kultur verbreitet. Etwa zur gleichen Zeit existierten in Niederösterreich die Unterwölblinger, in Südbayern die Straubinger und am Rhein die Adlerberg-Gruppe. Alle diese Kulturen wurden nach Gräberfeldern benannt; die eponyme Fundstelle der Adlerberg-Gruppe liegt bei Worms. Schon daraus ist ersichtlich, daß wir die frühestbronzezeitlichen Gruppen ebenso wie die endneolithischen Becherkulturen fast nur aufgrund der Grabbeigaben kennen. An den Grabriten ist außerdem ein kontinuierlicher Übergang vom Neolithikum zur Bronzezeit zu erkennen, denn in fast ganz Mitteleuropa sind die Gräber weiterhin Nord-Süd orientiert. Die Toten beiderlei Geschlechts wurden in Hockerlage bestattet, mit dem Kopf im Süden und das Gesicht nach Osten gerichtet. Doch in Süddeutschland wurden die Regeln offensichtlich auch in der frühen Bronzezeit nicht streng beachtet, denn hier kam es häufig zu Abweichungen vom Aunjetitzer Grabritus, was für eine gewisse Eigenständigkeit dieser Kulturen spricht. Die Straubinger Kultur scheint noch die bipolare Geschlechtsdifferenzierung gekannt zu haben, anhand der Fundumstände konnte das jedoch nicht zweifelsfrei bewiesen werden. Innerhalb der Adlerberg-Gruppe hat es damals offensichtlich überhaupt keinen verbindlichen Grabbrauch gegeben.

Die frühbronzezeitlichen Gräber enthalten kaum noch Keramik, dafür um so häufiger Schmuckstücke, die meistens aus Kupfer, ganz selten aus Bronze und nur in Ausnahmefällen aus Gold hergestellt wurden. Dazu gehören Halsringe, Arm- und Fußspiralen, Scheibenkopf-, Rollen- und Hülsenkopfnadeln, Blech- und Spiralröllchen sowie Blech- und Spiraltutuli, Schleifenringe aus Draht und schließlich noch reichverzierte runde Scheiben mit Mittelkegel, die auf der Brust getragen wurden. Aber auch durchbohrte Knochennadeln und Knochenringe gehörten zu den Ausstattungen der Gräber. Der Spiraltutulus gilt als Leitform der Straubinger Kultur.

Demgegenüber sind die frühbronzezeitlichen Gräber im Ries von einer gewissen Armut an Metallgegenständen gekennzeichnet. Sowohl Zierscheiben als auch Tutuli und Metallnadeln jeder Art fehlen vollkommen. Dafür treten Knochennadeln, Knochenringe und Silexgeräte in stärkerem Maße auf als in den Gräbern der Straubinger Kultur, die mit den Gräbern in Lagerlechfeld, Kleinaitingen und Göggingen den Lech überschritten hat, wobei wir Augsburg wohl als ihren nordwestlichsten Vorposten bezeichnen können, während die frühbronzezeitlichen Kulturerscheinungen Nordschwabens neuerdings in einer Ries-Gruppe zusammengefaßt werden.

Als Ergänzung der Funde aus den Gräbern von Nähermemmingen, Flur Feldwiesäcker, die in die Gruben der Glockenbechersiedlung eingetieft waren und somit eine gewisse Kontinuität bezeugen, können die Depots von Ebermergen und Wechingen gelten, während das umfangreichere aus der Gemarkung Bühl von der frühen zur mittleren Bronzezeit überleitet. Alle drei Depots liegen in der Nähe der Wörnitz und werden von H. Frei als Händlerverstecke gewertet, doch gleichzeitig auch als Indiz für einen Fernweg entlang der Wörnitz angesehen.

Funde der mittleren Bronzezeit aus einem Grabhügel bei Ederheim.

In einer jüngeren Phase der Frühbronzezeit treten auch die Siedlungsfunde stärker in Erscheinung. Die Keramik stand aber noch immer den Formen und Zierweisen des Endneolithikums nahe, doch schieben sich nun stärker profilierte Gefäße allmählich in den Vordergrund. Tiefe horizontale Rillen und mit Fingertupfen oder Doppelhalbkreisstempeln versehene Zierleisten betonen die Schulter. Bauchige Töpfe, Henkelkrüge, Tassen mit tiefsitzendem Umbruch und Schlitzschüsseln sind die häufigsten Keramikformen. Bei manchen Gefäßen deutet sich ein schwach ausgeprägter Halsabsatz an, der mit Stempeleindrücken oder Fingertupfen versehen sein kann. Als Handhaben dienten Henkel und Knubben. Im Zuge der Oberflächenerkundung konnten einige Fundstellen aus dieser Zeit lokalisiert werden, bei denen es sich aufgrund der Fundumstände in mindestens zwei Fällen um Siedlungsfunde handeln dürfte, und im Jahre 1989 kamen bei Ausgrabungen in Bopfingen-Flochberg ebenfalls einige frühbronzezeitliche Scherben zum Vorschein, die wohl auch als Siedlungsfunde gewertet werden müssen. Hausgrundrisse der frühen Bronzezeit sind in Bayern eine Mangelware und fehlen bislang auch im Ries.

Die Keramik der mittleren Bronzezeit stammt hauptsächlich aus Grabhügeln. Über die Siedlungskeramik weiß man nicht sonderlich viel. Die Hügelgräber waren durchschnittlich mit zwei bis drei Gefäßen, darunter bauchige Töpfe, Krüge, Amphoren, Tassen und Schalen ausgestattet. Bei den meisten Gefäßen ist der Hals nun deutlich abgesetzt und immer geglättet. Als Verzierungen treten glatte Leisten, Leiter- und Kornstichbänder, Kornstichreihen sowie Ritzmuster auf. Für die Datierung der oft sehr kleinen Oberflächenscherben sind die besonderen Merkmale, sei es nun die Zierweise oder der glatte, abgesetzte Hals, von wesentlicher Bedeutung. Allerdings ist aufgrund dieser Merkmale nur eine Unterscheidung zwischen früher, mittlerer und später Bronzezeit möglich.

Deshalb werden Hügelgräber nicht anhand der Keramik, sondern aufgrund der Metallbeigaben und mit Hilfe der von Hildebrand und Montelius entwickelten Typologie datiert, auf der auch Paul Reineckes chronologische Gliederung der süddeutschen Bronze-, Hallstatt- und Latènezeit fußt. Klassische Beispiele für die Begründung der typologischen Methode stellen die Entwicklung des Bronzebeiles und des Schwertes von relativ einfachen zu immer ausgereifteren Formen dar. Doch während sich dieser Prozeß beim Beil in erster Linie auf die Verbesserung der Schäftung richtete, entstand unter den geschickten Händen des Schmiedes aus dem eher kümmerlichen Kupferdolch, der uns noch in den Gräbern der frühen Bronzezeit begegnete, eine elegante und wirkungsvolle Waffe.

In der mittleren und späten Bronzezeit war das Schwert der wertvollste Besitz des Mannes. Doch wie die Grabbeigaben belegen, konnte sich beileibe nicht jedermann ein so kostbares Gut leisten, und man könnte beinahe den Eindruck gewinnen, das Schwert sei nur geschaffen worden, um die elitäre Oberschicht mit einem Statussymbol zu versehen. Ein Rangabzeichen, das damals Reichtum und bis in die jüngste Vergangenheit hinein auch Macht, Staatsgewalt und Gerichtsbarkeit symbolisierte. Wie aus den Funden ersichtlich ist, setzte sich in dieser Epoche – als dritte wirksame Waffe – neben Beil und Schwert auch die Lanze allmählich durch. Doch erschöpfen sich die Innovationen der mittleren Bronzezeit nicht allein in der Entwicklung neuer Waffen; sie umfaßten noch eine ganze Reihe von Dingen, die das Leben angenehmer machten. Von diesen Neuerungen dürften Messer und Sicheln am meisten dazu beigetragen haben, den Alltag der Menschen zu erleichtern. Rasiermesser und Pinzetten, für die es in der Steinzeit keine Vorläufer gegeben hat, waren ebenso Erfindungen der Bronzezeit wie Nieten und Nägel.

Eine noch immer nicht eindeutig zu umreißende archäologische Quelle stellen die schon in der Altsteinzeit vorkommenden, aber mit Beginn der Bronzezeit verstärkt in Erscheinung tretenden Deponierungen dar. Diese auch als Hort- oder Verwahrfunde bezeichnete Denkmalsgattung kann in zwei Gruppen gegliedert werden: Zur ersten kann man alle Deponierungen zählen, bei denen es sich um das Verstecken von Vermögenswerten handelt, die vor dem Zugriff Unbefugter in Sicherheit gebracht werden sollten, und zur zweiten Gruppe gehören alle Depotfunde, die aus kultischen Gründen niedergelegt worden waren. Natürlich ist es oft unmöglich, Hortfunde allein aufgrund ihrer Zusammensetzung der einen oder der anderen Gattung zuzuweisen. Dennoch sind Deponierungen mit kultischem Hintergrund häufig an der Fundstellentopographie zu erkennen. So ist beispielsweise die Niederlegung von Schmuck oder Waffen an Quellen, in Flüssen, Seen oder Mooren und anderen besonders exponierten Lagen im allgemeinen als kultische Handlung zu bewerten. Es gibt noch eine ganze Reihe weiterer typischer Orte für kultische Deponierungen, die in der Regel als Opfergaben angesehen werden.

Bereits gegen Ende der Frühbronzezeit wurde durch vereinzelt über den Gräbern aufgeschüttete Hügel der Übergang zur mittleren Bronzezeit eingeleitet, die von etwa 1600 bis 1300 v.Chr. dauerte. Größere Nekropolen, heute meist nur noch in den Wäldern anzutreffen, vermitteln dem Betrachter nicht nur eine romantische Sicht der vorgeschichtlichen Welt, sie suggerieren ihm auch das Bild einer kraftvollen, in sich geschlossenen Kultur von großer Einheitlichkeit. Doch durch die unter den Hügeln verborgenen Gräber werden die Konturen dieser Vision zuweilen verwischt, denn ein Grabhügel kann sich über allen nur denkbaren Bestattungsformen aufwölben. Als nahezu klassisches Beispiel sei hier ein Grabhügel von der Trasse des Rhein-Main-Donau-Kanals bei Dietfurt erwähnt, der 1979 untersucht wurde: Neben dem West-Ost ausgerichteten Skelett eines älteren Mannes wurden die Reste eines verbrannten jungen Menschen unbestimmten Geschlechts angetroffen. In dieser Leichenbrandschüttung fanden sich Teile von zwei Armbändern mit Spiralenden, die auf eine Frau hindeuten. Bernd Engelhardt kommentierte 1987 das Grab folgendermaßen: „Angesichts dieses Befundes etwa an eine Witwenverbrennung zu denken, ist sicher etwas vorschnell, doch nicht von der Hand zu weisen." Damals wurden die Toten vereinzelt bereits in Holzsärgen bestattet.

Nach neueren Erkenntnissen hatte nur die Oberschicht das Anrecht auf einen Grabhügel. Durch diese Tatsache wird bereits in der mittleren Bronzezeit eine deutliche soziale Differenzierung sichtbar. Gleichzeitig zeigt sich aber auch, wie gewaltig diese kleine Elite durch die aus Grabhügeln stammenden Funde überrepräsentiert wird, denn bis zum Zweiten Weltkrieg wurden Ausgrabungen hauptsächlich als Schatzsuche im Auftrag der Museen durchgeführt. So konnte bis zum Beginn des Ersten Weltkrieges beinahe jeder nach Lust und Laune Grabhügel öffnen. Den Ausgräbern ging es vor allem darum, die Funde mit möglichst wenig Aufwand zu heben, um sie dann Museen und Sammlern zum Kauf anzubieten. Dazu wurden die Hügel in der Regel von oben

BRONZEZEIT

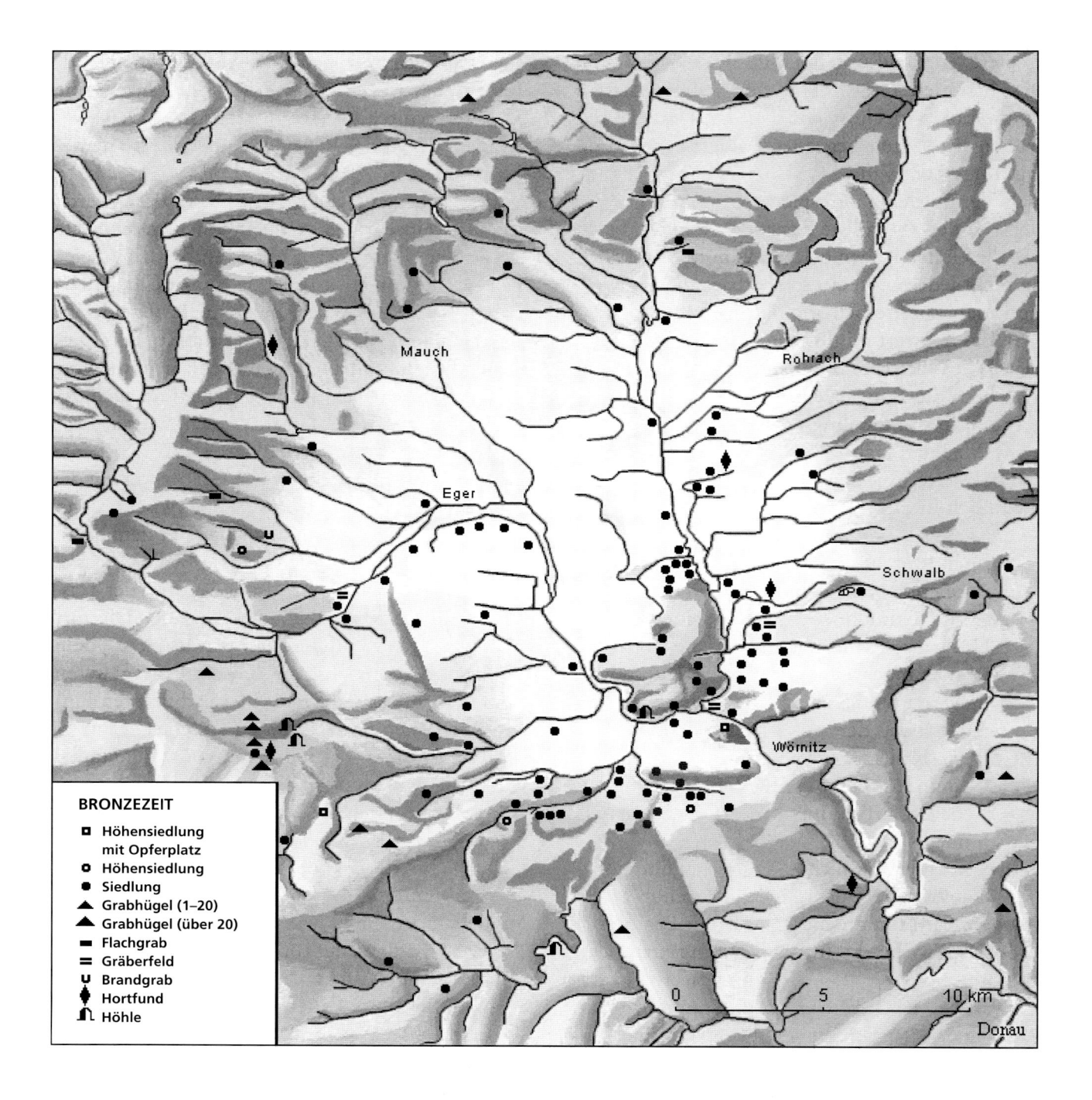

- ◻ Höhensiedlung mit Opferplatz
- ○ Höhensiedlung
- ● Siedlung
- ▲ Grabhügel (1–20)
- ▲ Grabhügel (über 20)
- ▬ Flachgrab
- ═ Gräberfeld
- U Brandgrab
- ♦ Hortfund
- ⋂ Höhle

her trichterförmig geöffnet. Die Archäologen nennen die so ganz und gar unsachgemäße Vorgehensweise „antrichtern". Im 19. Jahrhundert wurde auf diese Weise eine unschätzbare Zahl von Grabhügeln ausgeplündert. Deshalb steht heute eine große Menge von Grabbeigaben einer geringen Zahl von Siedlungsfunden gegenüber. In manchen Gebieten Bayerns beträgt das Verhältnis der beiden Fundgruppen 10 : 1.

Weil Grabfunde an und für sich nur wenig über die Lebensweise der Bevölkerung aussagen, trifft das erst recht auf ein Fundmaterial zu, das auf einer willkürlichen Auslese beruht, wie sie bis zum Weltkrieg I vorgenommen wurde. So war man also damals weit davon entfernt, ein zutreffendes Bild der bronzezeitlichen Gesellschaft entwerfen zu können. Das um so mehr, als man, wie sich erst in den letzten Jahrzehnten herausstellte, die Gräber breiter Bevölkerungsschichten noch gar nicht kannte. Das Letztere hat sich bis heute nicht geändert. Erst zu Beginn der fünfziger Jahre ging eine neue Generation von Wissenschaftlern daran, die Archäologie auf eine fortschrittlichere Grundlage zu stellen. Das führte zu einer Abkehr von der Schatzsuche in Gräbern und Palästen und zu einer verstärkten Hinwendung zur weniger spektakulären Siedlungsforschung. Für die neuen Zielsetzungen mußten aber erst bessere Grabungsmethoden entwickelt werden, mit denen man auch die unscheinbarsten Erdverfärbungen erkennen und die kleinsten organischen Reste gewinnen konnte. Doch selbst mit den modernsten Verfahren konnte in Bayern bisher nur ein einziger vollständiger Hausgrundriß aus der Hügelgräberbronzezeit freigelegt werden. Dabei handelt es sich um ein Gebäude von sechs mal vier Metern, das 1986 auf der Trasse des Rhein-Main-Donau-Kanals bei Thannhausen in der Oberpfalz aufgedeckt worden war und dessen tragende Elemente vier Dreierpfostenreihen bildeten. Die Wände waren - wie schon im Altneolithikum - aus lehmverstrichenem Flechtwerk. Dieser einfache Haustyp sollte mit geringfügigen Abwandlungen bis in die historische Zeit hinein überleben. Noch ist nicht geklärt, ob der Mangel an Gebäudespuren eventuell auf eine Leicht- bzw. Blockbauweise zurückzuführen ist, wie sie offensichtlich auch im Endneolithikum üblich war, oder ob andere, unbekannte Gründe dafür verantwortlich sind.

Seit dem Beginn des Endneolithikums kann neben dem veränderten Siedlungsverhalten auch eine andere Wirtschaftsweise der Bevölkerung beobachtet werden. Lag der Schwerpunkt früher beim Ackerbau, gewann nun die Viehzucht offenbar immer größere Bedeutung. Das Abweichen von der uralten Tradition der Ackerbauern darf jedoch nicht als partielle Abkehr von der herkömmlichen Wirtschaftsweise gesehen werden, sondern eher als eine Ausweitung des Wirtschaftsraumes in bisher nicht genutzte Landstriche mit Böden geringer Ertragsfähigkeit. Die Gründe dafür liegen zum einen wohl bei der ständig wachsenden Bevölkerung und zum anderen in einer Verschlechterung des Klimas, denn das Atlantikum mit seinen um etwa drei Grad über dem heutigen Durchschnittswert liegenden Temperaturen war ungefähr 3000 v.Chr., als die Chamer Kultur gerade Konturen angenommen hatte, zu Ende gegangen. Seitdem war es im großen und ganzen kühler und eher noch feuchter geworden, was wiederum schlechtere Ernten zur Folge haben mußte und für Unruhe sorgte.

Noch im Jahre 1983 beklagte Rolf Dehn in seinem Vorwort zur Materialvorlage *Hügelgräberbronzezeit und Urnenfelderkultur im Nördlinger Ries* von Sigrid Ludwig-Lukanow die geringe Zahl der im Becken selbst gelegenen mittelbronzezeitlichen Siedlungen. Die Autorin hat für ihre Dissertation, die auf dem Forschungsstand von 1967 beruht, 21 Siedlungen, 27 Körper- und 19 Brandgräber sowie ein Depot ausgewertet. In dieser Zahl sind mit Rollenberg, Weiherberg, Goldberg, Ipf und Mögginger Burgberg fünf Höhensiedlungen enthalten. Diese 21 Siedlungen konnten in der Tat dem Ruf

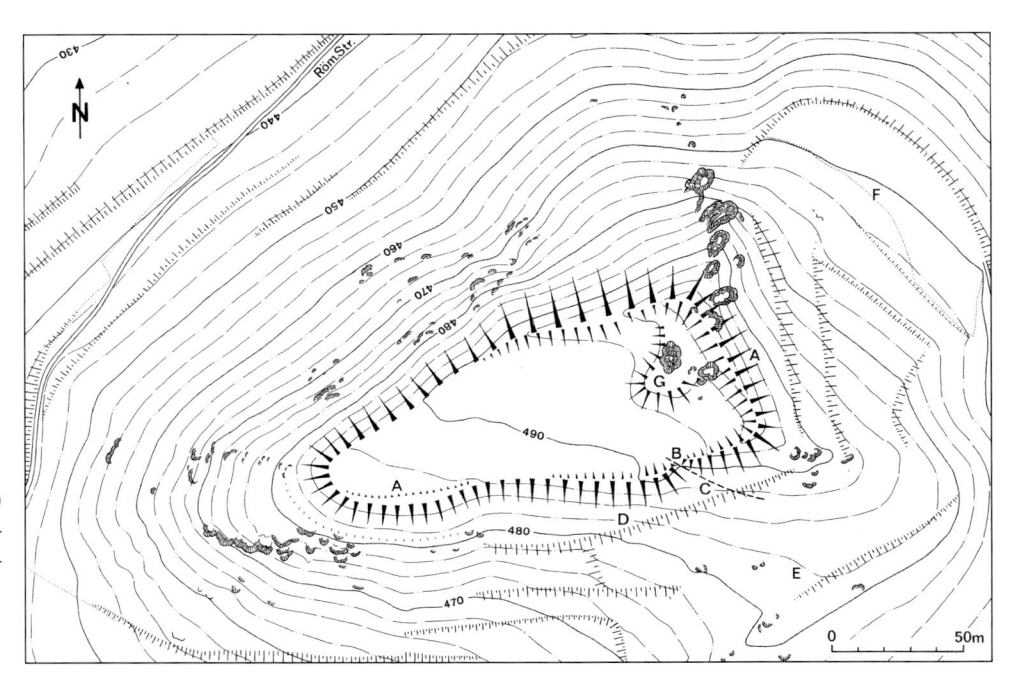

Ringwall mit Opferplatz (G) am Rollenberg bei Hoppingen. Topographische Aufnahme M. Kirmaier, LfD. (Nach G. Krahe).

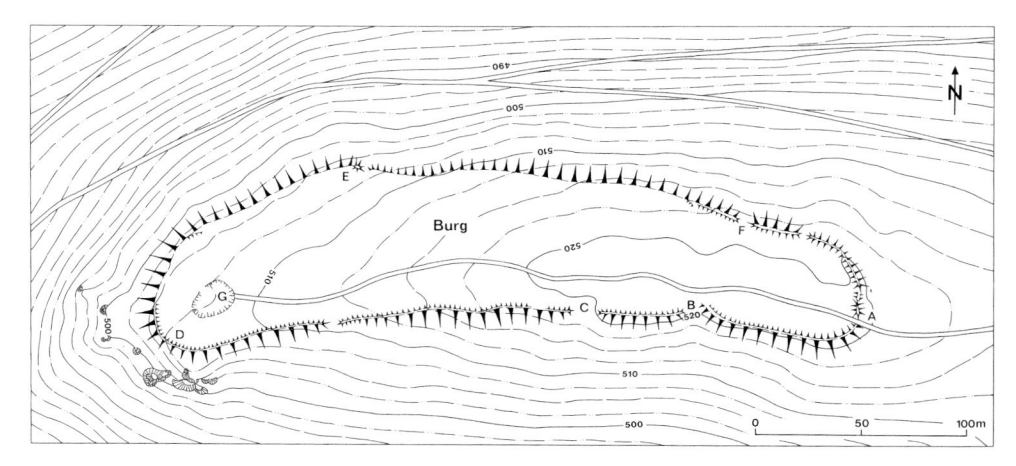

Ringwall auf der „Burg" bei Harburg-Möggingen. Topographische Aufnahme E. Ixmeier, LfD. (Nach G. Krahe 1979).

des Rieses als herausragendem vorgeschichtlichen Siedlungsraum nicht gerecht werden. H. Frei kam 1979 auf insgesamt 30 Siedlungen, weil in diese Publikation bereits die ersten Ergebnisse der Geländeprospektion eingeflossen sind.

Der frühere Forschungsstand gab oft Anlaß zu spekulativen Äußerungen und Mutmaßungen über das Siedlungsverhalten des bronzezeitlichen Menschen, der anscheinend, so dachte man jedenfalls, das Innere des Beckens gemieden hatte. Auch S. Ludwig-Lukanow schrieb noch 1979,[3] allerdings in einem anderen Zusammenhang: „Der in der Hügelgräberbronzezeit fast unbesiedelte südliche und südöstliche Teil des Rieses..." Aufgrund der nunmehr großen Zahl von Fundstellen infolge der intensiven Begehungen zeichnet sich jedoch inzwischen gerade in den von der Autorin angesprochenen Teilen eine sehr dichte bronzezeitliche Besiedlung mit mehr als 40 Fundstellen ab. Dagegen konnte die Feststellung der Archäologin, daß: „...die Vorstellungen über die Siedlungsweise der Hügelgräberbronzezeit revidiert werden müssen: offensichtlich hat die Bevölkerung der Hügelgräberbronzezeit die für den Ackerbau geeigneten Flächen nicht gemieden, sondern sowohl auf den unfruchtbaren Höhen als auch auf oder in unmittelbarer Nähe der am Fuße des Albrandes gelegenen fruchtbaren Lößböden gesiedelt", durch die Ergebnisse der Riesbegehungen weitgehend bestätigt werden.

Den 21 Siedlungen von 1970 standen 1994 108 bronzezeitliche Siedlungen, davon wiederum fünf Höhensiedlungen, gegenüber. Das bedeutet eine Steigerung der Siedlungen infolge der Begehungen um 414 Prozent. Damit ist auch das Renommee dieser Fundlandschaft wieder hergestellt. Mit dem Ochsenberg ist eine weitere Höhensiedlung dazugekommen. Die Zahl der Grabhügel, Höhlen- und Depotfunde blieb unverändert. Knapp acht Prozent der Fundstellen entfallen auf die frühe Bronzezeit, die von S. Ludwig-Lukanow nicht berücksichtigt wurde. Da aufgrund der Begehungssystematik eine Verzerrung des Fundbildes durch subjektive Einflüsse weitgehend vermieden wird, kann man nun ein genaueres Bild der bronzezeitlichen Besiedlung zeichnen.

Ganz allgemein läßt sich zunächst einmal feststellen, daß die Fundstellenverteilung im Rahmen des vorgestellten Schemas liegt, doch fließen die einzelnen Schwerpunkte nicht flächenhaft auseinander; sie bilden eher lineare Strukturen, durch welche die wichtigsten Landschaftselemente aus dem Kartenbild herausgehoben werden: die zu allen Zeiten am dichtesten besiedelte südliche Randzone, die Wörnitz von Harburg-Hoppingen bis Holzkirchen, die Eger zwischen Nähermemmingen und Deiningen sowie die Ostflanke der Hügel von Niederaltheim bis Nördlingen. Dabei fällt auf, daß sich auch im Inneren des Beckens viele Siedlungen an die Flanken der Berge anlehnen. So ist vor allem der Wennenberg von einem Kranz bronze- und urnenfelderzeitlicher Fundstellen umgeben. Etwa 20 Prozent der bronzezeitlichen Fundstellen im Rieskessel liegen auf Löß- und viele andere auf guten Lehmböden. Unbesiedelt waren eigentlich nur die schweren Tonböden im nördlichen Teil des Beckens. Damit ist auch die These endgültig widerlegt, daß in dieser vorgeschichtlichen Epoche vorwiegend die schlechteren Böden der Randzone besiedelt gewesen wären.

Wie S. Ludwig-Lukanow bei der Materialanalyse außerdem herausgefunden hat, stammen die ältesten Metallfunde der mittleren Bronzezeit aus der Oberpfalz und dem südbayerischen Raum. Sie vermutet deshalb, daß die Entwicklung im Ries von dorther beeinflußt wurde. Auch über das Ende der Hügelgräberzeit hat die Archäologin ein interessantes Detail entdeckt, denn im Gegensatz zu den anderen Gebieten Süddeutschlands soll im Ries die Hügelgräberbronzezeit erst in der Spätstufe Bz D zur höchsten Blüte gelangt sein, während damals in der Münchner Gegend bereits Urnenfelder belegt wurden.

Eine neue Religion – die Urnenfelderkultur

In dem anscheinend unvermittelt auftretenden Wechsel des Grabbrauchs von der Körper- zur Brandbestattung hat man noch vor gar nicht so langer Zeit ein Indiz für tiefgreifende krisenhafte Veränderungen mit kriegerischen Auseinandersetzungen und einer großen Völkerwanderung gesehen. Diese Wanderungstheorie ging auf eine Beobachtung Alfred Götzes zurück, der unter den Funden von Troja VII eine in Material und Verzierung an die Lausitzer Kultur erinnernde Buckelkeramik entdeckte. Als er der Sache nachging, fand er in den großen Museen Südosteuropas, aber auch in Prag und Wien eine ähnliche Keramik. Götze war ein scharfer Beobachter, doch ein Mann der Feder war er nicht. Wieder zurück in Berlin, berichtete er seinem Kollegen Kossinna mündlich von seinen Beobachtungen, der daraus eine Theorie über die große Wanderung des Urnenfeldervolkes entwickelte.[4]

Inzwischen gehören solche Ansichten der Vergangenheit an. Es konnte nämlich nachgewiesen werden, daß der Übergang von der Körper- zur Brandbestattung in der späten Bronzezeit fließend vor sich ging. In Bayern haben sich die Brandgräber offenbar von Süden nach Norden ausgebreitet.

Die chronologische Gliederung der süddeutschen Urnenfelderkultur in die Stufen Bz D, Ha A und Ha B ist forschungsgeschichtlich bedingt und ein gutes Beispiel dafür, wie durch die Terminologie ein verhältnismäßig einfacher Sachverhalt kompliziert gestaltet werden kann, und das kam so: Als P. Reinecke vor rund hundert Jahren sein Chronologiesystem ausarbeitete, gliederte er die metallzeitlichen Kulturen jeweils in die vier Stufen A, B, C und D. Um die Symmetrie des Systems nicht zu stören, bezog er die Urnenfel-

Urnenfelderzeitliches Trinkservice mit zwei Goldbechern von Unterglauheim.

URNENFELDERKULTUR

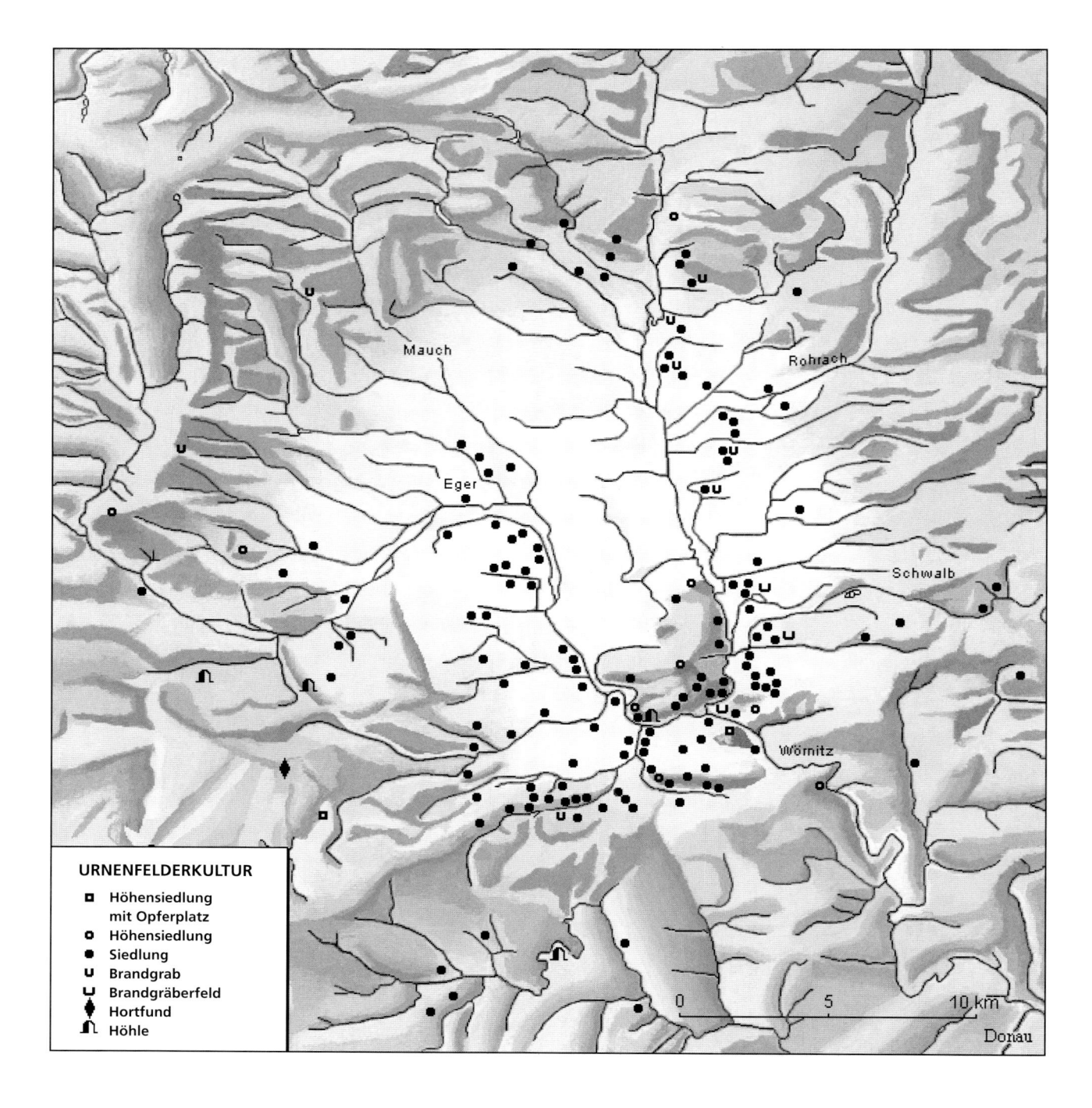

- ▫ Höhensiedlung mit Opferplatz
- ○ Höhensiedlung
- ● Siedlung
- ᑌ Brandgrab
- ᑌ Brandgräberfeld
- ▼ Hortfund
- ⋂ Höhle

derkultur als die Stufen Ha A und Ha B mit in die Hallstattzeit ein, obwohl es sich dabei eigentlich um spätbronzezeitliche Stufen handelte. Dennoch wurde dieses Schema von den meisten Archäologen akzeptiert und ist in seinen Grundzügen heute noch gültig. Doch im Laufe der Zeit erkannten immer mehr Vorgeschichtler, daß der Kulturumbruch bereits in der Stufe Bz D erfolgt war und bezeichneten diese nun als frühe Urnenfelderkultur, während sie andere Archäologen weiterhin im Sinne Reineckes als späte Bronzezeit auffassen. In letzter Zeit bezeichnen immer mehr Autoren die Urnenfelderkultur als „Späte Bronzezeit", und es wäre zu begrüßen, wenn diese Bezeichnung eine breite Akzeptanz finden würde.

Die unterschiedlichen Auffassungen mögen zum Teil auf ein regionales Auseinanderdriften des Fundstoffes und der Grabsitten zurückgehen; auf lokaler Ebene scheint ein Festhalten an der Stufe Bz D im Sinne Reineckes nicht immer unberechtigt zu sein. So kannte man zwar auch im Ries seit dem Beginn der späten Bronzezeit die Brandbestattung, doch erfolgte die Beisetzung der Urnen weiterhin unter Grabhügeln. Erst in der

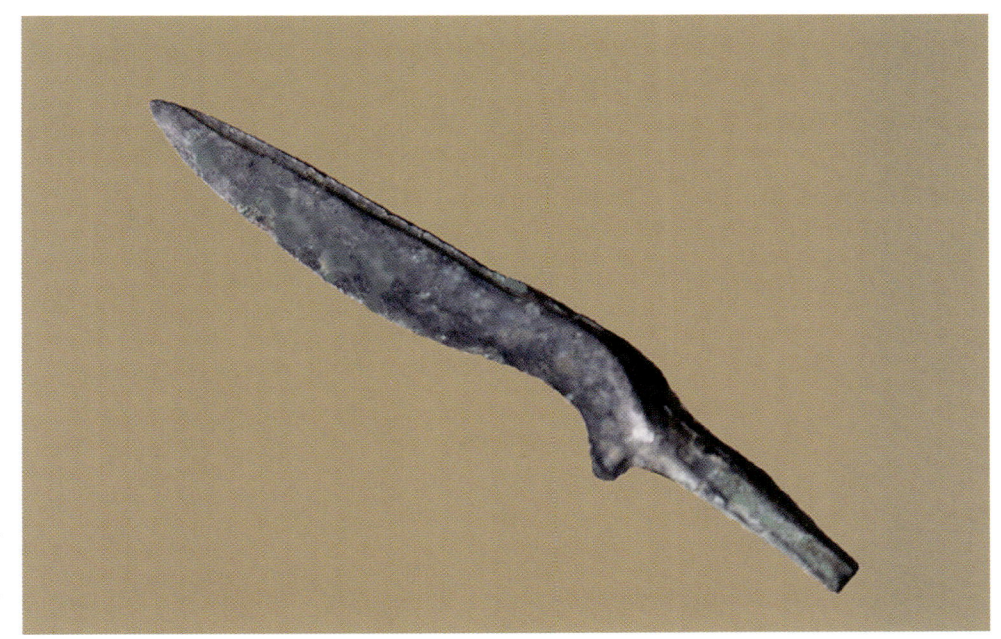

Urnenfelderzeitliches Bronzemesser von Deiningen. Gesamtlänge: 15 Zentimeter.

Urnenfelderzeitliche Keramik von Harburg-Heroldingen.

Stufe Ha A wurde die Urnenbestattung in Flachgräbern auch im Ries allgemein üblich. Nach S. Ludwig-Lukanow war die Urnenfelderkultur in der Stufe Ha1 im Ries nur schwach ausgeprägt und sei erst in der mittleren und jüngeren Phase zur vollen Entfaltung gekommen.

Die Urne gilt als Symbol einer etwa von 1300–780 v.Chr. dauernden Epoche, in der die Toten auf dem Scheiterhaufen verbrannt und die verbliebenen Resten mit der Asche in Flachgräbern beigesetzt wurden. Daraus sollte man allerdings nicht schließen, es sei der alleinige Zweck der Urne gewesen, den Leichenbrand zur Bestattung aufzunehmen, denn sie war das häufigste Gefäß dieser Kultur und auch die Leitform der Siedlungskeramik. Die Urne der mittleren Phase hatte sehr häufig eine gedrückte, doppelkonische Form mit Zylinderhals und mehrmals abgefastem Rand. Die Schulter war oft mit breiten Horizontalriefen – manchmal in Girlandenform – verziert. Aufgrund der Fundsituation interpretiert S. Ludwig-Lukanow die mittlere Urnenfelderkultur im Ries folgendermaßen: „Während die Bronzen auf südlichen und südwestlichen Import oder auf Wanderhandwerk schließen lassen, darf für die Keramik eine eigenständige und weitgehend unabhängige Produktion vermutet werden. Sie läßt nur schlecht Vergleiche mit anderen Gebieten zu und steht lediglich in lockerem Zusammenhang mit der Alb und Oberschwaben".[5] Über die bestehenden Verhältnisse am Ende der Urnenfelderkultur schreibt die Archäologin: „In der letzten Stufe der Urnenfelderzeit zeigt sich deutlich, daß die Bevölkerung des Rieses nicht auf bestimmte Kulturzentren ausgerichtet ist, sondern sich wahlweise orientiert; es lassen sich sowohl Einflüsse von den Bewohnern des Schweizer Mittellandes, für die bemalte Keramik charakteristisch ist, und der Gruppe Ihringen-Gündlingen als auch solche der Bevölkerung in Südbayern feststellen, die graphitierte Keramik herstellte. Aus dem Südwesten sind die rote Gefäßbemalung und die abgestrichenen Trichterränder, aus dem südostbayerischen Raum die Flächengraphitierung und die mehrfache Randkannelur entlehnt."

Obwohl der Übergang von der Bronzezeit zur Urnenfelderkultur auch im Ries eher gleitend erfolgte, ist auf der Fundkarte einerseits die Verlagerung der Siedlungen zu den Lößflächen hin deutlich zu erkennen, andererseits entsteht jedoch an der lößfreien Wörnitzlinie erstmals eine lockere Folge von Fundstellen, die sich vom südlichen bis zum nördlichen Riesrand zieht, während das westliche Ries nur eine dünne Besiedlung aufweist. Die geringe Funddichte im Westen ist um so erstaunlicher, als die Zahl der Fundplätze gegenüber der Bronzezeit insgesamt um knapp 40 Prozent zugenommen hat.

Kartäusertal und Weiherberg (Bildmitte).

Hinsichtlich der urnenfelderzeitlichen Burgen gehen die Meinungen der Autoren auseinander. Mit einiger Wahrscheinlichkeit hat es im Ries mit Goldberg, Ipf, Weiherberg, Rollenberg, Heroldinger Burg, Wennenberg, Unholderbuck, Steinberg, Adlersberg und Schloßberg Lierheim zehn Höhensiedlungen gegeben, wobei letztere etwas fraglich erscheint. Auch vom Reimlinger Berg stammen einige Scherben. Befestigt dürften allerdings nur Weiherberg, Ipf und Rollenberg gewesen sein. Bei den Ausgrabungen zur Erforschung der ältesten bandkeramischen Besiedlung Mitteleuropas wurde 1986 auf dem Dorfberg in Kleinsorheim auch ein urnenfelderzeitlicher Hausgrundriß aufgedeckt,[6] der eine weitere Höhensiedlung belegt, doch befand sich diese nicht in einer besonders ausgeprägten Schutzlage, was wohl auch für die betreffenden Spuren auf dem Schloßberg in Lierheim zutrifft.

Das urnenfelderzeitliche Material stammt von insgesamt 29 Siedlungen und mindestens 22 Gräbern, deren genaue Zahl sich jedoch nicht ermitteln läßt. Im Zuge der Begehungen konnte die Zahl der Fundstellen, die aufgrund ihrer topographischen Lage, ihres Erscheinungsbildes und der Funde als Siedlungen zu werten sind, auf 155 gesteigert werden. Das bedeutet eine Steigerung um knapp 434 Prozent. Die Zahl der Gräber ließ sich allerdings nur geringfügig erhöhen. Sowohl aus der Bronze- als auch aus der Urnenfelderzeit stammen einige Höhlenfundstellen, bei denen es sich kaum um reguläre Siedlungen gehandelt haben dürfte. Soweit die Funde nicht eindeutig mit Kulthandlungen in Zusammenhang gebracht werden können, wie im Hohlenstein und in Hanseles Hohl, stellen sie offensichtlich Belege für die kurzfristige Benutzung der einzelnen Höhlen als Unterschlupf oder Versteck dar und werden deshalb nicht für statistische Zwecke herangezogen.

Wie bereits erwähnt, verstärkte sich in dieser Zeit auch im Ries der Trend zur Besiedlung der Lößböden, doch dürfte die Kontinuität größer gewesen sein, als allgemein angenommen wird. Damals hat es nämlich im Vorries ebensoviele Fundstellen gegeben wie in der Bronzezeit, und

Schloß Lierheim.

auch auf den sandigen Böden im Ostries halten sich die Fundstellen beider Kulturen in etwa die Waage, während wir aus der Urnenfelderkultur doppelt soviele Höhensiedlungen kennen als aus der Bronzezeit. Selbst wenn für die Anlage der zehn Höhensiedlungen ein gewisses Schutzbedürfnis ausschlaggebend war und nicht die Bonität der Böden, kann keine Rede davon sein, daß die Träger der Urnenfelderkultur nur auf Löß- und anderen hochwertigen Böden gesiedelt hätten, zumindest nicht im Ries. Wie uns ein Blick auf die Fundkarte verrät, zieht sich die bedeutendste urnenfelderzeitliche Fundstellenkonzentration – überwiegend abseits der Lößflächen – am südlichen Riesrand von Hohenaltheim nach Nordosten und endet am Bokusbach bei Rudelstetten.

Ganz im Gegensatz zur Hügelgräberbronzezeit liegen aus der Urnenfelderzeit verhältnismäßig viele Hausgrundrisse vor, die aber häufig sehr klein sind und deshalb besser als Hütten angesprochen werden müssen. In einer auf der Trasse des Rhein-Main-Donau-Kanals bei Dietfurt aufgedeckten Siedlung waren die kleinsten Häuser nur drei Meter breit sowie fünf Meter lang und meistens einschiffige Sechspfostenbauten, während die größeren Häuser meistens zwei Schiffe hatten.

Neben dem offensichtlich unvollständigen Hausgrundriß von 1986 in Kleinsorheim kamen 1989 bei Ausgrabungen des Landesdenkmalamtes Baden-Württemberg auf dem neuen Sportplatzgelände in Riesbürg-Pflaumloch insgesamt 17 Pfostenbauten recht unterschiedlicher Form und Größe zum Vorschein. Dabei zeichnete sich auf der untersuchten Fläche eine lockere Bebauung durch einige Häusergruppen ab. Ein ebenfalls aufgedeckter Palisadengraben gehört wahrscheinlich nicht zu dieser älteren urnenfelderzeitlichen Siedlung. Aus dem Rahmen des Üblichen fällt eine einschiffige Halle mit einer Grundfläche von 22 mal 7,5 Metern.[7] Ähnliche, doch in der Regel zweischiffige Gebäude von beträchtlicher Länge und mitunter leicht gebauchten Wänden, wie wir sie aus dem Mittelneolithikum kennen, kamen in den letzten Jahren bei mehreren Ausgrabungen in Bayern zutage.[8] Soweit eine Altersbestimmung möglich war, stammten sie aus der frühen Urnenfelderkultur (Bz D). Auch in Bopfingen-Flochberg wurde inmitten eines latènezeitlichen Siedlungsareals ein solcher Bau nachgewiesen, der zwar nicht datiert ist, aber aufgrund der typischen Form des 33 Meter langen Pfostenhauses dennoch aus der frühen Urnenfelderkultur stammen könnte.[9]

Neben vielen kleinen Siedlungen gab es auch größere, mitunter sogar sehr große Dörfer. Eine ausgedehnte urnenfelderzeitliche Siedlung konnte auch in der Deininger Flur „Am Bach" lokalisiert werden, die insgesamt etwa 1000 Meter lang und 200 Meter breit ist. Für eine Art „Verwaltungssitz" kommen im Ries allerdings nur wenige urnenfelderzeitliche Höhensiedlungen in Frage. Hausgrundrisse konnten bisher nur zweimal nachgewiesen werden und zwar je einer auf dem Steinberg bei Appetshofen und der auf dem Dorfberg in Kleinsorheim, die sich aber weder durch Größe noch durch andere Attribute auszeichnen. Auch sonst erwecken die beiden Siedlungen nicht gerade den Eindruck, daß es sich bei ihnen um zentrale Orte gehandelt haben könnte. Vom Goldberg liegen aus dieser Zeit keine Befunde und nur wenige Funde vor. Rollen- und Weiherberg waren erwiesenermaßen Brandopferplätze. Die meisten anderen Höhensiedlungen sind entweder zu klein oder zu fundarm, um als herausgehobene Orte in Betracht kommen zu können. So wird der Kreis letztlich auf die Heroldinger Burg und den Ipf eingeengt; von den beiden Höhen dürfte der imposante Zeugenberg an der Sechta für eine solche Funktion geradezu prädestiniert gewesen sein. Die ältesten Befestigungen auf dem Berg stammen wahrscheinlich aus der Urnenfelderzeit, und wie die vielen in diese Epoche gehörenden Funde belegen, hat der Ipf damals tatsächlich eine herausragende Rolle im Ries gespielt. Allerdings liegen von der Heroldinger Burg ebenfalls Scherben aus dieser Zeit vor.

Die gegen Ende der Urnenfelderkultur zu beobachtende Zunahme der Höhensiedlungen und Burgen, verbunden mit einem verstärkten Aufsuchen der Höhlen und dem Anlegen von Depots, was im Ries mit dem späturnenfelderzeitlichen Fund von Nördlingen zum Ausdruck kommt, sowie ein erneuter Wandel in den religiösen Vorstellungen, der in dieser Zeit zu einer Renaissance des Grabhügels führte, lassen auf unruhige Zeiten schließen. Andererseits gibt es an manchen Orten Süddeutschlands Beweise für eine Siedlungskontinuität von der Bronze- bis in die Latènezeit.

Hallstatt im Salzkammergut

Wie Schwalbennester kleben manche Häuser des malerischen Ortes am steilen Hang über dem See. Dem Salzbergbau verdankt die Marktgemeinde ihre Existenz und indirekt auch ihren Ruhm. Vermutlich wurde in dem Hochtal über dem Ort schon vor mehr als dreitausend Jahren Salz gefördert. Sicher belegt ist es allerdings erst seit der frühen Eisenzeit, die nach den Funden des ebenfalls im Hochtal gelegenen Gräberfeldes Hallstattzeit genannt wird. Aufsehen erregten allerdings nur die Gräber der reichen und mächtigen Herren sowie deren Gefolge. Die kleinen Leute wurden – wie man erst seit kurzem aus Befunden im Ries und anderswo erschließen kann – offensichtlich abseits in unscheinbaren, meist beigabenlosen Brandgräbern verscharrt, die oft kaum als solche zu erkennen sind. Bild : F. Janu.

11. Die frühe Eisenzeit

Die frühe Eisen- oder Hallstattzeit war in der Urnenfelderkultur verwurzelt und von der Champagne bis nach Ungarn verbreitet. Aufgrund gewisser Unterschiede in der Bewaffnung – so trat beispielsweise im östlichen Bereich der Kultur das Streitbeil an die Stelle des Schwertes – spricht der Archäologe von einem West- und einem Osthallstattkreis. Bayern gehörte zwar noch zum westlichen Kreis, doch machten sich zuweilen auch östliche Einflüsse bemerkbar.

Grabhügel und Burgen haben der hallstattzeitlichen Siedlungslandschaft ein charakteristisches Gepräge verliehen, das inzwischen weitgehend verschwunden ist. Die Mauern der Burgen sind schon längst zerfallen, und die Grabhügel wurden durch Ackerbau, Grabraub und Baumaßnahmen dezimiert. Obwohl nur ein kleiner Teil der Funde in die Museen gelangte, bersten die Magazine infolge der großen Menge eingelagerter hallstattzeitlicher Grabkeramik. Dennoch ist es bis heute nicht gelungen, Kriterien herauszuarbeiten, die es erlauben würden, eine Feinabstufung der frühen Eisenzeit allein anhand der Keramik vorzunehmen.

Die charakteristische Keramikform der Hallstattzeit war das bauchige Kegelhalsgefäß mit kleiner Standfläche und – vor allem in der älteren Stufe – hochgezogener Schulter. Daneben gab es noch eine Vielzahl von Töpfen, Tassen, Schüsseln, Schalen und Tellern, die im westlichen Kulturkreis häufig mit Stempeleindrücken und geometrischen Mustern verziert waren. Und etwa 4000 Jahre nach der ersten bemalten mitteleuropäischen Keramik in Südmähren und Niederösterreich ging man in der Hallstattzeit in großem Stil wieder daran, die Töpferware wahlweise mit schwarzer, weißer oder roter Farbe und manchmal auch mit Graphit zu bemalen.

Das vorgeschichtliche Hallstatt lag in dem engen Salzbergtal 450 Meter über dem See. Dort befanden sich auch die in der Regel reich ausgestatteten Gräber, von denen zwar über 2000 geöffnet, aber nur etwas mehr als die Hälfte richtig untersucht und inventarisiert wurde. In etwa einem Viertel der untersuchten Gräber gehörten zu den erlesenen Beigaben auch Waffen, die fast ausnahmslos aus Brandgräbern stammten. In den Gräbern der älteren Hallstattzeit fand man u.a. Schwerter und Gewandnadeln, während die jüngeren Gräber durch Dolche und Fibeln gekennzeichnet waren. Neben den kostbaren Grabbeigaben kommen die aus den Stollen des prähistorischen Salzbergwerkes stammenden Funde natürlich nur ungenügend zur Geltung, obwohl sie in mancher Hinsicht ebenso aufschlußreich sind wie jene. Das betrifft vor allem die Bekleidung und Ausrüstung der Bergleute.

Wie aus der Gesamtheit der Grabbeigaben im Verbreitungsgebiet dieser Kultur hervorgeht, waren Pferd und Wagen Statussymbole der hallstattzeitlichen Herren. Über die Entstehung der aristokratischen Oberschicht wissen wir freilich nicht viel, doch eines ist klar: Durch die Grabfunde aus der älteren Hallstattzeit (Ha C) wird eine elitäre, wohl weitgehend berittene Kriegerkaste repräsentiert, deren Kultobjekt das Pferd war. Dieser Pferdekult hatte seinen Usprung im Südosten.

Um 800 v.Chr. fielen kimmerische Reiterscharen aus der südrussischen Steppe in Thrakien ein, setzten sich an der unteren Donau fest und führten von dort aus häufig große Raubzüge durch. Wie weit sie dabei nach Westen vordrangen, ist nicht bekannt. Die Forscher sind sich aber weitgehend darin einig, daß die frühhallstattzeitliche, berittene Kriegerkaste aus Kontakten mit dem thrakisch-kimmerischen Reitervolk hervorgegangen ist. Wie diese Kontakte aussahen, liegt noch immer im dunkeln. Ob der kulturelle Umbruch lediglich auf die Nachahmung östlicher Lebensart durch die hallstattzeitliche Oberschicht zurückzuführen war oder eher von fremden ethnischen Gruppen eingeleitet wurde, die in das urnenfelderzeitliche Mitteleuropa eingedrungen waren, bedarf auch noch der Klärung.

Die Unruhe am Ende der Urnenfelderzeit, das plötzliche Auftreten des Pferdekultes und die Tatsache, daß an manchen Fundstellen die späte Urnenfelderkultur etwas unvermittelt in die Hallstattstufe D übergeht, haben die Vermutung aufkommen lassen, bei Hallstatt C könnte es sich eventuell nicht um eine richtige Zeitstufe, sondern eher um eine archäologische Stufe handeln, durch welche nur die – vielleicht neue und fremde – Oberschicht einer noch urnenfelderzeitlich geprägten Gesellschaft erfaßt wird.[1]

Den Ostkontakten ist es wohl auch zu verdanken, daß seit Beginn des 8. vorchristlichen Jahrhunderts in Mitteleuropa Waffen und Geräte aus Eisen verstärkt Eingang fanden. Lange Zeit hatte

Hallstattzeitliche Keramik von Wemding.

das indogermanische Volk der Hethiter das Geheimnis der Eisengewinnung für sich bewahren können. Erst nachdem ihr Reich, dessen Kerngebiet in Ostanatolien lag und das neben Babylon und Ägypten zu den mächtigsten in der Levante gehörte, gegen Ende des 13. Jahrhunderts v.Chr. untergegangen war, konnte sich die Technologie der Eisenerzverhüttung ausbreiten und drang dabei auch langsam nach Europa vor. Ein wesentlicher Faktor für den Siegeszug des Eisens war die weite Verbreitung der leichter zu gewinnenden Erze. Die wichtigste Rolle in diesem Prozeß spielte zweifellos die große Überlegenheit der Erzeugnisse aus Eisen gegenüber jenen der Bronzezeit.

Auf der Schwäbisch-Fränkischen Alb wurden hauptsächlich Bohnerze verhüttet, während in anderen süddeutschen Gebieten auch Raseneisenerze in Frage kamen. Die Verhüttung erfolgte in einfachen Rennfeueröfen, die man vermutlich aus den Töpferöfen entwickelt hatte. Das Produkt des Schmelzprozesses war die Eisenluppe, zu deren Entnahme der Ofen in der Regel aufgebrochen werden mußte. Weil die Luppe noch viele Verunreinigungen in Form von Schlacken enthielt, mußte sie immer wieder im Feuer erhitzt und solange umgeschmiedet werden, bis man schließlich brauchbares Eisen erhielt. Wenn es vom Hersteller nicht selbst weiterverarbeitet wurde, kam es dann, vor allem in der Latènezeit, meistens in Form von Doppelspitzbarren in den Handel.

Nach dem Beginn der späten Hallstattzeit um 600 v.Chr. spiegeln sich im archäologischen Befund gesellschaftliche Veränderungen wider, die auf eine differenziertere soziale Schichtung, verbunden mit einer zunehmenden Machtfülle in den Händen einzelner, sehr reicher Familien schließen lassen. Von der Macht und dem Glanz der späthallstattzeitlichen Fürsten zeugen vor allem wieder die Gräber der zu den Burgen gehörenden Nekropolen. In einer Grabkammer aus Holz, über der man Hügel aufschüttete, die in Ausnahmefällen Durchmesser bis zu 60 Metern und eine Höhe von zehn Metern aufweisen konnten, wurde der Tote mit all dem Luxus beigesetzt, der ihn zu Lebzeiten umgeben hatte und der auch im Goldschmuck zum Ausdruck kam. An die Stelle des Schwertes trat in der späten Hallstattzeit der Dolch, der als Waffe jedoch kaum zu gebrauchen war und in erster Linie ein Standessymbol des Adels darstellte. Die Kampfkraft der späthallstattzeitlichen Krieger beruhte hauptsächlich auf den Wurf- und Stoßlanzen.

Wegen seiner pompösen Ausstattung, zu der auch ein Prunkwagen gehörte, erregte vor mehreren Jahren ein Fürstengrab, das bei Hochdorf im Landkreis Ludwigsburg von Jörg Biel ausgegraben wurde, großes Aufsehen.[2] Solche Gräber sind verständlicherweise sehr selten; etwas häufiger stößt man indessen auf einfacher ausgestattete Wagengräber, wie sie beispielsweise durch das Grab von Belzheim im Nordries repräsentiert werden. Eine Sonderstellung unter den hallstattzeitlichen Wagengräbern nahm in der Wehringer Flur Hexenbergle, etwa 10 Kilometer südlich von Augsburg gelegen, ein.[3] Nach H. Hennig wurde es nämlich anhand einiger Holzreste von der Grabkammer dendrochronologisch in das Jahr 778 v. Chr. datiert und stellt bislang das älteste Grab dieser Art in Mitteleuropa dar. Deshalb ist es auch nicht weiter verwunderlich, wenn die Grabbeigaben noch weitgehend mit denen der Urnenfelderkultur identisch waren[4].

Der weitaus größte Teil der Grabhügel enthält jedoch keinen Wagen. Dieser, und auch die Pferdegeschirre, gehörten ganz offenkundig zu den Privilegien der Oberschicht. Wie an den Funden unschwer zu erkennen ist, war die Grabausstattung von der Stellung des Toten in der Stammeshierarchie abhängig. Die an und für sich nur schwer durchschaubaren Grabsitten der frühen Eisenzeit – neben dem Hügel- kannte man auch das Flachgrab, und zur selben Zeit waren damals sowohl Körper- als auch Brandbestattungen üblich – wurden durch die vielfältigen sozialen Abstufungen noch komplizierter. Der freie Bauer oder Hofbesitzer scheint in der Hierarchie der letzte gewesen zu sein, der Anspruch auf einen Grabhügel hatte, was nach ihm rangierte, wurde entweder am Rande oder zwischen den Hügeln bestattet, und die Gräber der untersten sozialen Schicht waren für die Archäologie bis vor kurzem noch gar nicht faßbar.

Erst in den letzten Jahren stieß man bei großflächigen Ausgrabungen u.a. auch auf unscheinbare, oft nur schwer erkennbare Brandgräber der Hallstattzeit, die in der Regel sehr bescheiden ausgestattet waren und häufig gar keine Beigaben enthielten. So kamen auch bei den Rettungsgrabungen des Bayerischen Landesamtes auf dem Gelände der Mülldeponie in Nördlingen-Kleinerdlingen 12 solcher Gräber zum Vorschein.[5] Auch bei den Ausgrabungen im Industriegebiet Bopfingen-Trochtelfingen konnten am Rande eines Friedhofes ebenfalls mehrere Gräber der gleichen Art freigelegt werden, die erstmals einen tieferen Einblick in die Grabbräuche der Hallstattzeit ermöglichten. Aufgrund dieser Befunde ist zu befürchten, daß schon viele der unauffälligen Brandgräber, bei denen es sich offensichtlich um die sterblichen Überreste des weitaus größten Teils der hallstattzeitlichen Bevölkerung handelte, unerkannt zerstört wurden.

Inwieweit der Brauch, die unteren sozialen Schichten der hallstattzeitlichen Bevölkerung wie in der Urnenfelderzeit weiterhin in Brandgräbern zu bestatten, als Indiz für die am Anfang dieses Kapitels erwähnte These gelten kann, bedarf noch der Überprüfung.

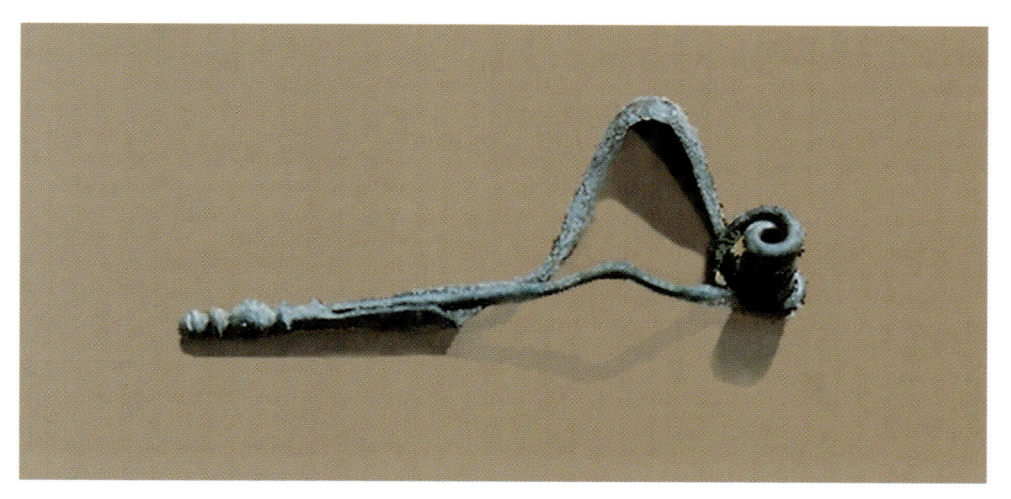

Hallstattzeitliche Kahnfibel von Schrattenhofen.

Die Burgen – Zentren der Macht

Wer heute die Spuren der vorgeschichtlichen Kulturen im Gelände verfolgt, tut sich beim Anblick eines Ringwalles schwer mit der Vorstellung, ein ehemaliges Machtzentrum vor Augen zu haben, denn die Reste dieser Anlagen sind in den meisten Fällen wirklich nicht geeignet, solche Eindrücke zu vermitteln. Angesichts der niedrigen Stein- oder Erdwälle gehört in der Tat ein gewisses Maß an Phantasie dazu, vor unserem geistigen Auge eine wehrhafte Burg erstehen zu lassen. Vielleicht gelingt das besser, wenn man weiß, daß die unscheinbaren Wälle nur die Relikte ehemals mächtiger Holz-Erde-Mauern darstellen, die, mehrere Meter dick, nur an der Außenseite mit Steinen verkleidet waren und ein bereits durch Steilhänge geschütztes Plateau unter Umständen bis zu fünf Meter überragen konnten. Die meisten Burgen waren außerdem noch durch Gräben geschützt, und ausgeklügelte Torsysteme nach griechischem Vorbild sorgten für größere Sicherheit, denn der Feind mußte beim Sturm auf die Tore den Verteidigern die ungeschützte rechte Körperseite zuwenden. Nach dem Zerfall der Holzkonstruktion rutschte das Material teils in die Gräben, teils auch die Hänge hinunter. Doch solange die Befestigung instand gehalten wurde, konnte man sich hinter diesen Mauern einigermaßen sicher fühlen, besonders dann, wenn die Wasserversorgung zufriedenstellend gelöst werden konnte, wie es z.B. auf dem Ipf der Fall war.

Doch die Burgen der späten Hallstattzeit hatten nicht nur ein Sicherheitsbedürfnis zu befrie-

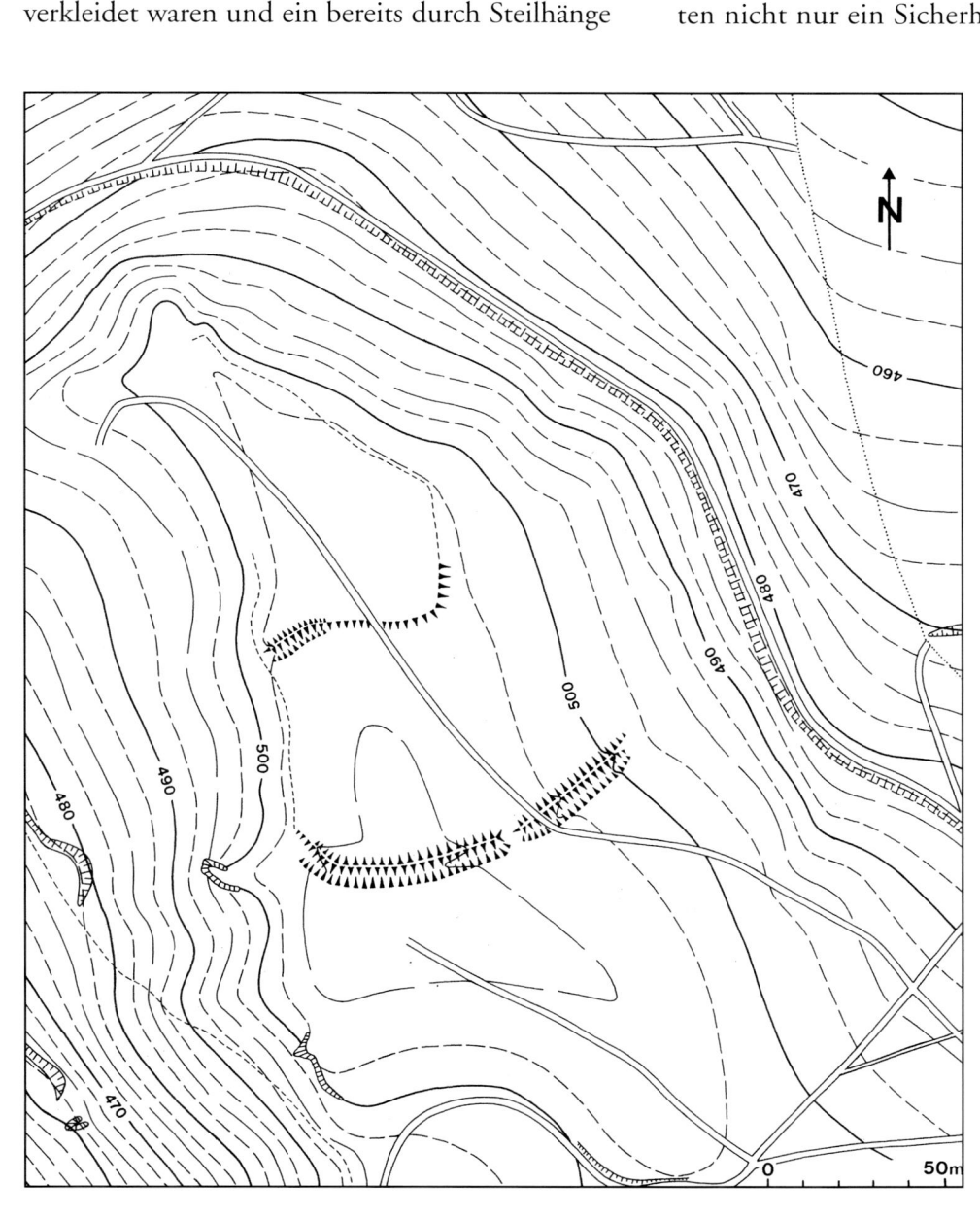

Hallstattzeitlicher Abschnittswall auf dem Judenberg bei Mönchsdeggingen-Untermagerbein.
Topographische Aufnahme E. Ixmeier (LfD).

digen, sie stellten darüber hinaus Symbole der Macht dar, die den Herrschaftsanspruch des Adels weithin sichtbar verkündeten.

Zu den bedeutendsten der befestigten Höhen jener Zeit gehörten neben dem Mont Lassois bei Châtillon-sur-Seine in Burgund auch der Zavist südlich von Prag, der Münsterberg in Breisach und der Marienberg in Würzburg. Dazu kommt noch die gut erforschte Anlage der Heuneburg bei Hundersingen. Schließlich wird man auch den Ipf hier einreihen müssen, obwohl auf diesem Zeugenberg bei Bopfingen noch keine umfassenden Untersuchungen durchgeführt wurden. Dennoch ist durch die Funde und Befunde Hertleins eine fast ununterbrochene Besiedlung des Plateaus von der Jungsteinzeit an bewiesen. In der späten Hallstattstufe D erlebte der Ipf eine Blütezeit, von der viele Funde, darunter eine Scherbe der schwarzfigurigen attischen Ware und eine fünf Meter dicke, mit Holz versteifte Mauer Zeugnis ablegen. Wie Hertlein bei der Untersuchung festgestellt hat, war die Holzkonstruktion am Ende der Hallstattzeit durch Feuer zerstört worden.

Die Topographie und die großen Grabhügel in seiner Umgebung, zu denen vor allem das Kleinaspergle und das Fürstengrab bei Hochdorf gehören, lassen auf einen Fürstensitz am Hohenasperg schließen. Durch die mittelalterliche und neuzeitliche Überbauung wurden anscheinend alle prähistorischen Spuren ausgelöscht.

Bei den Ausgrabungen auf der Heuneburg, der wohl berühmtesten aller süddeutschen Hallstattburgen, konnten fünf Bauphasen beobachtet werden, zu denen 18 Siedlungshorizonte gehörten. Viermal war die Befestigung in Form einer Pfostenschlitzmauer errichtet worden, doch in einer mittleren Bauphase hat man die etwa 600 Meter lange Umfassungsmauer mit vorgesetzten Türmen – für unsere Gegend äußerst ungewöhnlich – aus luftgetrockneten Lehmziegeln errichtet. Hinsichtlich der Innenbebauung wurden die Archäologen aufgrund der vielen Siedlungshorizonte vor große Probleme gestellt. Dennoch konnten wichtige Details geklärt werden.

Bei 90 Prozent der Keramik handelte es sich um grobe Ware wie Vorratsgefäße und dergleichen, wobei die vielen Transportamphoren das besondere Interesse der Ausgräber erregten, da in diesen Gefäßen ganz offenkundig Wein aus dem Süden an die Donau gebracht worden war. Auch unter der Feinkeramik befand sich Importware, wie 70 Scherben der schwarzfigurigen attischen Keramik belegen, bei der es sich in erster Linie um Trinkgefäße gehandelt haben dürfte.

In der Umgebung der Burgen wurden die Herren begraben. Zur Heuneburg gehört u.a. auch der Hohmichele, der mit 80 Metern Durchmesser und 14 Metern Höhe zu den größten Grabhügeln Mitteleuropas zählt. Wie sich bei der Untersuchung des Hügels 1937/38 durch G. Riek herausstellte, war die Grabkammer schon bald nach der Bestattung von Grabräubern geplündert worden. Da viele der älteren Gräber, die meistens einige Kilometer von der Burg entfernt waren, schon nach kurzer Zeit ausgeraubt wurden, ging man später dazu über, die Gräber in Sichtweite der Herrensitze anzulegen, aber auch dadurch konnte ihre Plünderung nicht gänzlich verhindert werden.

Viele der großen Fürstengrabhügel enthielten neben der zentralen Grabkammer noch mehrere Nachbestattungen, bei denen es sich wohl um Angehörige des Fürstenclans handelte. Die Ausstattung dieser Gräber war sehr differenziert, was auf beträchtliche Rangunterschiede innerhalb der Fürstenfamilie schließen läßt.

Burgen, Nekropolen und Siedlungen im Ries

Wolfgang Dehn sprach 1979 von annähernd 1000 wohl mehrheitlich hallstattzeitlichen Grabhügeln,[6] die teils einzeln, teils in Gruppen vorwiegend in den Wäldern am Kraterrand liegen sollen. Dazu gehören auch die zwei großen Nekropolen auf den Gemarkungen von Hochaltingen und Belzheim mit ursprünglich jeweils weit über 100 Grabhügeln. Dieser stattlichen Zahl von Hügelgräbern standen zu Beginn der Geländeprospektion nur 36 Siedlungen gegenüber,[7] wovon die folgenden 13 als Höhensiedlungen anzusprechen sind und vermutlich auch befestigt waren: Wennenberg und Schloßberg bei Alerheim, Ipf bei Bopfingen, Michelsberg bei Fronhofen, Goldberg bei Goldburghausen, Reimlinger Berg bei Herkheim, Himmelreich und Lindle bei Holheim, Rollenberg bei Hoppingen,

Judenberg bei Untermagerbein.

Michelsberg bei Fronhofen.

Hühnerberg bei Kleinsorheim, Klosterberg bei Maihingen, Kirchberg bei Schmähingen und der Adlersberg bei Reimlingen.[8] Sowohl im Vergleich mit den Grabhügeln als auch mit den Höhensiedlungen waren die Flachlandsiedlungen ganz offensichtlich unterrepräsentiert. Besonders das Mißverhältnis zwischen den Flachland- und Höhensiedlungen hat mit dazu beigetragen, daß man dem Ries in der jüngeren Vergangenheit den Stempel eines hallstattzeitlichen Burgenlandes aufgedrückt hat.

Im Zuge der archäologischen Landesaufnahme konnten 143 neue Fundstellen lokalisiert werden; fünf davon waren Höhensiedlungen. Die wichtigste befindet sich auf dem Judenberg bei Untermagerbein, der – nur knapp drei Kilometer vom Ries entfernt – in der nördlichsten Schlinge des Kesselbaches liegt und somit den Übergang vom Ries in das Kesseltal beherrscht. Von dem Berg schiebt sich ein an drei Seiten steil abfallender Sporn nach Nordnordwesten vor. Auf diesem für eine Befestigung hervorragend geeigneten Fels-

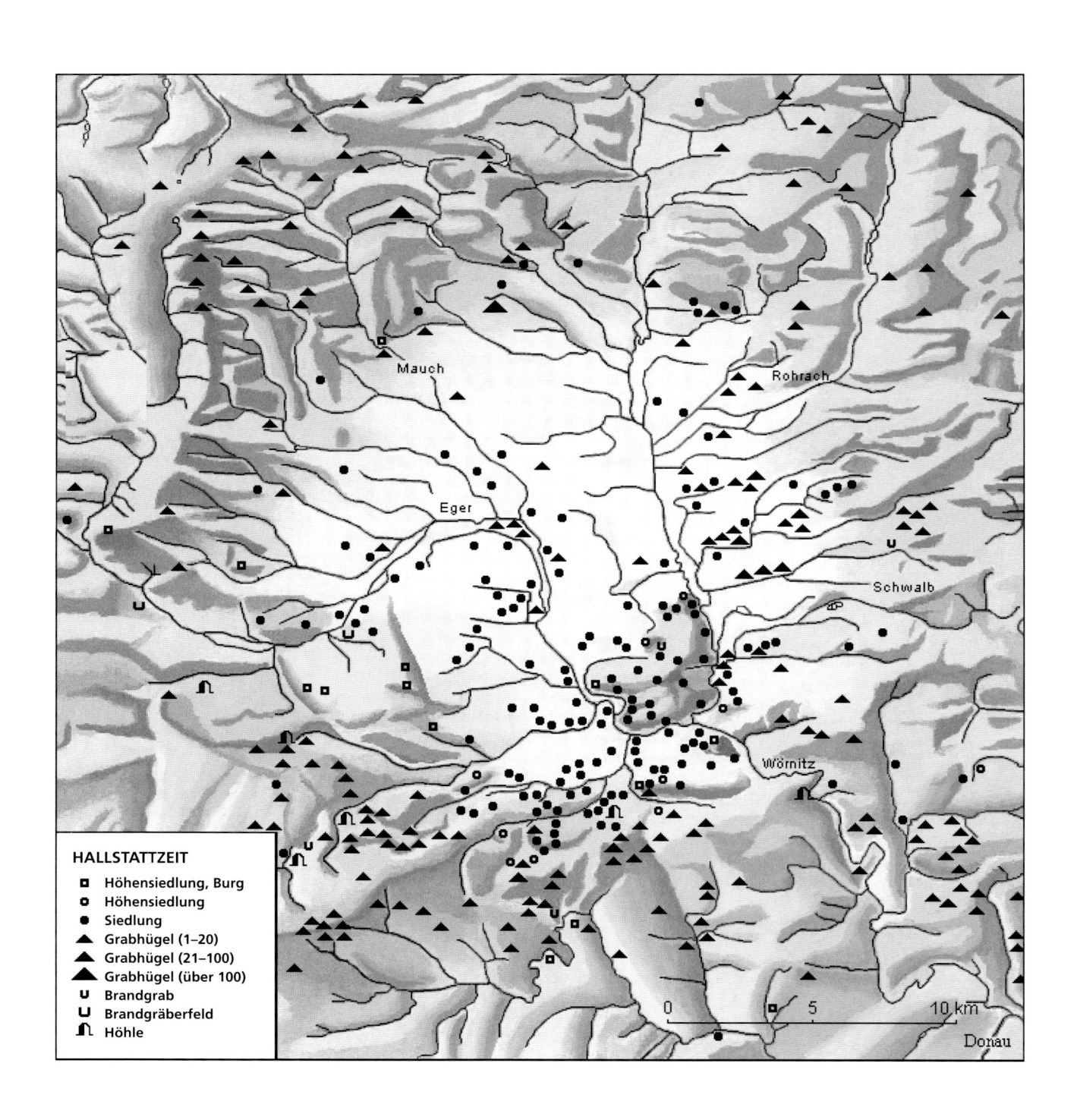

HALLSTATTZEIT
- ▫ Höhensiedlung, Burg
- ○ Höhensiedlung
- • Siedlung
- ▲ Grabhügel (1–20)
- ▲ Grabhügel (21–100)
- ▲ Grabhügel (über 100)
- U Brandgrab
- U Brandgräberfeld
- ⋒ Höhle

Der Klosterberg bei Maihingen (Bildmitte).

vorsprung wird von einem 110 Meter langen Wall mit vorgelegtem Graben eine Fläche von 180 Metern Länge abgeriegelt. Etwa 70 Meter nördlich der äußeren Anlage sind Reste eines zweiten Grabens zu erkennen, der aber nur im Westen gut erhalten ist. Den Funden und der Form nach gehört diese Abschnittsbefestigung eindeutig in die Hallstattzeit.[9] Auch die Siedlung auf dem schon weiter oben erwähnten Badersberg, der ebenfalls auf drei Seiten durch steile Hänge geschützt ist, war auf der leichter zugänglichen Ostseite allem Anschein nach durch eine Palisade gesichert.[10] Gegenwärtig wird von Osten her ein Steinbruch in den Berg vorgetrieben, dem der vermutliche Palisadengraben schon bald zum Opfer fallen dürfte. In den siebziger Jahren konnte eine ausgedehnte hallstattzeitliche Höhensiedlung – wie bereits erwähnt – auf dem Ochsenberg bei Hohenaltheim lokalisiert werden.

Zwei weitere Höhensiedlungen wurden in der Mönchsdegginger Waldabteilung Plossen entdeckt; eine liegt am östlichen Waldrand auf einer durch Steinbrucharbeiten weitgehend abgetragenen Kuppe, wo eine größere Menge hallstatt- und latènezeitlichen Materials geborgen werden konnte, und die zweite befindet sich etwa 500 Meter weiter westlich in exponierter Lage über einem Steilhang. Diese Hallstattsiedlung ist durch Scherben und Hüttenlehm mit Abdrücken des Flechtwerkes belegt. Des weiteren gibt es noch einige Fundstellen aus der frühen Eisenzeit auf schmalen Felsklippen, die von den Steinbruchbetreibern als letzte Relikte ehemaliger Bergkuppen und spornartiger Felsvorsprünge verschont werden mußten.

Alles in allem kommen wir im Ries und seiner nächsten Umgebung auf 24 Höhensiedlungen der frühen Eisenzeit, von denen etliche mit Sicherheit mehr oder weniger stark befestigt waren. Einige davon können auch als späthallstatt-frühlatènezeitlich angesehen werden. Als ein in etwa mit der Heuneburg vergleichbarer Fürstensitz dürfte allerdings nur der Ipf in Frage kommen, doch um darüber Gewissheit zu erlangen, müßten noch großangelegte Untersuchungen durchgeführt werden. Die durch Feuer zerstörte hallstattzeitliche Siedlung auf dem Goldberg war im Westen mit einer Holz-Erde-Mauer und vorgelegtem Graben befestigt. Außerdem befand sich im Nordosten, auf der höchsten Stelle des Plateaus, ein Areal, das durch eine Palisade von der Siedlung abgetrennt war. Der Eingang wurde von einer dreischiffigen Torhalle geschützt. Im Inneren hatten zwei große Gebäude ihre Spuren hinterlassen. Das alles deutet zwar auf eine Burg hin, doch wohl kaum auf einen Fürstensitz. Auch die Funde lassen keinen besonderen Reichtum oder gar Luxus erkennen. Nach Schröter dürften nicht alle von G. Bersu aufgedeckten hallstattzeitlichen Grundrisse zu einer einzigen Bauphase gehören, sondern eine lange Besiedlungsphase mit allen An-, Um- und Neubauten dokumentieren.[11]

Obwohl das Ries noch immer mit vielen Resten vorgeschichtlicher Burgen aufwarten kann, wird es großangelegte Unternehmungen, die mit den Ausgrabungen auf dem Goldberg vergleichbar wären, vermutlich kein zweites Mal geben. Bei den Untersuchungen gewinnt man zweifellos viele neue Erkenntnisse, doch in den allermeisten Fällen wird dabei das betroffene Objekt restlos zerstört, und das ist sicher nicht im Interesse der staatlichen Bodendenkmalpflege, zu deren wichtigsten Aufgaben es ja gehört, prähistorische Denkmäler zu erhalten und nicht zu zerstören. Aus diesem Grunde beschränkt sie sich hauptsächlich auf präventive Maßnahmen und bauvorgreifende Rettungsgrabungen. Trotz des gewaltigen Zeitdrucks, unter dem Untersuchung und Dokumentation in der Regel durchgeführt werden müssen, ist es den Archäologen doch immer wieder möglich, Neues zu entdecken und Zusammenhänge besser zu erkennen. Das ist z.T. auch deshalb möglich, weil bei der Erschließung neuer Baugebiete der Humus von großen Flächen abgeräumt werden kann.

Bei diesen Gegebenheiten war es auch bei den großflächigen Ausgrabungen in Baldingen, die unter der örtlichen Leitung von K.H. Henning durchgeführt wurden, zu Beginn der neunziger Jahre möglich, auf einer Fläche von rund einem Hektar eine mit Graben und Palisade gesicherte hallstattzeitliche Hofanlage freizulegen. Nach A. Zeeb handelt es sich dabei um eines der größten Gehöfte in Süddeutschland.[12] Diese Siedlungsform wurde erst gegen Ende der siebziger Jahre entdeckt und von Rainer Christlein 1981 erstmals publiziert. Wegen ihrer Größe hat sich für Objekte dieser Art inzwischen die Bezeichnung „Herrenhöfe" durchgesetzt.[13]

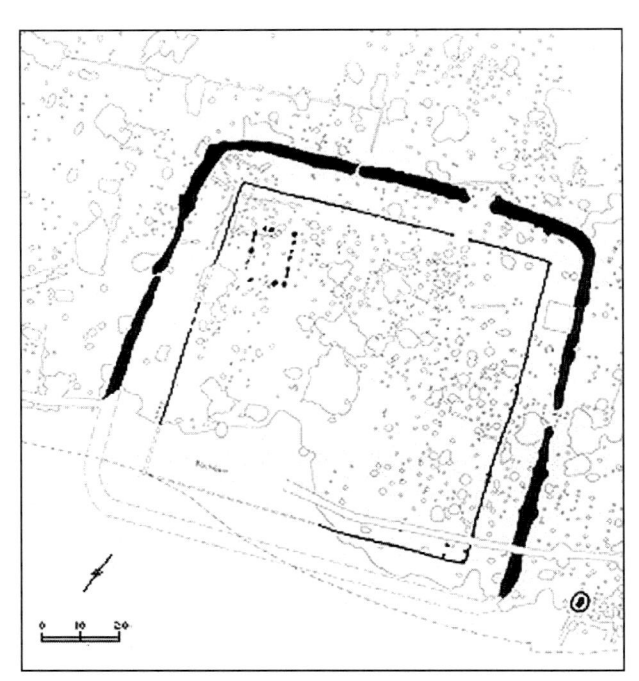

Grundriß eines hallstattzeitlichen Herrenhofes in Nördlingen-Baldingen. (Nach A. Zeeb 1996).

So stehen also zur Zeit 155 Flachland- und 24 z.T. befestigte Höhensiedlungen den 23 Flach- und 13 Höhensiedlungen von 1970 gegenüber. Das bedeutet insgesamt eine Steigerung um knapp 400 Prozent. Durch die vielen neuen Fundstellen wurde das Mißverhältnis zwischen den Flachland- und Höhensiedlungen insofern wieder etwas zurechtgerückt, als nun der Anteil der Höhensiedlungen von früher ca. 36 Prozent auf rund 13,4 Prozent zurückgegangen ist. Hinsichtlich der Grabhügel waren die Begehungen recht unergiebig: Nur je einmal konnten mit Sicherheit ein verschleifter Grabhügel und ein hallstattzeitliches Brandgrab lokalisiert werden. In einigen weiteren Fällen könnte es sich jedoch auch um zerstörte Hügelgräber gehandelt haben. Bei weiteren fünf Grabhügeln, die L. Popella schon 1977 entdeckt hat, schließt man nur aufgrund ihrer Größe auf ein hallstattzeitliches Alter.

Auch im württembergischen Teil des Rieses konnten in den letzten Jahren einige interessante Befunde ergraben werden: So in Kirchheim-Benzenzimmern ein großer Grabhügel mit Kreisgraben, Steinkreis und mindestens zwei Brandgräbern[14] und im Industriegebiet Bopfingen-Trochtelfingen ein Brandgräberfeld aus der mittleren Hallstattzeit mit rund 90 Bestattungen sowie mehreren Kreisgräben unterschiedlicher Größe, die offensichtlich als letzte Reste abgetragener Grabhügel zu interpretieren sind.[15] Der größte Kreisgraben hatte einen Durchmesser von 22 Metern und besaß im Norden einen Durchgang mit gerundeten Grabenköpfen. Nach Rüdiger Krause war infolge der Erdabspülung auch hier nicht mehr festzustellen, ob sich in dem Kreisgraben ursprünglich ein Hügelgrab befunden hatte oder nicht.

Doch wichtiger als diese Frage war die Beobachtung, daß in diesem Friedhof erstmals eine soziale Gliederung in drei Bevölkerungsgruppen sichtbar wurde. Obwohl von den Hügelgräbern, die ja nicht in den Boden eingetieft waren, nur die Kreisgräben erhalten geblieben sind, wird es sich erfahrungsgemäß auch in diesem Falle um die Gräber einer gehobenen Gesellschaftsschicht gehandelt haben. Zwischen den Grabhügeln wurden zahlreiche Brandgräber angetroffen, die in der Regel mit mehreren Gefäßen – manchmal waren es über zehn – ausgestattet waren. Ihre Erhaltung verdanken sie allein der Tatsache, daß sie in den Boden eingetieft waren. Im Norden der untersuchten Fläche kamen schließlich, von den anderen Gräbern deutlich abgesetzt und in größeren Abständen voneinander, die bereits weiter oben erwähnten unauffälligen und oft beigabenlosen Brandgräber zum Vorschein. Durch diesen Befund ist die Vorgeschichtsforschung wieder einen wesentlichen Schritt vorangekommen, und nur der mißliche Umstand, daß das Gräberfeld im Norden von der Bundesstraße 29 begrenzt wird, hat die Gewinnung weiterer Informationen über die Ausdehnung des Friedhofs verhindert.

Um das Fundbild am dünn besiedelten westlichen Riesrand abzurunden, sei hier noch eine späthallstattzeitliche Siedlung in Kirchheim-Benzenzimmern erwähnt, die am Ostfuß des Ohrenberges in unmittelbarer Nähe einer Quelle liegt und durch Oberflächenfunde – darunter viele Bronzen – in die späte Hallstatt- und mittlere Latènezeit datiert ist. Um die Situation zu klären, wurde das Fundareal 1989 vom Landesdenkmalamt Stuttgart in einem eng begrenzten Ausschnitt untersucht.[16] Dabei kamen die Reste eines kleinen Grubenhauses und einer latènezeitlichen Bronzegießerei zutage. Weil die archäologische Substanz durch den Pflug stark gefährdet war, wurden geeignete Maßnahmen eingeleitet, um das Areal unter Schutz stellen zu können. Durch die Ausgrabungen und Funde in den letzten Jahren zeichnet sich nun an der Eger und im Umfeld des Ipf eine dichtere metallzeitliche Besiedlung ab, was offensichtlich irgendwie mit der strategischen Bedeutung des Zeugenberges und den Zielsetzungen der jeweiligen Bewohner – wer immer das gewesen sein mag – zusammenhängt.

Die in Verbindung mit Grabhügeln auftretenden Kreisgräben gab es bereits im Endneolithikum oder – etwas genauer ausgedrückt – seit der Zeit der Schnurkeramiker, und sie sind den Archäologen schon lange bekannt. Einige Autoren, die offensichtlich auf eine gewisse Kontinuität im Grabbrauch von der Kupfer- bis in die Eisenzeit hinweisen möchten, sprechen in diesem Zusammenhang mitunter auch von der frühen Metallzeit. Doch erst gegen Ende der siebziger Jahre haben O. Braasch und G. Krahe Kreisgräben mit Durchmessern von 15 bis zu etwa 70 Metern aus der Luft entdeckt, die in der Regel aus der späten Hallstattzeit stammen, aber nie einen Hügel umschlossen haben. Obwohl sich nur gelegentlich Brandgräber innerhalb der eingehegten Fläche befinden, stehen diese Anlagen fast immer in einem Konnex mit hallstattzeitlichen Brandgräbern. Wie wir am Beispiel des Brandgräberfeldes in Bopfingen-Trochtelfingen gesehen haben, läßt sich nicht immer mit Sicherheit feststellen, ob der Kreisgraben nicht doch zu einem Grabhügel gehörte. Es ist die Crux der Archäologen, daß sie aus dem, was sie im Boden vorfinden, auf das schließen müssen, was dort in der Vergangenheit wirklich geschehen ist. Archäologen sind vorsichtige Leute, und nur, wenn sie aufgrund der Umstände ganz sicher sind, daß sich innerhalb eines Kreisgrabens kein Grabhügel befunden hat, ringen sie sich zu einer solchen Aussage durch.

Aus den Grabungsbefunden der letzten Jahre haben sich einige Kriterien herauskristallisiert, die bei der Deutung dieser Anlagen hilfreich sein können. So hat sich der „große Kreis" von Eching im Landkreis Freising, der mit einem Durchmesser von 72 Metern zu den größten Kreisgräben Süddeutschlands gehört, bei der Untersuchung im Jahre 1981 als der Rest eines Palisadenringes zu erkennen gegeben. Im Norden der Anlage befand sich ein schmaler Eingang mit einem einfachen Torbau, den jeweils nur eine Person durchschreiten konnte. Wesentlich kleiner war dagegen der

Kreisgraben in Oberpeiching bei Rain am Lech, dessen Durchmesser nur 15 Meter betrug.[17] Auch er hatte im Norden einen Eingang. Ferner befand sich innerhalb der Einfriedung eine Grube mit Holzkohleresten sowie Geröllsteinen, und alles zusammen zeigte Merkmale großer Hitzeeinwirkung. Wie sich inzwischen aus gleichartigen oder ähnlichen Befunden, die an anderen Orten ergraben wurden, erschließen läßt, könnte es sich bei diesen Kreisgräben um kultisch herausgehobene Orte handeln, an denen sakrale Handlungen vorgenommen wurden. Das ist um so wahrscheinlicher, als die erwähnten Gruben mit gutem Grund als Brandopferaltäre gedeutet werden. Auch die Anlage in Flochberg, die mit einem Durchmesser von 22 Metern zu den kleineren Objekten gehört, hatte im Norden einen Durchlaß. Daß es sich dabei nicht nur um eine zufällige Unterbrechung, sondern um einen bewußt angelegten Eingang handelte, dafür spricht schon die in gerundeten Grabenköpfen endende Einhegung.

Mittlerweile liegen aus verschiedenen Orten in Süddeutschland Grundrisse von dicht beieinanderliegenden hallstattzeitlichen Kreisgräben und quadratischen Anlagen aus der Latènezeit vor. Demnach könnte die Entwicklung der eisenzeitlichen Kultanlagen in der Hallstattzeit mit einer besonderen Art von Kreisgräben begonnen haben und im Spätlatène mit den Viereckschanzen zu Ende gegangen sein.

Das Ende der Herrlichkeit

Die prunkvolle Ausstattung der Adelsgräber und die Scherben von bemalter griechischer Keramik sowie verschiedene andere Funde in den Fürstenburgen und die nach griechischen Vorbildern ausgeführte Lehmziegelmauer der Heuneburg lassen deutlich kulturelle Einflüsse des Südens erkennen. Ob nun einheimische Goldschmiede und Kunsthandwerker solche Anregungen aufnahmen, oder ob die Fürsten entsprechende Fachleute aus Italien und Griechenland beschäftigten, kann aus den Funden nicht immer eindeutig erschlossen werden. Den prunksüchtigen Hallstattfürsten ging es aber nicht allein um schöne und erlesene Kunst- und Gebrauchsgegenstände; wie aus den Funden und Grabbeigaben – ein großer Teil davon waren Trinkgefäße – ebenfalls ersichtlich ist, liebten sie besonders den köstlichen Wein, der anscheinend in griechischen Amphoren aus Massilia kam. Diodor und Strabo haben festgehalten, womit die Kelten im 1. Jahrhundert v.Chr. zahlten: Felle, Bernstein und Sklaven waren die wichtigsten Gegenleistungen für die so heiß begehrten Dinge, wobei ein Sklave als angemessener Preis für eine Amphore Wein angesehen wurde. Das war ein hoher Preis, den die Fürsten für die Annehmlichkeiten des Lebens zu entrichten hatten. Um auf diese nicht verzichten zu müssen, führten sie von Zeit zu Zeit Raubzüge zu den Nachbarstämmen durch. Die begehrteste Beute waren die versklavten Opfer ihrer Raubüberfälle. So unverständlich uns das auch erscheinen mag, Raub war für die Mächtigen in vielen vorgeschichtlichen Abschnitten eine probate Vorgehensweise, um zu größerem Reichtum zu gelangen. Man hatte keine Skrupel, ganze Landstriche auszuplündern, die Bewohner gefangen zu nehmen und als Sklaven zu verkaufen, nur um selbst ein Leben in Luxus und Wohlbehagen führen zu können. Auch die eigene Bevölkerung wurde nicht verschont und bis an die Grenze des Zumutbaren ausgepreßt. Und das sollte sich rächen.

Gegen Ende des 6. Jahrhunderts v.Chr. begann es in den Mittelmeerländern zu gären, Könige und Tyrannen wurden gestürzt, und auf den alten Wegen erreichten nun nicht nur die üblichen Handelsgüter, sondern auch neue Ideen den Norden. So breitete sich die Unruhe schließlich auch im Westhallstattkreis aus. Und wiederum zeichnen sich im archäologischen Befund grundlegende Veränderungen ab, von denen sich jedoch nicht sagen läßt, ob sie im Laufe einiger Jahrzehnte oder eher gleichzeitig eingetreten sind: In der ersten Hälfte des 5. Jahrhunderts stagnierte in den Kerngebieten der Hallstattkultur die wirtschaftliche Entwicklung, und in manchen Gebieten begann die Bevölkerung abzuwandern, wovon Südbayern und Oberschwaben am stärksten betroffen waren. Wohin die Abwanderung erfolgte, ist eine bis heute unbeantwortet gebliebene Frage. Am Ende der Hallstattzeit gingen in Südwestdeutschland und Ostfrankreich viele Fürstenburgen in Flammen auf, und die Tradition der Prunkbestattungen brach unvermittelt ab. Die Herrensitze auf Ipf und Goldberg erlitten das gleiche Schicksal. Südlich und östlich des Rieses gab es in Bayern keine späthallstattzeitlichen Burgen.

Offenbar begünstigt durch das Vorkommen hochwertiger Eisenerze, hatte sich ungefähr zur gleichen Zeit an Mittelrhein und Mosel ein neues, aufstrebendes Wirtschafts- und Machtzentrum gebildet, in dem die sozialen Unterschiede offensichtlich nicht so kraß hervortraten wie in Süddeutschland. Wie aus den Umständen erschlossen werden kann, hat es sich hier nicht nur um eine Verlagerung der Wirtschafts- und Machtfaktoren an einen günstigeren Standort gehandelt, sondern auch um die Ablösung der alten Strukturen einer dekadenten Gesellschaft. Das wird durch den kulturellen Umschwung an Rhein und Mosel verdeutlicht, wo sich binnen kürzester Zeit ein neuer Kunststil entwickelt hatte, der fremde Einflüsse auf recht eigenwillige Weise verarbeitete und in dem sich unverkennbar eine neue Epoche ankündigte. Was damals im einzelnen geschah, ist noch weitgehend ungeklärt und wird sowohl Archäologen als auch Historiker noch geraume Zeit beschäftigen. Vielleicht war es ein Aufstand der unzufriedenen Bauern; möglich ist auch, daß die miteinander rivalisierenden Adelsfamilien oder gar Mitglieder der einzelnen Fürstenfamilien selbst die bestehenden sozialen Spannungen ausnützten, um den Herrschenden die Macht zu entreißen. Bei den Vorgängen, die letztlich den Untergang des späthallstattzeitlichen Feudalsystems zur Folge hatten, haben offenbar wieder einmal neue religiöse Vorstellungen eine nicht zu unterschätzende Rolle gespielt.

Rekonstruierte Grabkammer des hallstattzeitlichen Hügels 8, Flur Hexenbergle bei Wehringen. (Zeichnung E. Högg).

Latènezeitliche Glasarmringe von Manching

Nach La Tène, einer unscheinbaren Sandbank am Nordende des Neuenburger Sees in der Westschweiz, auf der seit Mitte des 19. Jahrhunderts immer wieder Funde der jüngeren Eisenzeit zum Vorschein gekommen waren, wurde eine große vorgeschichtliche Kultur Europas benannt. In der Latènezeit erlebten die Völker unseres Kontinents den dramatischen Aufstieg und den tragischen Untergang der keltischen Welt, der vor allem durch die permanente Rivalität und den Egoismus ihrer Fürsten, aber auch durch die Uneinigkeit der vielen Stämme heraufbeschworen wurde.

Doch wie so oft, zeigt sich auch hier wieder die Zufälligkeit der Namensgebung in der Vorgeschichtsforschung, denn die eponyme Fundstelle liegt ziemlich weit ab vom neuen Kerngebiet der Kelten an Mittelrhein und Mosel, wo die Kultur der späten Eisenzeit in der ersten Hälfte des fünften vorchristlichen Jahrhunderts entstanden ist. Als die keltische Expansion knapp 200 Jahre später ihren Höhepunkt erreicht hatte, war die Latènekultur von der Iberischen Halbinsel bis zum Schwarzen Meer verbreitet. Doch dann war die Kampfkraft der ausgewanderten Stämme weitgehend erschöpft, und das Schicksal nahm unerbittlich seinen Lauf.

12. Die späte Eisenzeit

In der späten Eisenzeit, nach der Fundstelle La Tène am Neuenburger See auch Latènezeit genannt, tritt mit den Kelten, den Trägern dieser Kultur, das erste Volk Mitteleuropas aus der Anonymität der Vorzeit hinein in das Licht der Geschichte. Obwohl die führende Oberschicht des Schreibens kundig war und sich dabei des griechischen Alphabets bediente, haben die Kelten keine schriftlichen Aufzeichnungen hinterlassen. Es war sozusagen ein ungeschriebenes Gesetz, daß alles Wesentliche nur auf dem Wege der mündlichen Überlieferung weitergegeben werden durfte. So geht unser Wissen über die frühen Kelten fast ausnahmslos auf die griechischen und römischen Schriftsteller der Antike zurück und da wiederum das meiste auf Julius Cäsar (100–44 v.Chr.), der in seinen Berichten sicherlich so objektiv war, wie es ein Feldherr, der gegen die Kelten Krieg führte, nur immer sein konnte.

Die erste Nachricht von den Kelten stammt von Hekataios von Milet (etwa 560-480 v.Chr.), der um 500 v.Chr. berichtet, die griechische Niederlassung Massilia liege in Ligurien und grenze an ein keltisches Territorium. In der Mitte des 5. Jahrhunderts v.Chr. schreibt der weitgereiste Herodot (etwa 490–425 v.Chr.), der Istros – damit meinte er die Donau – entspringe im Lande der Kelten. Was er sonst noch von der Donau und den Kelten von sich gab, das klingt ziemlich rätselhaft. Vermutlich kannte er das Land der Kelten nur vom Hörensagen. Da nach 450 v.Chr. die schriftlichen Quellen immer ergiebiger sprudelten, bestehen keine berechtigten Zweifel an der Existenz dieses Volkes in der Mitte des letzten vorchristlichen Jahrtausends.

Weil sich vielerorts in siedlungsgeschichtlicher Hinsicht eine Kontinuität von der Bronze- bis in die Latènezeit beobachten läßt, sind viele Archäologen der Meinung, in Mitteleuropa sei schon um 1000 v. Chr. keltisch gesprochen worden. Gestützt

Linsenflasche der frühen Latènezeit von Matzhausen, Landkreis Neumarkt i.d. Opf.

Frühlatènezeitliche Maskenfibel von Parsberg, Lkr. Neumarkt i.d. Opf.

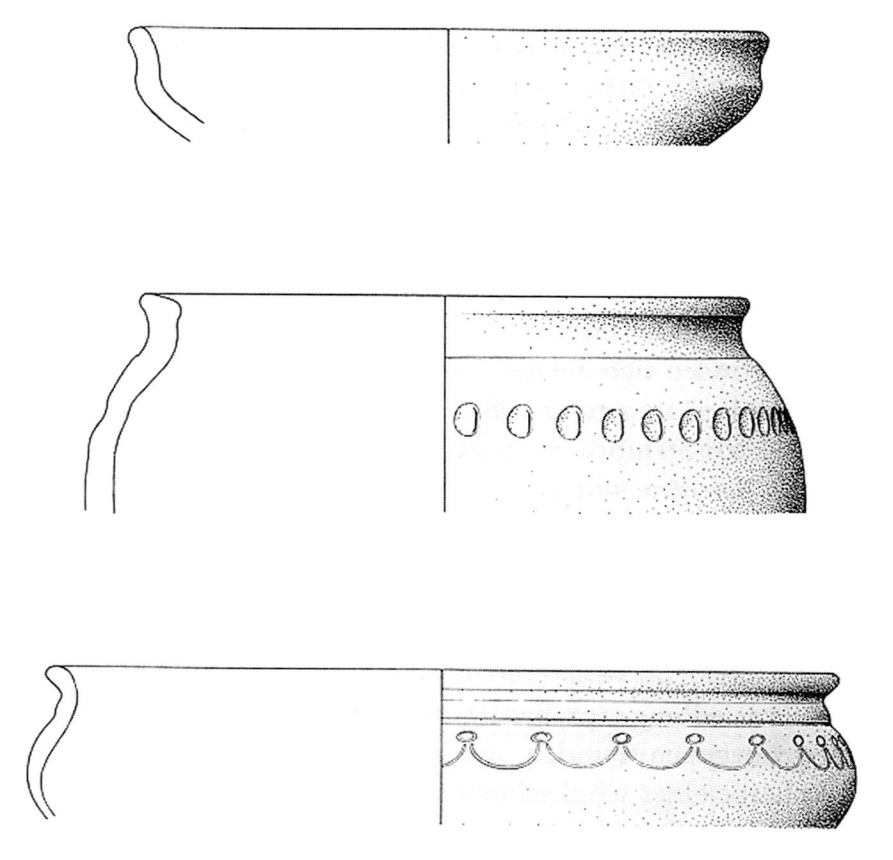

Keramik aus frühlatènezeitlichen Grabhügeln im Ries. (Nach H. P. Uenze 1979).

wird ihre Ansicht auch durch Forschungsergebnisse der Linguistik, denn im westlichen Oberitalien und im Tessin wurden vor einiger Zeit Sprachzeugnisse entdeckt, die auch keltische Elemente enthalten. Diese werden von verschiedenen Forschern mit einem Volk in Verbindung gebracht, das im 13. vorchristlichen Jahrhundert dort eingewandert ist.[1] Andere Archäologen, darunter auch Ludwig Pauli, sind dagegen der Meinung, daß man erst ab 600 v.Chr. von Kelten sprechen könne. Ungeachtet dessen sehen aber beide Gruppen in der Hallstattzeit, deren Keramik zu den schönsten Töpfereierzeugnissen im prähistorischen Mitteleuropa zählt, eine frühkeltische Kulturepoche, die unter dem Einfluß mediterraner Strömungen ein beachtliches Niveau erreichte. Obwohl die Kelten, von den Griechen Keltoi und den Römern Galli genannt, zu ihrer Zeit das größte Volk Europas waren – ihr Kerngebiet erstreckte sich von Ostfrankreich bis Böhmen –, haben sie nie zu einer größeren staatlichen Einheit gefunden. Das lag zum einen wohl an ihrem stark ausgeprägten Stammesbewußtsein und zum anderen auch an der Rivalität ihrer Fürsten.

Die frühe Latènekultur breitete sich von ihrem Kernraum an Rhein und Mosel zunächst an der Nordgrenze des Späthallstattgebietes nach Osten aus, wurde aber in den alten Machtzentren nur sehr zögernd angenommen. Die unterschiedliche Akzeptanz läßt ebenfalls darauf schließen, daß mit dem neuen Stil auch eine neue Religion verbunden war. Aufgrund verschiedener Indizien, auf die wir hier nicht näher eingehen können, vermuten namhafte Kenner der keltischen Welt, in dieser Religion habe vermutlich die Seelenwanderung eine wesentliche Rolle gespielt, die aber von den konservativen Kräften abgelehnt wurde. Obwohl die Tradition der Grabhügelbestattung noch einige Zeit weiterlebte, machte sich der Latènestil als Äußerung einer neuen Epoche gerade bei den Grabbeigaben zuerst bemerkbar: An die Stelle des Dolches trat wieder das Schwert, während der vierrädrige Prunk- vom zweirädrigen Streitwagen abgelöst wurde. Als keramische Leitformen der frühen Latènezeit (etwa 470–400 v.Chr.) bieten sich sogenannte Linsenflaschen – auffällige Karaffen mit langem Hals[2] – und Schalen mit gekehltem Rand an. Ansonsten war die Keramik häufig mit einer girlandenförmigen Verzierung versehen.³

Weitere Neuerungen dieser Epoche waren Töpfe aus Graphitton, die Töpferscheibe und etwas später noch die Schwenk- beziehungsweise Drehmühle. Am deutlichsten machte sich die neue Kultur jedoch an den Erzeugnissen des Kunsthandwerks – was in der Gestaltung der Fibeln recht augenfällig in Erscheinung tritt –, aber auch als Verzierung an Waffen und Geräten bemerkbar. Die Besonderheit dieses Stils liegt vor allem darin, daß er neben mediterranen Palmetten- und Rankenornamenten auch skythische und persische Stilelemente wie Tierfiguren, Gesichtsmasken sowie Köpfe von Menschen, Göttern und Dämonen aufnahm, die er häufig zu grotesken Fratzen sowie Zwitter- und Fabelwesen gestaltete. Tierfiguren erscheinen in der Kunst häufig als Symbole der Götter, und die Fabelwesen, beispielsweise die Schlange mit den Widderhörnern, dürften zumindest teilweise der keltischen Mythologie entstammen.⁴ Reich verziert war in der Regel der Torques, der meistens aus Gold angefertigte Halsring des Mannes. Doch wie die Grabfunde zeigen, durfte sich beileibe nicht jeder Mann mit einem Torques schmücken, dieser scheint vielmehr den Würdenträgern vorbehalten gewesen zu sein.

Die keltische Völkerwanderung

Zu Beginn des 4. Jahrhunderts v.Chr. sind im keltischen Siedlungsgebiet offenbar wieder Verhältnisse eingetreten, die erneut für Unruhe sorgten und letztendlich das Faß zum Überlaufen brachten. Antike Schriftsteller sahen in der Übervölkerung die Ursache für die keltische Expansion, eine Ansicht, die sich auch der größere Teil der modernen Autoren zu eigen macht, während andere Forscher im archäologischen Befund angeblich keine Anzeichen für eine Übervölkerung entdecken können und allein soziale Mißstände für die keltischen Wanderungen verantwortlich machen. Doch kann man sich gut vorstellen, wie all die Kostbarkeiten, die vom Mittelmeer den Weg nach Norden fanden, auch die Begehrlichkeit der unteren Volksschichten in einem Maße geweckt haben dürften, daß der Wunsch, an den schönen Dingen des Lebens teilhaben zu können, übermächtig geworden war. Die stärkste Antriebskraft des größten Teils der auswandernden Stämme oder Teilstämme, die nun mit ihrer ganzen Habe zu einer abenteuerlichen Wanderung aufbrachen, scheint jedoch die Hoffnung gewesen zu sein, ein Land zu finden, wo sie in Frieden ihren Acker bestellen konnten. Das Augenmerk der Chronisten richtete sich natürlich in erster Linie auf die spektakulären Eroberungs- und Beutezüge der Kelten, die mit großer Wucht und Brutalität ausgeführt wurden. Es dürfte um 400 v.Chr. gewesen sein, als sie – 180 Jahre vor Hannibal – in Oberitalien einfielen. Die Überwindung der Alpen mit Sack und Pack stellte damals eine großartige Leistung dar, zumal alle Lasten mühsam auf Saumpfaden transportiert werden mußten.

Nachdem sie den Etruskern die Po-Ebene entrissen hatten, führten sie von dort aus Raubzüge nach Mittelitalien durch, überall Angst und Schrecken verbreitend, und das nicht zuletzt deshalb, weil ihnen der Ruf vorauseilte, sie würden die Köpfe ihrer erschlagenen Feinde als Siegestrophäen sammeln.

Im Jahre 387 v.Chr. besiegten sie unter ihrem Anführer Brennus (ob Brennus der Name oder ein Titel war, ist nicht bekannt) die Römer an der Allia, eroberten das damals allerdings kaum befestigte Rom und brannten es nieder. Die Bevölkerung konnte sich jedoch größtenteils ins Kapitol retten, das den Römern in jener Zeit als Fluchtburg diente. Der Legende zufolge sollen bei einem nächtlichen Überraschungsangriff der Kelten die Verteidiger des Kapitols durch das aufgeregte Geschnatter der heiligen Gänse rechtzeitig alarmiert worden sein und konnten deshalb die Kelten zurückschlagen. Nach langer Belagerung kauften sich die Römer für angeblich 1000 Pfund Gold frei. Als sie sich beim Abwiegen des Goldes über falsche Gewichte der Eroberer beklagt hätten, soll Brennus mit dem Ausruf: „vae victis!" (Wehe den Besiegten) auch noch sein Schwert in die Waagschale geworfen haben.

Weniger strapaziös dürfte der Weg für jene Kelten gewesen sein, die ihr Glück im Südosten suchten und sich donauabwärts in Bewegung setzten. Aus den Aufzeichnungen des Verfassers der Alexandergeschichte, Ptolomäus Lagou, der später zum Pharao Ägyptens aufstieg, geht hervor, Alexander der Große habe 335 v.Chr. keltische Abgesandte in seinem Feldlager an der unteren Donau empfangen. Alexander hatte dort einen Feldzug gegen die Geten geführt, um sich den Rücken für seine geplanten Unternehmungen in Asien freizuhalten. Erst 278 v.Chr. – 45 Jahre nach dem Tode Alexanders – stießen die Kelten unter einem anderen Brennus von der unteren Donau – vermutlich in der Absicht, Delphi zu plündern – in das Herz Griechenlands vor, wurden aber am Parnaß vernichtend geschlagen, wobei Brennus eine tödliche Verletzung davontrug. Ein anderer keltischer Heerhaufen fiel in Thrakien ein, gründete in Tylis ein Königreich und erpreßte von den reichen Städten an der Schwarzmeerküste Tribute. Doch die Staatsgründungen der Kelten auf dem Balkan hatten nur relativ kurze Zeit Bestand.

Wesentlich mehr für die Geschichte haben die Stämme der Tektosagen, Tolistobogier und Trokmer getan: 277 v.Chr. setzten diese Stämme über den Hellespont, um König Nikomedes, der in Thronstreitigkeiten mit seinem Widersacher Antiochos verwickelt war, vereinbarungsgemäß zu unterstützen. Als Nikomedes wortbrüchig wurde, zogen die Kelten zunächst plündernd durch das westliche Kleinasien. Nach einigen Jahren ließen sie sich in der Gegend von Ankara nieder, um dort ein Reich zu gründen, das später – nach einer wechselvollen Geschichte – als Galatien bekannt wurde. Von allen keltischen Staatsgebilden im Süden und Südosten konnte es sich am längsten gegen die feindlichen Nachbarn behaupten. Noch um 400 n.Chr. bemerkte Kirchenvater Hyronimus, die Galater sprächen so ähnlich wie die Leute in der Gegend von Trier. Aus dieser Äußerung kann man ableiten, daß zu Beginn der Völkerwanderung weder die Galater noch die Treverer ganz ausgestorben waren.

Im Westen hatten die Kelten inzwischen das Mittelmeer und den Atlantik erreicht und auf den britischen Inseln fußgefaßt. Somit erstreckte sich das keltische Einflußgebiet zur Zeit seiner größten Ausdehnung in der ersten Hälfte des 3. Jahrhunderts v.Chr. von der Iberischen Halbinsel bis nach Kleinasien. Aber dann war die Kraft der keltischen Stämme endgültig verbraucht, zumal sich viele junge Männer als Söldner in fremden Heeren verdingten.

Rund 100 Jahre nach der Plünderung Roms durch Brennus' Krieger gelang es den erstarkten Römern 285 v.Chr., die in dem Gebiet um Ancona siedelnden Senonen zu vertreiben. 60 Jahre später wurde ein keltisches Heer bei Telamon vernichtet, und 222 v.Chr. eroberten die Römer Mediolanion, das heutige Mailand und damals die Hauptstadt der Insubrer. Nach dem 2. Punischen Krieg (218–201 v.Chr.), in dem die Kelten Oberitaliens – mit Ausnahme der Cenomanen – auf Hannibals Seite gekämpft und nach anfänglichen Erfolgen eine vernichtende Niederlage erlitten hatten, war das Schicksal dieser Stämme endgültig besiegelt. 189 v.Chr. wurde Oberitalien als Provinz Gallia cisalpina dem Römischen Reich einverleibt.

Die Unterwerfung Galliens

Im 2. Punischen Krieg hatten die Römer auch die karthagischen Besitzungen in Spanien mit den ertragreichen Gold- und Silberminen sowie vielen anderen wichtigen Bodenschätzen an sich gebracht. Aber schon nach kurzer Zeit begann es im Lande zu gären, und schließlich erhoben sich die iberischen und keltiberischen Stämme gegen die Römer. Erst nach verlustreichen Kämpfen konnte Scipio Aemilianus, der im 3. Punischen Krieg Karthago dem Erdboden gleichgemacht hatte und den Beinamen Africanus der Jüngere trug, im Jahre 133 v.Chr. mit der keltiberischen Stadt Numantia die letzte Bastion der Aufständischen zerstören.

Weil die Römer ihre neuen Besitzungen in Spanien nur über das Meer erreichen konnten, kam es ihnen sehr gelegen, als der mit den Avernern und Allobrogern verbündete keltoligurische Stamm der Salluvier in das Hinterland der griechischen Niederlassung Massilia eindrang und die bedrohte Hafenstadt im Jahre 125 v.Chr. Rom um Hilfe bat. Der Senat zögerte nicht lange und schickte ein Heer nach Massilia; die Salluvier wurden geschlagen und flüchteten in Scharen nach Norden zu den Allobrogern. Das Begehren der Römer, die Flüchtlinge auszuliefern, lehnten die Allobroger ab und wurden daraufhin ebenfalls von den Römern angegriffen und besiegt. Das veranlaßte Bituit, den König der

Averner und damals der mächtigste Mann in Gallien, gegen die Römer vorzugehen. Aber auch dieses Heer wurde von den Römern geschlagen; Bituit geriet – angeblich durch Verrat – in Gefangenschaft und wurde später hingerichtet. Danach besetzten die Römer auch noch Tolosa/Toulouse und hatten damit endlich eine Landverbindung mit Spanien. Die neue Provinz Gallia Narbonensis umfaßte das Rhonetal bis zum Genfer See und die Küstengebiete zwischen den Alpen und den Pyrenäen. Die Stammesgebiete der Salluvier und Allobroger wurden der Provinz zugeschlagen. Massilia, zu dem auch ein schmaler Küstenstreifen zwischen der Rhone und Nizza gehörte, konnte seine Selbständigkeit vorerst noch bewahren.

Aber schon nach wenigen Jahren geriet die Provinz Gallia transalpina, wie die jüngste römische Eroberung in Südfrankreich auch genannt wurde, in große Gefahr: Vier Jahre nachdem sie bei Noreia ein römisches Heer vernichtet hatten, tauchten die germanischen Kimbern, mit den keltischen Tigurinern und Tougenern im Gefolge, plötzlich in Südfrankreich auf und baten die Römer um Siedlungsland. Als ihre Bitte von Rom abschlägig beantwortet wurde, kam es zu kriegerischen Auseinandersetzungen. Im Jahre 109 v.Chr. besiegten die landsuchenden Stämme die Römer östlich der Rhone, 107 an der Garonne, und 105 vernichteten sie drei römische Heere in der Schlacht von Arausio/Orange. Danach brachen die Kimbern und Tiguriner in Oberitalien ein, wo ihnen Lutatius Catulus am Po Land überlassen mußte. Doch nachdem der römische Heerführer Gaius Marius 102 v.Chr. die Teutonen bei Aquae Sextiae/Aix-en-Provence geschlagen hatte, griff er gemeinsam mit Catulus die Kimbern an und brachte ihnen bei Vercellae/Vercelli eine vernichtende Niederlage bei. Damit war die unmittelbare Gefahr für die Provinz Gallia Narbonensis zwar beseitigt, aber dafür verstärkte sich der germanische Druck auf die Gallier immer mehr. In der ersten Hälfte des letzten Jahrhunderts v.Chr. war es namentlich der Suebenkönig Ariovist, der diesen Druck verkörperte.

Ursprünglich waren die Averner der weitaus mächtigste keltische Stamm in Gallien. Doch nach ihrer bitteren Niederlage gegen die Römer unter Bituit versuchten nun die mit Rom verbündeten Haeduer die Führungsrolle zu übernehmen, was zu heftigen Kämpfen mit den Sequanern führte, die ebenfalls die Vorherrschaft in Gallien anstrebten. Die Sequaner siedelten im östlichen Burgund zwischen Saone und Jura, die Haeduer westlich davon zwischen Saone und Loire. Als erstere eine Niederlage hinnehmen mußten, baten sie Ariovist um Hilfe. Der setzte im Jahre 71 v.Chr. mit seinem Heer über den Rhein und schlug die Haeduer. Ariovist forderte aber von den Sequanern als Gegenleistung ein Drittel ihres Stammesgebietes als Siedlungsland. Weil die Sequaner diese Forderung zurückwiesen, brachte Ariovist nach und nach einen großen Teil ihres Gebietes in seine Hand.

Das freie Gallien setzte sich damals aus einer größeren Anzahl selbständiger Stammesterritorien zusammen, die nur noch zum kleineren Teil von Königen regiert wurden. Die vorherrschende Staatsform war die Aristokratie. Nach altem Brauch wählte die Stammesversammlung aus den Reihen des Adels einen Vergobreten. Der Vergobret - bei manchen Autoren auch Vergobretos – übernahm die Führung des Stammes jeweils für ein Jahr. Da jedoch in der Versammlung die reichsten Adeligen mit ihrer oft mehrere Tausend Köpfe zählenden Gefolgschaft den größten Einfluß ausüben konnten, sahen die untereinander und häufig auch in sich selbst zerstrittenen Adelsfamilien ihre vornehmste Aufgabe darin, Reichtümer zu horten und Intrigen mit dem Ziele zu spinnen, ihren Einfluß unentwegt zu vergrößern. Durch das rücksichtslose Vorgehen des Suebenkönigs traten die Gegensätze im freien Gallien noch deutlicher hervor. Ein wesentlicher Teil des Adels fühlte sich von den Römern weniger bedroht als von Ariovist und setzte deshalb auf Rom.

Bei den Haeduern ging der Riß durch die mächtigste Familie: Während nämlich Dumnorix, was mit „König der Welt" übersetzt wird, trotz der Niederlage gegen Ariovist die ehrgeizigen Ziele der Haeduer weiterverfolgte und dabei auch die Unabhängigkeit von Rom im Auge hatte, reiste sein bündnistreuer Bruder Diviciacus, der auch das Amt des Vergobreten ausübte, nach Rom und unterrichtete den Senat über die Pläne seines Bruders, wobei er auch die Germanen ins Spiel brachte. Doch der Senat sah keine Veranlassung, in den Bruderzwist einzugreifen.

Etwa zur gleichen Zeit faßten die zwischen Genfer See, Jura, Alpen und Rhein angesiedelten Helvetier und die benachbarten Rauriker den äußerst verhängnisvollen Entschluß, dieses Gebiet unter der Führung des Helvetiers Orgetorix zu verlassen. Über Ursache und Ziel der geplanten Wanderung gehen die Meinungen der Autoren auseinander. Einige von ihnen, darunter auch Cäsar, geben als Grund den immer stärker werdenden Druck der Germanen an. Andere Forscher sehen die Dinge allerdings etwas diffiziler. Als Zielgebiet der Helvetier wird die Atlantikküste nördlich der Garonnemündung und das Siedlungsgebiet der Haeduer in Burgund genannt. Ob ihnen Dumnorix, der angeblich Ortegorix' Schwiegersohn war, nur den Durchzug gestattet oder etwa auch Land angeboten hatte, ist nicht ganz klar. Doch bevor sie ihren Plan in die Tat umsetzen konnten, war Cäsar Statthalter in der Provinz Gallia Narbonensis geworden.

Als der zwar sehr begabte, aber von Machthunger geprägte und ständig unter Geldnot leidende Feldherr Gaius Julius Cäsar, der 60 v.Chr. wegen seines Sieges über die keltiberischen Galicier im Nordwesten Spaniens zum Prokonsul gewählt worden war, in Gallia transalpina auftauchte, war er fest entschlossen, bei der ersten sich bietenden Gelegenheit militärisch gegen das freie Gallien vorzugehen.

Um die Unumkehrbarkeit ihres Beschlusses zu bekräftigen, hatten die Helvetier inzwischen in ihrem bisherigen Siedlungsgebiet sämtliche Städte und Dörfer sowie alle überschüssigen Lebensmittelvorräte verbrannt, bevor sich - nach Cäsars Angaben – an die 360 000 Menschen im Frühjahr 58 v.Chr. vom Genfer See aus mit ihrem auf tausenden von Wägen verstauten Hab und Gut nach Westen in Bewegung setzten. Um auf dem kürzesten Weg zu den Haeduern gelangen zu können, hätten sie durch das Gebiet der Allobroger, das ja zur römischen Provinz gehörte, ziehen müssen. Doch Cäsar lehnte das Durchzugsersuchen der Helvetier rundweg ab und verlegte ihnen außerdem mit seinen Truppen den Weg. Daraufhin änderten die Auswanderer ihren Plan und wandten sich nach Nordwesten, um durch das Gebiet der Sequaner, die den Durchzug gestattet hatten, die Haeduer zu erreichen. Cäsar, der angeblich von der römischen Partei der Haeduer zum Eingreifen aufgefordert worden war, folgte den Helvetiern und stellte sie bei Bibracte/Autun zum Kampf. Zwei Drittel von ihnen sollen dabei umgekommen oder in die Sklaverei abgeführt worden sein. Sklaven brachten Geld in die leeren Kassen Cäsars. Schon aus diesem Grunde lohnte es sich für ihn, Kriege zu führen. Die restlichen Helvetier zwang Cäsar zur Rückkehr in ihr zerstörtes Land. Als nunmehrige Verbündete Roms fiel ihnen die Aufgabe zu, die von Norden herandrängenden Germanen von der römischen Provinz fernzuhalten.

Noch im gleichen Jahr griff Cäsar die Sueben an und trieb sie über den Rhein zurück. Von da an legte er alle Hemmungen ab. Er brauchte keinen Vorwand mehr, um gegen das freie Gallien vorgehen zu können. Den Kriegsgrund hatten die Helvetier geliefert, ohne jemals die Grenzen der Provinz Gallia Narbonensis verletzt zu haben. Auch in Zukunft verstand es Cäsar meisterhaft, die Uneinigkeit der gallischen Stammesfürsten für seine Zwecke auszunutzen. In langen, wechselvollen Kämpfen gelang es ihm schließlich, ganz Gallien, Stamm für Stamm, zu unterwerfen.

Vercingetorix

Doch immer wieder flackerte irgendwo der Widerstand auf, und Cäsar hatte alle Hände voll zu tun, um die rebellierenden Stämme wieder zur Räson zu bringen. Seine Truppen gerieten mehrmals in Bedrängnis, sie mußten auch bittere Niederlagen hinnehmen; weil es aber in der Regel nur einzelne oder wenige Stämme waren, die das römische Joch abzuschütteln versuchten, behielt er letzten Endes doch jedesmal die Oberhand.

Erst als immer mehr Stammesführer Cäsars Spiel durchschauten, gelang es 52 v.Chr. Vercingetorix, dem jungen Stammesfürsten der wiedererstarkten Averner, soviele gallische Stämme als Verbündete gegen Rom zu gewinnen, daß der Freiheitskampf nicht schon von vornherein zum Scheitern verurteilt war. Auf eine offene Feldschlacht wollten sie es zunächst ohnehin nicht ankommen lassen. Vercingetorix hatte vielmehr die Absicht, die Taktik der „verbrannten Erde" gegen die Legionen Cäsars anzuwenden, obwohl von dieser brutalen Maßnahme die eigene Bevölkerung, vor allem jedoch Frauen, Kinder und Alte, kaum weniger betroffen waren als der Gegner. Und so beschloß der gallische Kriegsrat, alle Städte und Dörfer, die nicht ausreichend befestigt waren, sofort zu zerstören. Zu diesen Orten gehörte auch Avaricum, die Hauptstadt der Bituriger, in Schwaben besser bekannt als Bourges, eine der heutigen Partnerstädte Augsburgs.

Doch die Bituriger verteidigten gegen Vercingetorix Willen ihre Hauptstadt und stürzten sich damit selbst ins Unglück. Nach längerer Belagerung ging der Prokonsul zum Angriff über, der für die Bevölkerung in einem Blutbad endete. Von angeblich 40 000 Einwohnern soll es nur etwa 800 gelungen sein, sich bis zu Vercingetorix durchzuschlagen. Der Averner hatte sein Heer in den nahen Wäldern zusammengezogen, ohne jedoch in den aussichtslosen Kampf einzugreifen.

Nach dem Fall Avaricums zog sich der Heerführer mit seiner Streitmacht in das gut befestigte und auf einem steilen Berg in der Auvergne gelegenen Gergovia zurück. Cäsars Legionen setzten ihm nach, und weil immer mehr Stämme von den Römern abfielen, wurden die Truppen des Prokonsuls in zunehmendem Maße von ihren Versorgungsbasen abgeschnitten und gerieten dadurch in eine schwierige Lage. Trotzdem, oder gerade deshalb, entschloß er sich zum Sturm auf die Festung. Nach verlustreichen Kämpfen mußte er aber die Belagerung abbrechen und sich geschlagen geben. Er soll sogar bereits mit dem Gedanken gespielt haben, sich ganz aus Gallien zurückzuziehen. Doch im Siegesrausch vergaßen die gallischen Krieger bei der Verfolgung der Römer so ganz und gar die Disziplin, um die sich Vercingetorix immer sehr bemüht hatte; seine Reiter gerieten durch ihr Ungestüm in eine Falle Cäsars und wurden aufgerieben. Damit hatte sich das gallische Heer im Handumdrehen selbst um die Früchte des Sieges gebracht.

Eilends zog sich daraufhin Vercingetorix in die Festung Alesia auf dem Mont Auxois zurück und bereitete sich auf den Angriff der römischen Truppen vor. Doch der Prokonsul hatte aus der Niederlage von Gergovia eine Lehre gezogen und dachte gar nicht daran, Alesia erstürmen zu wollen. Das Genie Gaius Julius Cäsar verfolgte einen ganz anderen Plan: Tausende von Legionären waren vielmehr Tag und Nacht damit beschäftigt, um Alesia herum ein System von Wällen und Gräben anzulegen, die mit heimtückischen Menschenfallen und Hindernissen aller Art versehen waren. Der innere Wall war dazu bestimmt, mögliche Ausfälle der belagerten Gallier zu verhindern, während der äußere den Zweck hatte, die Angriffe des von Vercingetorix erwarteten Entsatzheeres abzuwehren.

Die entscheidende Frage in dem erbitterten Kampf um Alesia und um Gallien war wohl die, wen der Hunger zuerst in die Knie oder zu einer Verzweiflungstat zwingen würde. Da sich bei den Eingeschlossenen schon nach wenigen Wochen akute Lebensmittelknappheit bemerkbar machte, erwarteten sie mit Sehnsucht das Eintreffen der Entsatztruppen. Als das riesige Heer, Cäsar sprach von 250 000 Mann, endlich vor der belagerten Stadt erschien, schöpfte man in Alesia noch einmal Hoffnung. Auf ein schon früher vereinbartes Zeichen wurden die Römer von innen und von außen gleichzeitig angegriffen. Zweimal mußten sich die Gallier nach verlustreichem Kampf zurückziehen, und als der dritte Angriff ebenfalls blutig abgeschlagen wurde, da ergriffen die Gallier des Entsatzheeres demoralisiert die Flucht. Nach dieser Niederlage war die Freiheit Galliens endgültig verspielt. Vercingetorix ergab sich mit seinen Mannen und wurde 46 v.Chr. in Rom hingerichtet. Aber auch Cäsar konnte seinen Triumph nicht lange auskosten. Er erlitt ein Schicksal, das er zuvor so vielen seiner Gegner bereitet hatte: Bekanntlich wurde er 44 v.Chr. in Rom von Verschwörern ermordet.

Oppida und Viereckschanzen

Als im 3. Jahrhundert v.Chr. der Schwung der keltischen Expansion erlahmt war und die überrannten Völker die Eroberer im Gegenangriff immer weiter zurückdrängten, kehrten viele von ihnen in die alte Heimat zurück, was auch in Süddeutschland zu einem steten Anwachsen der Bevölkerung führte. Das warf natürlich neue Probleme auf und machte sich offenbar wieder in einer stärkeren Abkapselung des Adels bemerkbar. Gegen Ende des 2. Jahrhunderts v.Chr. kam es dann, vermutlich infolge der Rückwanderung, auch in Mitteleuropa zur Gründung der ersten Städte, die Cäsar Oppida nannte. Die Oppida

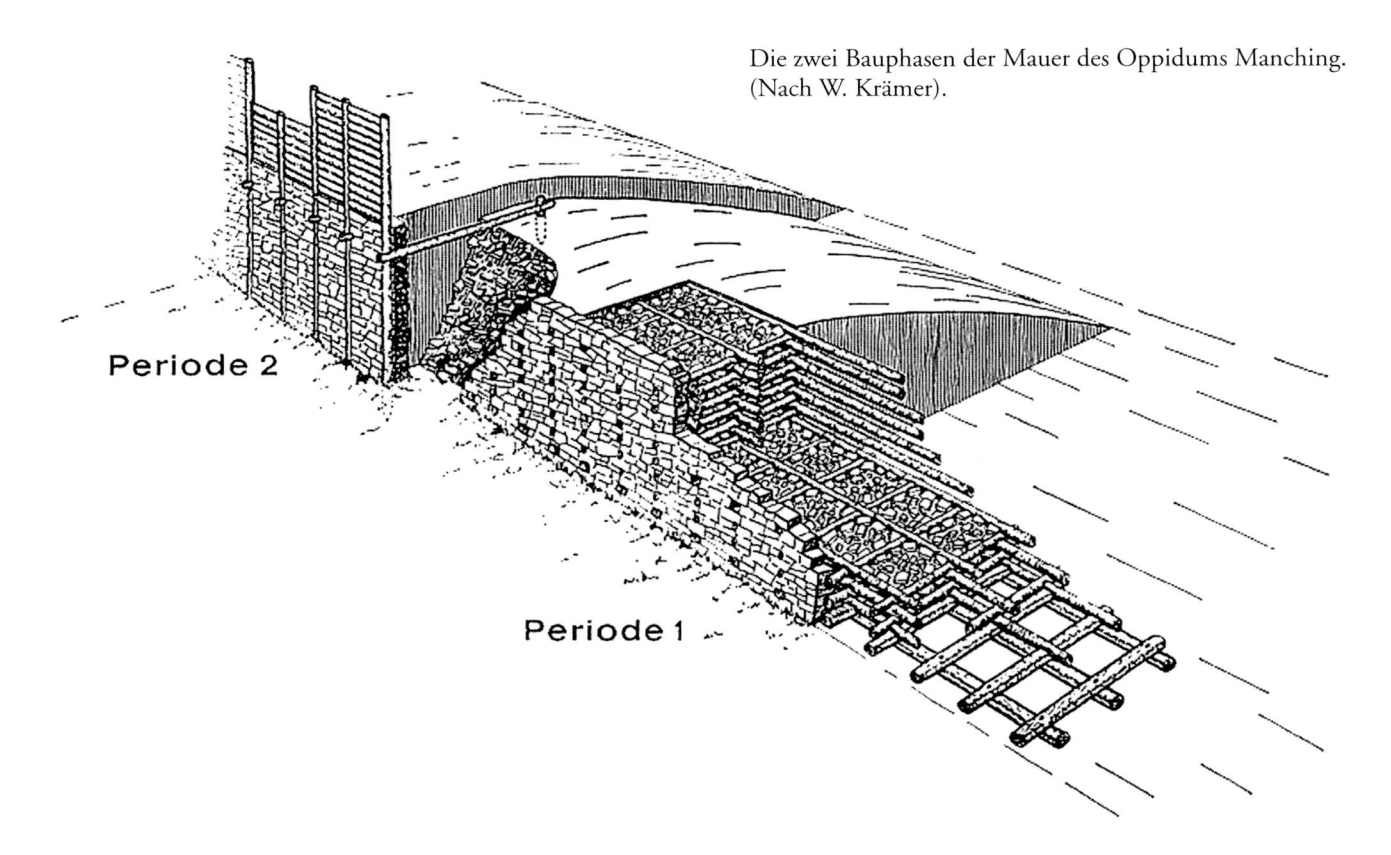

Die zwei Bauphasen der Mauer des Oppidums Manching. (Nach W. Krämer).

waren von mächtigen Holz-Erde-Mauern umgeben, denen zwei bewährte Konstruktionen zugrunde lagen. Das Gerüst des vor allem auf Frankreich beschränkten murus gallicus bildete ein vernageltes Rahmenwerk aus längs und quer verlegten Balken, das mit Erde ausgefüllt und an der Außenseite mit Steinen verkleidet war.

Wie schon dem Namen zu entnehmen ist, beruhte die hauptsächlich in Süddeutschland vorkommende Pfostenschlitzmauer auf einem anderen Bauprinzip. Nach den Befunden vom Staffelberg wurden zunächst in einem Abstand von ca. 2,2 Metern 40 Zentimeter dicke, behauene Pfosten gesetzt und die Zwischenräume mit Trockenmauern aus Kalksteinplatten ausgefüllt.[5] Dahinter befand sich eine zwischen 6 und 8 Meter breite Erdrampe, in der jeder einzelne Pfosten mit einem Querbalken verankert war. Wenn ein Oppidum nicht mehr instand gehalten wurde, verwitterten die Pfosten und hinterließen in der Mauer jene charakteristischen Schlitze, nach denen sie die Archäologen benannt haben.

Ein Durchbrechen solcher Mauern war schlechterdings unmöglich. Die neuralgischen Punkte aller befestigten Orte waren jedoch die Tore. Um den Feinden den Sturm auf das Tor so schwer wie möglich zu machen, wurden die spätkeltischen Oppida mit Zangentoren ausgestattet. Der Vorteil dieser Neuerung lag darin, daß man den Feind in der schmalen Torgasse von drei Seiten unter Beschuß nehmen konnte, wodurch er sicher große Verluste hinnehmen mußte.

Das Oppidum Manching gehörte zu den größten keltischen Städten Deutschlands und hatte eine 12 Meter lange Torgasse. Ursprünglich war es von einem etwa 7,5 Kilometer langen murus gallicus umgeben, der später durch eine Pfostenschlitzmauer verstärkt wurde. Größer waren nur noch das vom Heidengraben bei Urach abgeriegelte Plateau (1600 ha) und das Oppidum Alkimoennis auf dem Michelsberg bei Kelheim (600 ha). Die zwei zuletzt genannten befestigten Plätze führen recht anschaulich vor Augen, wie geschickt die keltischen Städtebauer die natürlichen Gegebenheiten für die Anlage befestigter Orte ausnützten. Ganz offensichtlich war für die Größe der beiden Oppida nicht der reale Raumbedarf, sondern die Geländeform von ausschlaggebender Bedeutung. So war Alkimoennis 38 mal größer als die Altstadt von Kelheim, doch bewohnt war ein nur kleiner Teil davon. Anscheinend legte man in diesem Falle Wert darauf, die Eisenerzgruben in das abgeriegelte Areal mit einzubeziehen. Aus alldem ergibt sich, daß die keltischen Oppida ihrem Charakter nach nicht mit den mittelalterlichen Städten verglichen werden können. Sie fungierten zwar als Wirtschafts- und Verwaltungszentren der Stämme, wahrscheinlich lagen auch die Herrensitze hinter ihren Mauern, doch in Zeiten der Not dienten sie sicher auch als Refugien, denn die Einwohner – man legt den Schätzungen 5000 bis 20 000 Köpfe zugrunde – wären alleine gar nicht in der Lage gewesen, die riesigen Anlagen zu verteidigen.

Der Ringwall von Manching umschloß eines der wenigen Oppida, die in der Ebene errichtet worden waren. Der Platz auf einer Schotterschwelle im Osten des Donaumooses und damals unmittelbar am Südufer der Donau gelegen, war gut gewählt, denn die Mauer hatte man so ausgeführt, daß ein alter Fernhandelsweg, den die Römer später zur Donau-Südstraße ausbauten, durch die Mitte des Oppidums führte. Darüber hinaus boten die zahlreichen Moore einen gewissen Schutz vor ungebetenen Gästen. Die Ausgrabungen im Oppidum haben Funde der Stufen LT C und LT D[1] erbracht. Zwischen dem überbauten Zentrum und dem Mauerring lag eine etwa 600 Meter breite Zone, in der keine Spuren von Häusern gefunden wurden und die bei Kampfhandlungen vermutlich Flüchtlingen und Haustieren Platz bieten sollte. Die in Fachwerkbauweise erstellten Viereckhäuser waren meistens zweischiffig und in der Regel 6 bis 8 Meter lang sowie 4 bis 6 Meter breit, doch kamen auch wesentlich größere Bauten vor.

An einer breiten Straße, die vom Osttor ins Stadtzentrum führte, hatten viele Handwerker ihre Häuser. Dort gab es u.a. Schmiedewerkstätten, Bronzegießereien, Töpfereien und Werkstätten von Glasmachern, in denen sich neben Perlen und Resten anderer Glaswaren auch farbige Armringe fanden, die man häufig mit aufgelegten, bunten Glasfäden verziert hatte. In einem der Häuser kamen einige Tüpfelplatten zum Vorschein, in denen Schrötlinge für die Gold- und Silbermünzen gegossen worden waren.

Manching war ein sehr wichtiger Platz, wahrscheinlich sogar die Hauptstadt der Vindeliker, denn das Prägerecht war ein Privileg herausragender, prosperierender Orte. Das keltische Münzwesen entwickelte sich wahrscheinlich in der Mitte des 3. Jahrhunderts v.Chr. und stand zunächst ganz in griechischer und römischer Tradition. Das Bildnis Philipps II von Makedonien zierte anfangs noch häufig die keltischen Goldmünzen, für die sich – nicht nur bei Sammlern – der romantische Name „Regenbogenschüsselchen" eingebürgert hat. In Süddeutschland setzte die Münzprägung offenbar etwas später ein und orientierte sich ganz an römischen Vorbildern. Ansonsten ist nicht sonderlich viel über das älteste Münzwesen Mitteleuropas bekannt, doch aufgrund einiger großer Schatzfunde in den letzten Jahrzehnten, die sich vorwiegend aus Regenbogenschüsselchen zusammensetzten, eröffnen sich für die Forschung bessere Perspektiven.

Im süddeutschen Raum stehen den Resten von zehn Oppida rund 300 Viereckschanzen gegenüber. Über den Zweck dieser rechteckigen bis quadratischen Wallanlagen mit vorgelegtem Graben, die nur selten eine Seitenlänge von mehr als 100 Metern aufweisen und fast immer in einem Bezug zu Brunnen, Quellen oder Bächen stehen, tappte man lange Zeit volkommen im dunkeln. Zunächst wurden sie häufig für römische Marschlager gehalten, und später, als sie durch die Funde in die späte Latènezeit datiert waren, deutete man sie gerne als befestigte Gutshöfe, obwohl bei einigen kleineren Untersuchungen keine nennenswerte Innenbebauung festgestellt werden konnte. Heute weiß man, daß dieses Kriterium gar nicht stichhaltig ist, weil die hallstattzeitlichen „Herrenhöfe" ebenfalls nur spärliche Gebäudespuren aufweisen. Vereinzelt wurden auch Kultanlagen ins Gespräch gebracht.

Durch die von Klaus Schwarz zwischen 1957 und 1963 durchgeführten Ausgrabungen bei Holzhausen an der Isar schien endlich der Beweis erbracht worden zu sein, daß es sich bei den Viereckschanzen um Kultanlagen gehandelt hat. Ein kleiner Umgangstempel aus Holz, Brandaltäre und drei nicht zeitgleiche Schächte, 7 bis 35 Meter tief, mit in die Füllung eingelagerten dunklen Schichten, die aufgrund ihrer Zusammensetzung als Reste von Brandopfern gedeutet worden waren, legten in den Augen vieler Archäologen dafür Zeugnis ab. Zudem fand sich im unteren Teil eines Schachtes das Negativ eines absichtlich schräg verkeilten Holzpfahls, der, nach Ansicht des Ausgräbers, eventuell astronomische Bedeutung hatte.

Ferner kamen unter den Wällen von Holzhausen die Spuren von vier älteren Anlagen zum Vorschein, die mehrere Entwicklungsstadien des vermutlichen Kultplatzes belegen. Nach diesen Befunden müßten die religiösen Sitten einem verhältnismäßig schnellen Wandel unterworfen

Rekonstruktionsversuch einer Viereckschanze. (Nach K. Bittel 1981).

gewesen sein. In der keltischen Frühzeit dürften lediglich Lichtungen oder gerodete Flächen in heiligen Hainen als Kultstätten gedient haben. Ursprünglich haben die Kelten wohl nur Naturgötter wie Quellen, Seen, Moore, Bäume, Berge und wahrscheinlich auch die Sonne verehrt, bis sie durch ihre Kontakte zu den Mittelmeerländern auch menschengestaltige Götter kennenlernten.

Die in Holzhausen gewonnenen Befunde konnten bisher nicht in vollem Umfang bestätigt werden. In einigen württembergischen Viereckschanzen kamen zwar ebenfalls Schächte mit schräg verkeilten Pfosten zum Vorschein, doch in keinem von ihnen ließen sich eindeutige Reste von Brandopfern nachweisen. In anderen Anlagen, so auch in Fellbach-Schmiden, konnte der Schacht ganz eindeutig als Brunnen identifiziert werden.[6] Weil man sich in der Vergangenheit fast immer mit einigen Wallschnitten und der Untersuchung von Teilflächen begnügt hatte, verstärkte sich die Meinung, daß die unterschiedlichen Befunde als Ergebnisse dieser unzureichenden Teiluntersuchungen aufzufassen seien. Diese Ansicht weckte schließlich bei vielen Archäologen die Bereitschaft, zumindest die Innenflächen der Viereckschanzen ganz zu untersuchen.

Die 1984 in Ehningen bei Böblingen aufgedeckte Anlage war im ganzen Verbreitungsgebiet dieser Objekte die erste, die wirklich ganz ausgegraben wurde. Auf der Innenfläche kamen die Pfostenlöcher von sieben kleineren Gebäuden zum Vorschein, doch keine Spur eines Schachtes oder Brunnens. Auch in der von 1989–1992 untersuchten Viereckschanze in Bopfingen-Flochberg fanden sich keine Schächte, dafür konnte jedoch in der Grabenfüllung an einer Stelle eine dünne Schicht mit verbrannten Tierknochen freigelegt werden, die auf Brandopfer schließen läßt. Als Innenbebauung wurden drei Gebäude festgestellt, wovon das größte, ein Sechspfostenbau mit einer Grundfläche von 9 mal 13 Metern, dem Eingang gegenüberlag. In der Südostecke befand sich ein sogenannter Umgangstempel mit etwa zehn Metern Seitenlänge. Solche Bauten wurden bisher in vielen der untersuchten Viereckschanzen angetroffen, was wiederum als Indiz für eine Kultstätte gelten kann.

Ob die zwei Stierköpfe aus Eisen und Bronze von Finningen-Mörslingen im Lkr. Dillingen sakralen oder profanen Zwecken gedient haben, liegt noch im Dunkeln.

Dagegen konnten in der erst 1994 vollständig ausgegrabenen Viereckschanze bei Plattling-Pankofen an der untersten Isar drei Brunnen nachgewiesen werden. Die Anlage hat die Form eines unregelmäßigen Rechtecks und gehört mit einer Länge von 152 und einer Breite von 112 Metern zu den größten ihrer Art in Süddeutschland. Weil die 600 Befunde und die Masse der Funde noch nicht ganz ausgewertet sind, läßt sich über die Innenbebauung noch nicht viel sagen. Es gibt aber deutliche Hinweise auf einen Umgangsbau in der Südwestecke und ein spätlatènezeitliches Alter der Anlage. Wie in Fellbach-Schmiden haben sich auch in Pankofen Reste der Brunnenverschalungen erhalten.[7]

Als Fazit dieser Untersuchungen kann gelten, daß auch durch die begrüßenswerten Totalausgrabungen kein einheitliches Bild vom Charakter dieser Anlagen gewonnen werden konnte. Auf einen anderen, sehr wichtigen Aspekt der Untersuchungen in Bopfingen-Flochberg und Plattling-Pankofen kommen wir später noch einmal zurück.

Die Götter der Kelten

Die bestehende Unsicherheit hinsichtlich der Viereckschanzen beruht auch auf unserem dürftigen Wissen über Religion und Mythologie der Kelten. Aus dem vorrömischen Süddeutschland sind nicht einmal die Namen der wichtigsten keltischen Götter schriftlich überliefert. Inwieweit die Beobachtungen Cäsars in Gallien auch auf den süddeutschen Raum zutreffen, ist nicht bekannt. Außerdem hat er in grober Vereinfachung bzw. im Sinne der interpretatio Romana die gallischen Götter mit römischen Namen belegt. So geht in dieser Hinsicht aus seinen Schriften kaum mehr hervor, als daß auch die Kelten Merkur, Apollo, Mars, Minerva und Jupiter u.a. verehrten.

Im 1. Jahrhundert n.Chr. berichtete der römische Schriftsteller M. A. Lucanus – wie vor ihm auch schon Cäsar –, die Gallier hätten ihren wichtigsten Göttern Taranis, Teutates und Esus auch Menschenopfer dargebracht. In den sogenannten Berner Kommentaren zu Lucanus' Hauptwerk Pharsalia werden darüber hinaus auch die Tötungsarten der Opfer zu Ehren der einzelnen Götter beschrieben. Für Taranis wurden sie in einer Art Käfig aus Reisig verbrannt, für Teutates in einem Wasserfaß ertränkt, und für Esus hat man die Opfer mit ihren Extremitäten an vier gewaltsam gebogenen Äste gebunden, die dann, beim gleichzeitigen Zurückschnellen der Äste, zerrissen wurden. Die Zuständigkeiten der Götter scheinen nicht scharf gegeneinander abgegrenzt gewesen zu sein, doch dürfte es sich aufgrund der verfügbaren Quellen bei Taranis um den obersten Gott und Beherrscher des Himmels gehandelt haben. Doch wie gesagt, beziehen sich diese Quellen allein auf das römische Gallien. Von den Inselkelten liegen zwar auch schriftliche Überlieferungen vor, doch sind diese meistens erst im Mittelalter von irischen Mönchen aufgezeichnet worden, weshalb ihr historischer Wert schon aufgrund des zeitlichen Abstandes nicht besonders hoch zu veranschlagen sein dürfte.

Die Frage, wie weit sich die religiösen Verhältnisse Galliens auch auf Süddeutschland übertragen lassen, kann schon deshalb nicht beantwortet werden, weil die Kelten noch viele andere Götter hatten, deren Bedeutung selbst bei den einzelnen Stämmen Galliens unterschiedlich war. Wie bereits weiter oben erwähnt wurde, haben die latènezeitlichen Kunsthandwerker nicht nur den Schmuck, sondern auch Waffen und Gebrauchsgegenstände mit religiösen Motiven und Bildnissen ihrer Götter verziert, die an den beigeordneten Symbolen erkenntlich sind. So ist z.B. Taranis an dem sechsspeichigen Rad, das sowohl als Symbol der Sonne als auch des Blitzes gedeutet wird, Teutates am Widder oder stilisierten Widderhörnern, Esus an den Mistelblättern und der Hirschgott Cernunnon am Geweih zu erkennen. Im Laufe der Zeit änderten sich die Zuständigkeiten der verschiedenen Götter, und dementsprechend wurden ihnen auch andere Symbole beigeordnet. Aufgrund dieser Unsicherheiten ist die Deutung der Motive nicht immer ganz einfach. Obwohl es anhand der archäologischen Funde bisher nicht möglich war nachzuweisen, daß die wichtigsten Götter im ganzen Siedlungsgebiet der Kelten verehrt wurden, spricht doch manches für diese Annahme.

Druiden, Barden und Seher

Nach den Worten Cäsars hat es in Gallien nur zwei Stände gegeben, die das Geschick der Stämme lenkten, und zwar die Druiden und die Ritter, während die Bevölkerung beinahe auf dem sozialen Niveau von Sklaven gehalten wurde. In der antiken Literatur werden die Druiden ganz allgemein als Philosophen bezeichnet; von Cäsar wissen wir, daß sie für alle Religions-, Rechts- und Verfassungsfragen wie auch für die Lehre zuständig waren. Außerdem hatten sie für die Bereitstellung der öffentlichen und privaten Opfergaben, einschließlich der Menschenopfer, Sorge zu tragen. Doch sei es den Göttern genehm gewesen, wenn anstelle unbescholtener Menschen Verbrecher dazu ausersehen wurden.

Allerdings scheinen besondere Anlässe dann und wann auch hochgestellte Persönlichkeiten erfordert zu haben. So wurde 1984 im Lindow Moor bei Manchester die gut erhaltene, etwa 2200 Jahre alte Leiche eines Mannes gefunden, der seinen Händen nach – so meinen die Wissenschaftler – weder Krieger noch Bauer oder Handwerker gewesen sein könne. Er müsse, so schließt man daraus, zur Kaste der Druiden gehört haben. Die Untersuchung der Leiche ergab einen rätselhaften Befund:

Der Mann hatte zuerst zwei vermutlich tödliche Schläge auf den Hinterkopf erhalten, dann war er mit einem Lederriemen gewürgt worden, anschließend hatte man ihm die Kehle durchgeschnitten, und bevor man ihn nackt im Moor versenkte, war sein Kopf noch einige Zeit unter Wasser gedrückt worden. Erst als man im Magen der Leiche ein kleines Stück verkohlten Brotes fand, zeichnete sich die Lösung des Rätsels ab: In der Überlieferung der Inselkelten kennt man die Auslosung mittels eines teilweise verbrannten und in Stücke gebrochenen Fladens. In diesem Falle bedeutete das verkohlte Stück Brot den Tod für den, der es zog. Die Opferung einer hochgestellten Persönlichkeit hielten die Kelten wohl für ausreichend, um gleich mehrere Götter gnädig zu stimmen. Und diesem Zwecke sollte offensichtlich das äußerst merkwürdige Tötungsritual dienlich sein.

Unter der römischen Herrschaft waren in Gallien Menschenopfer verboten. Lucanus berichtet jedoch, die Druiden hätten während der Abwesenheit Cäsars, der wegen des Bürgerkrieges in Italien weilte, die alte Sitte wieder aufleben lassen. Die offenbar nie ganz zu unterbindenden Menschenopfer waren vermutlich nur einer der Gründe, warum das Druidentum unter Claudius endgültig beseitigt wurde. Viel eher dürfte die Tatsache von ausschlaggebender Bedeutung gewesen sein, daß ihr tief in der keltischen Tradition verwurzeltes Gedankengut von den Römern als gefährlich angesehen wurde.

Zur Kaste der Priester gehörten auch die Seher, von den Galliern Vates genannt. Ihnen oblag es unter anderem, die Zukunft zu ergründen oder herauszufinden, ob die Zeichen für ein geplantes Unternehmen günstig stünden. So soll sich Diviciacus besonders darauf verstanden haben, Vogelzeichen, namentlich den Vogelflug, richtig zu deuten. Nach Diodor wurde immer dann, wenn es um wichtige Dinge ging, die Opferschau auch an Menschen vorgenommen. Das Opfer wurde erst geweiht und anschließend mit einem Dolchstoß in die Herzgrube getötet. Die heikelste Aufgabe der Priester bestand darin, aus den letzten Lebensäußerungen des Geopferten und dem Fluß des Blutes die Zukunft zu deuten. Es irritiert ein wenig, wenn in der männerbündischen Gesellschaft der Kelten, in der nach Ansicht der antiken Schriftsteller Homosexualität gang und gäbe war, auch Priesterinnen die Opferschau vornehmen durften.

Wie aus verschiedenen Grabungsberichten hervorgeht, scheinen die blutigen Rituale auch in Bayern üblich gewesen zu sein. Ob dabei Druiden oder Priesterinnen beteiligt waren, läßt sich archäologisch natürlich nicht nachweisen. In welchem Umfang mancherorts noch Menschenopfer dargebracht wurden, darüber legt die Dietersberghöhle bei Egloffstein ein makabres Zeugnis ab.[8] Vor der Schachthöhle waren mindestens 35 Menschen beiderlei Geschlechts und jeden Alters getötet, zerstückelt und dann in die Höhle geworfen worden. Nach Erl gibt es Hinweise auf rituellen Kannibalismus. Unter den Menschenresten stieß man sogar auf Skelette Ungeborener. Björn Uwe Abels, Leiter der Außenstelle Bamberg des LfD, berichtet von einem anderen makabren Fund, der 1990 auf der Ehrenbürg zutage kam.[9] In einer frühlatènezeitlichen Abfallgrube wurde das Skelett eines etwa sechs Monate alten Kindes gefunden, „... dessen Arme und Beine fehlten, obwohl sich die zartesten Knochen erhalten hatten..." Da sich die Säuglingsknochen noch im Verband befanden, als sie in die Grube gelangten, dürften, so Abels, die Arme und Beine des Kindes verzehrt worden sein. In der Grube kamen außerdem die Fragmente eines menschlichen Schädeldaches und eines Femurs zum Vorschein. An dem Oberschenkelknochen waren deutliche Schnittspuren zu erkennen.

Auch die Barden gehörten zur geistigen Elite, denn sie waren mehr als nur Versedichter und Sänger, da sie im keltischen System der mündlichen Überlieferung eine wichtige Rolle spielten. Darüber hinaus erfüllten sie damals eine Aufgabe, die heute von den Massenmedien wahrgenommen wird, weil sie durch ihr Wirken maßgeblichen Einfluß auf die öffentliche Meinung ausübten, wenn es denn gestattet ist, einen modernen Begriff auf die Verhältnisse der späten Eisenzeit zu übertragen. Die fast grenzenlose Ruhmsucht der Kelten ist hinlänglich bekannt. Deshalb konnte für einen hochstehenden Angehörigen der Kriegerkaste Lob oder Tadel aus dem Munde des Barden schicksalhafte Auswirkungen haben. Kein Wunder also, wenn der Adel versuchte, sich die Barden durch große Geschenke zu verpflichten, wodurch es aber auch zu gegenseitiger Abhängigkeit gekommen sein dürfte.

Die Wörnitz bei Ebermergen. In der keltischen Frühzeit wurden vermutlich auch Flüsse und Quellen als Gottheiten verehrt.

Ein keltisches Oppidum auf dem Ipf?

Der dominante Ipf am westlichen Riesrand ist nicht nur der höchste, sondern auch der markanteste Zeugenberg der Ostalb, und von allen Erhebungen im Umfeld des Meteoritenkraters besaß er die denkbar besten Voraussetzungen für den Bau einer Befestigungsanlage. Sein gegenwärtiges Aussehen ist allerdings nur teilweise dem Wirken natürlicher Kräfte zu verdanken; vor allem im letzten vorchristlichen Jahrtausend wurde der Berg in harter Fronarbeit immer wieder aufs neue befestigt und ausgebaut. Dabei wurden mächtige Trockenmauern errichtet und breite Gräben in den Fels gehauen. Obwohl auf dem Ipf bis heute nur wenige Funde aus der späten Latènezeit zum Vorschein gekommen sind, ist eine ganze Reihe namhafter Archäologen gleichwohl der Ansicht, daß sich im letzten Jahrhundert v.Chr. ein kleines Oppidum auf dem Berg befunden haben dürfte.

Im Vordergrund des Luftbildes liegt der Goldberg.

13. Das Ries in der Latènezeit

Der Übergang von der Hallstatt- zur Latènezeit scheint auch im Ries nicht ganz so nahtlos gewesen zu sein, wie manche Autoren annehmen. Es war offenbar eine Folge der Unruhen, die schließlich zum Untergang des hallstattzeitlichen Feudalsystems geführt hatten, daß viele der Höhensiedlungen im Frühlatène nicht mehr belegt waren. Auch auf dem Ipf ist das Frühlatène nur durch einzelne Funde belegt. Doch eine ganze Reihe von Flachlandsiedlungen und neun Gräber (Stand 1970), die zum größten Teil als Nachbestattungen in älteren Grabhügeln aufgefunden worden waren, bestätigen, daß die Kontinuität nicht ganz abgerissen ist. Die eigentliche, durch die keltische Expansion zu Beginn der Mittellatènezeit verursachte Zäsur ist auch im Ries deutlich zu erkennen.

Die letzten Publikationen über die Latènezeit im Ries sind 1979 in den schon erwähnten Riesführern durch Hans P. Uenze und Hans Frei erfolgt. Auf den Fundkarten von H. P. Uenze, die im wesentlichen auf dem Stand von 1970 beruhen - bei H. Frei sind bereits die ersten Ergebnisse der Flurbegehungen eingeflossen –, sind 42 Siedlungen verzeichnet, wovon 11 auf die frühe (Stufe LT A – ca. 470–400 v.Chr.), eine auf die mittlere (Stufen LT B und LT C – ca. 400-120 v.Chr.) und 31 auf die späte Latènezeit (Stufe LT D – ca. 120–15 v.Chr.) entfallen. Nichts könnte die Auswirkungen der keltischen Völkerwanderung eindrucksvoller dokumentieren als diese Zahlen. Und das, obwohl die mittlere Latènezeit der weitaus längste Abschnitt der späten Eisenzeit war.

Von sechs untersuchten frühlatènezeitlichen Gräbern waren fünf als Nachbestattungen in bronze- bzw. hallstattzeitlichen Grabhügeln bei Ederheim, Bollstadt und Belzheim aufgefunden worden. Nach H. P. Uenze waren die Gräber für bayerische Verhältnisse gut mit Hals- und Armringen sowie Vogelkopf- bzw. Tierkopffibeln ausgestattet und den Funden nach dem südbayerischen Trachtgebiet zugehörig.[1] Obwohl unter den Toten auch Männer gewesen sein könnten, wurden keine Waffen gefunden, was jedoch im bayerischen Latène häufiger vorkam.

Der Goldberg war erst in der Stufe LT B wieder schwach besiedelt. Nach der bayerischen Terminologie gehört diese Stufe ins Mittellatène, nach württembergischer Auffassung jedoch in das Frühlatène. Weil sein Plateau damals großräumig durch eine Holz-Erde-Mauer abgeriegelt, aber nur mit wenigen Häusern bebaut war, dürfte es sich – nach Bersu – um eine Fluchtburg gehandelt haben. Bis in die achtziger Jahre galt er als die einzige mittellatènezeitliche Siedlung des Rieses. Erst vor kurzer Zeit wurde in Bopfingen-Flochberg eine große vorgeschichtliche Siedlung mit mindestens 100 Häusern untersucht, die in der Urnenfelderzeit und in den Latènestufen LT B und LT C belegt war. Im Ries gibt es keine Fundstelle, an der es eine durchgehende Besiedlung von der Stufe LT A zu LT C gegeben hätte. Entweder fehlt das Frühlatène oder die mittellatènezeitliche Stufe LT B.[2] Das einzige Grab aus der Stufe LT B wurde 1967 in Kirchheim am Ries untersucht. Drei weitere Gräber, die in Hürnheim, Holheim und Heroldingen zum Vorschein kamen, stammen erst aus der jüngeren Stufe LT C und deuten nun neben der Siedlung in Bopfingen auf ein langsames Anwachsen der Bevölkerung hin.

In Holheim und Heroldingen gehörte das Schwert zur Grabausstattung. Der Krieger von Holheim lag mit dem Kopf im Süden in einer viereckigen, 65 Zentimeter tiefen Grube. Das für damalige Verhältnisse reich ausgestattete Grab dürfte sogar in die späte Latènezeit gehören. Neben Schwert, Lanzenspitze und einem bandförmigen Schildbuckel gehörten zu den Beigaben auch ein Rasiermesser, eine Schere zur Haarpflege und eine Fibel aus Eisen sowie zwei Bronzearmringe und reichlich Keramik. Des weiteren kamen Beschläge aus Eisen und Bronze zum Vorschein, die von einem hölzernen Eimer stammten. In Bayern waren Holzeimer als Grabbeigaben nicht üblich. Laut H. P. Uenze findet man sie jedoch in spätlatènezeitlichen Gräbern am Mittelrhein. Da es hinsichtlich der Beigaben noch weitere Unterschiede zu Bayern, wo z.B. das Schwert bzw. die Scheide an einer eisernen Schwertkette getragen wurde, und Übereinstimmungen mit den spätlatènezeitlichen Brandbestattungen des Mittelrheingebietes gibt, wird es sich, so Uenze, bei dem Krieger von Holheim wohl um einen Fremden handeln.

Gegen Ende des 2. Jahrhunderts v.Chr. änderte sich der Grabbrauch in ganz Südbayern so grundlegend, daß man bis heute nicht herausfinden konnte, was im Spätlatène mit den Toten geschehen ist.

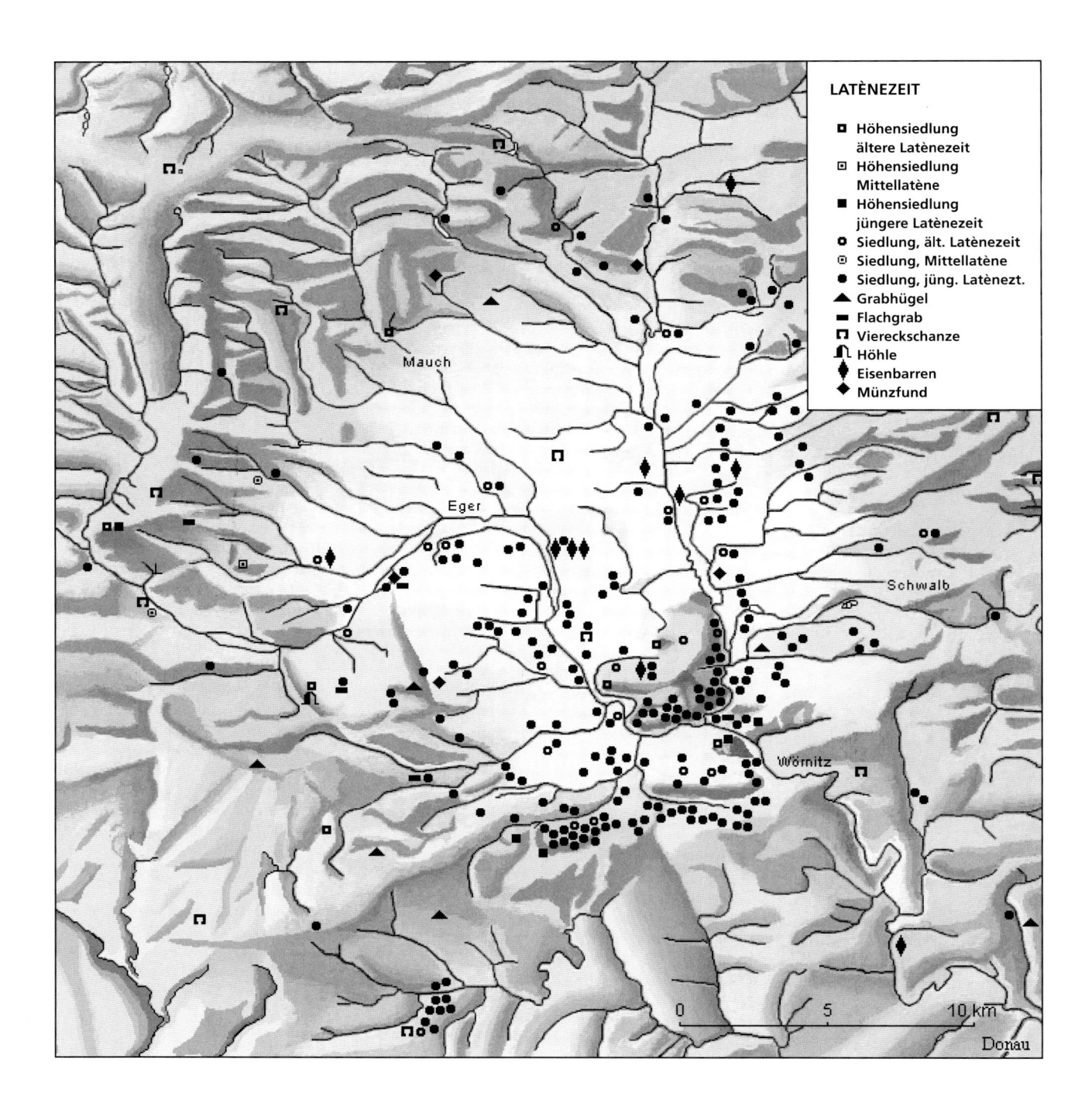

Wie durch eine große Zahl von Fundstellen belegt wird, stieg in der späten Latènezeit auch im Ries die Bevölkerung sprunghaft an. Trotz dieser positiven Entwicklung konnte bislang kein Oppidum nachgewiesen werden. Seit längerem ist bekannt, daß die meisten Oppida als Stammeszentren fungierten und ihre Mauern in mehreren Fällen sehr große Flächen umschlossen. Mit einem befestigten Ort dieser Kategorie ist im Ries natürlich nicht zu rechnen. Es gab aber auch kleinere Oppida, und am Riesrand befinden sich an strategisch wichtigen Punkten zwei Bergplateaus mit Befestigungsresten aus der späten Latènezeit, für die sich die moderne Archäologie bisher leider kaum interessiert hat: Es handelt sich dabei abermals um den bereits erwähnten, landschaftsbeherrschenden Ipf, zu dessen Füßen sich die Eger mit der Sechta vereinigt, um dann ins Ries einzutreten, sowie um den eher unauffälligen Heroldinger Burgberg, von dem auch schon die Rede war. Die „Burg" liegt östlich des Rollenberges und stellt

Spätlatènezeitliche Keramik von Manching. Links ein Topf aus Graphitton mit Kammstrichverzierung.

hier die steile linke Flanke des Wörnitztales dar. Zwischen diesen zwei Erhebungen muß sich die Wörnitz auf ihrem Weg zur Donau hindurchzwängen. Die Bedeutung dieser Pforte wird durch zwei alte Straßen und die Bahnlinie nach Nördlingen, die hier in das Ries hineinführen, besonders hervorgehoben. Da in der noch weitgehend weglosen prähistorischen Zeit auch kleinere Flüsse wie Wörnitz und Eger im Gütertransport eine sehr wichtige Rolle gespielt haben, wurde diese Pforte noch weiter aufgewertet, was sich vermutlich auch auf das Siedlungsgeschehen ausgewirkt hat.

Trotz der spärlichen spätlatènezeitlichen Funde, die bis jetzt vom Ipf vorliegen, hält es Dieter Planck, der archäologische Leiter des Landesdenkmalamtes von Baden-Württemberg, aufgrund verschiedener Indizien, zu denen das Zangentor am Hauptweg und andere fortifikatorische Kriterien gehören, für möglich, daß die Siedlung der jüngeren Eisenzeit den Charakter eines kleinen Oppidums besessen haben könnte, wofür in Anbetracht der Gegebenheiten sicher so manches spricht.[3]

Obwohl es zwischen Ipf und Heroldinger Burg einige Parallelen gibt, ist die Situation auf dem bewaldeten Burgberg, der durch ein Zangentor ebenfalls ins Spätlatène datiert ist, dennoch schwerer zu beurteilen. Vor allem fehlt ihm die Dominanz des weithin sichtbaren Ipf, außerdem liegen kaum beweiskräftige Funde vor, mit denen ein Oppidum belegt werden könnte. Bei der Begehung der Heroldinger Burg konnte auf den Wallresten und am Plateaurand zwar eine größere Anzahl kleiner Scherben aufgenommen werden, die jedoch weitgehend aus der Urnenfelderzeit stammen. Latènezeitliche Funde liegen bisher jedoch nur in kleiner Anzahl vor. Dazu gehören neben einer Graphittonscherbe ohne Kammstrich- auch drei oder vier Tonscherben mit Kammstrichverzierung. Eindeutig spätlatènezeitliche Funde, wie etwa Fragmente des Wulstrandtopfes aus Graphitton mit Kammstrich, auf denen fast ausnahmslos die Altersbestimmung der seit 1970 im Ries lokalisierten spätlatènezeitlichen Fundstellen beruht, fehlen leider immer noch. Das hätte an und für sich nicht viel zu sagen, da manche Oppida ja schon in der mittellatènezeitlichen Stufe LT C gegründet wurden. Was schwerer wiegt, ist der geringe Fundanfall, der für ein Oppidum viel zu klein ist, eine Tatsache, die sicherlich nicht nur dem dichten Bewuchs auf dem Plateau zugeschrieben werden muß.

Wahrscheinlicher dürfte die Annahme sein, daß der Ringwall auf dem Heroldinger Burgberg als Refugium für die Bevölkerung erbaut worden war. Die große Siedlungsdichte im südlichen Einzugsgebiet von Wörnitz und Eger, die sich unmittelbar westlich des Burgberges von Süden nach Norden zieht, sowie die in vielen Befunden erkenntlichen Hinweise auf kriegerische Auseinandersetzungen in der Mitte des letzten vorchristlichen Jahrhunderts, könnten die Beweggründe für den Bau einer Fluchtburg gewesen sein. Wie schon eingangs angedeutet wurde, liegt die Heroldinger Burg auf dem westlichen Sporn einer großen Scholle, die von Osten her in das Ries vorspringt und den eigentlichen Kraterrand überlagert, wodurch nun der Nordrand dieser Scholle den um etwa vier Kilometer ins Beckeninnere vorgeschobenen Riesrand östlich der Wörnitz bildet.

Wie groß die Siedlungsdichte wirklich war, machen die Ergebnisse der Geländeprospektion deutlich: Obwohl die Flurbegehungen im Nordries noch nicht ganz abgeschlossen sind, wurden bis 1996 insgesamt, also alte und neue Fundstellen zusammen, rund 290 latènezeitliche Fundstellen, davon 249 Siedlungen, erfaßt und kartiert. Bei Zugrundelegung des Standes von 1970 bedeutet das eine Steigerung um annähernd 480 Prozent. Doch auch beim latènezeitlichen Fundmaterial lassen sich die kleinstückigen Oberflächenscherben nur z.T. bestimmten Stufen zuweisen. Während die Stufen LT A und LT D aufgrund der typischen Leitformen und Verzierungen relativ gut belegt sind, gibt es – neben Bopfingen, Goldberg und Kirchheim-Benzenzimmern, die alle drei im württembergischen Teil des Rieses liegen – keine eindeutigen Hinweise auf das Mittellatène im Ries. Inwieweit das auch auf das Material der Ausgrabungen in Nördlingen-Baldingen und Nördlingen-Kleinerdlingen zutrifft, wird sich erst bei der Bearbeitung zeigen.

Anhand der besonderen Merkmale konnte dennoch festgestellt werden, daß etwa zwei Drittel der Fundstellen aus dem 1. und 2. Jahrhundert v. Chr. stammen. Wenn wir uns nun die Bevölkerungsentwicklung in der späten Eisenzeit anhand der Siedlungstätigkeit etwas genauer ansehen möchten, könnten wir den prozentualen Anteil der einzelnen Stufen von 1970 auf den Forschungsstand von 1996 hochrechnen. Nach dieser Rechnung entfallen von den bis 1996 lokalisierten Fundstellen auf das Frühlatène 65, auf die Stufen B und C 6 und auf das Spätlatène 178 Siedlungen. Das würde nach der deutlichen Zäsur zu Beginn der mittleren Latènezeit binnen weniger Generationen einen Zuwachs um mehr als 2800 Prozent bedeuten. Wegen der genannten Unsicherheiten empfiehlt sich jedoch eine andere Vorgehensweise, die auch in diesem Buch bei der Kartierung der latènezeitlichen Funde – mit Ausnahme der drei sicher mittellatènezeitlichen Siedlungen – angewandt wurde: Man kann nämlich auch die Stufe LT A mit LT B zur älteren und die Stufe LT C mit LT D zur jüngeren Latènezeit zusammenfassen. Das ist insofern zweckmäßig, als sich die Siedlungskeramik der Stufe B nur unwesentlich von der gleichartigen Töpferware der Stufe A unterscheidet und auch der Übergang von LT C zu LT D weitgehend fließend erfolgte, während es zwischen der Keramik der jüngeren und der älteren Latènezeit doch deutliche Unterschiede gibt. Aufgrund dieser Zweiteilung ergibt sich fast immer eine Möglichkeit, die Siedlungsfunde anhand ihrer Merkmale der einen oder der anderen Gruppe zuzuweisen.

Einige Archäologen äußern Bedenken hinsichtlich der angenommenen Rückwanderung keltischer Gruppen aus Süd- und Südosteuropa nach dem Scheitern der expansionistischen Bestrebungen. Doch die geradezu stürmische Entwicklung im Ries während der späten bzw. jüngeren Latènezeit ist ohne Zuwanderung aus anderen Gebieten gar nicht denkbar.

Da auch im Spätlatène die Fundstellen sehr unterschiedlich im Ries verteilt waren, ergab sich für das südöstliche Becken – die östliche Randzone ausgenommen – eine enorme Fundstellenverdichtung, der das Prädikat „Kulturlandschaft", in der offenbar Einzelhöfe und Weiler vorherrschten, zugebilligt werden muß, zumal Lüning schon die altneolithische Besiedlung des Merzbachtales unter einem kulturlandschaftlichen Aspekt gesehen hat.[4] Zu den Kriterien der Kulturlandschaft gehört neben einer entsprechenden Siedlungsdichte natürlich auch die erforderliche Infrastruktur, die es spätestens zur Zeit der Oppida-Zivilisation mit Sicherheit gegeben hat. So muß es beispielsweise wegen der gar nicht notwendigen Graphittonkeramik, die wohl hauptsächlich wegen ihres silbrigen Glanzes so beliebt war, Handelsverbindungen mit dem Passauer Wirtschaftsraum gegeben haben, denn von dort kam der Graphit.

Es überrascht, daß mehr als die Hälfte der latènezeitlichen Siedlungen weder auf noch in unmittelbarer Nähe von Lößböden liegen. Selbst wenn wir davon ausgehen, daß der Löß seit dem Ende der Latènezeit stellenweise abgetragen wurde, besitzt unsere Feststellung immer noch für große Teile des Beckens Gültigkeit, die nie mit Lößböden gesegnet waren, was besonders auf das Ostries mit seinen rund 60 latènezeitlichen Fundstellen zutrifft. Leider liegen aus dem Ries noch keine

Keltische Einsenbarren von verschiedenen Fundstellen im Ries.

detaillierten Befunde aus spätlatènezeitlichen Siedlungen vor. So wissen wir also nichts über die Gehöfte und Häuser der letzten vorgeschichtlichen Periode. Einen Einblick in das Siedlungsverhalten jener Zeit kann jedoch eine Siedlung gewähren, die zu Beginn der siebziger Jahre vom Verfasser am westlichen Hochterrassenrand in Augsburg-Inningen entdeckt worden war[5] und anschließend vom archäologischen Arbeitskreis Augsburg untersucht wurde. Neben kleinen frühlatènezeitlichen Grubenhäusern, wie sie in letzter Zeit auch in anderen Teilen Bayerns und in Bopfingen-Flochberg zum Vorschein kamen,[6] konnte auch ein aus mehreren Gebäuden bestehendes Gehöft aus dem Spätlatène teilweise aufgedeckt werden, das offenbar auf 70 Metern Länge von einem doppelten Palisadengräbchen eingefaßt war. Als größtes Haus kann ein zweischiffiger, 7,20 Meter breiter Ständerbau gelten, von dem immerhin noch ein 15,50 Meter langer Teil untersucht werden konnte; der Rest war bereits dem Kiesabbau zum Opfer gefallen.

Noch deutlicher als in den früheren Epochen läßt sich die größte Zusammenballung in der südlichen Randzone zwischen dem Wörnitz-Hühnerberg westlich von Harburg und dem Ort Hohenaltheim beobachten. Eine zweite, doch weniger kompakte und nicht so scharf umgrenzte Fundstellenkonzentration zieht sich von der Eger bei Lierheim bis an den Ostrand der Gemarkung Heroldingen. Die Fundstellenverteilung deckt sich in diesem Bereich – unter Berücksichtigung der unterschiedlichen Siedlungsdichte in den einzelnen Epochen – in den Grundzügen mit der bronzezeitlichen Besiedlung. Natürlich erhebt sich ob dieses ungewöhnlichen Siedlungsverhaltens sofort die Frage nach den Ursachen des eigenartigen Siedlungsmusters. War Viehzucht für die Bronzezeit noch eine akzeptable Erklärung, bieten sich für die späte Eisenzeit neben der günstigen Verkehrslage noch andere Interpretationsmöglichkeiten an, denn ein wichtiger Faktor der mehr auf Ackerbau als auf Viehzucht basierenden Wirtschaft der Latènezeit war die Gewinnung von Eisen.

Am Anstieg zur südlichen Riesalb stößt man allenthalben auf Bohnerze unterschiedlicher Größe. Daß sie auch abgebaut wurden, ist durch das Schürfgrubenfeld auf dem Ochsenberg bewiesen; selbst heute kann man auf dem Nordhang dieses Berges noch an vielen Stellen Bohnerze aufsammeln. Ob sie aber auch schon in prähistorischer Zeit verhüttet wurden, läßt sich ohne Untersuchung freilich nicht feststellen. Einen Hinweis könnte neben zahlreichen hallstattzeitlichen Funden auch eine Graphittonscherbe vom Rande des Schürfgrubenfeldes darstellen. Weil eine einzelne Scherbe keinen Sinn macht, wird man davon ausgehen dürfen, daß sich unter dem atypischen Material noch weitere latènezeitliche Keramik befindet. Da Mittelalter und Neuzeit durch keinerlei Funde belegt sind, spricht – analog zum Michelsberg in Kelheim – manches für einen vorgeschichtlichen Erzabbau auf dem Ochsenberg.

Auch die latènezeitlichen Fundstellen im Ostries könnten zumindest teilweise mit der Ausbeutung der Raseneisenerzvorkommen in ursächlichem Zusammenhang stehen. Östlich der Wörnitz liegen unter den sandigen Böden mächtige, wasserundurchlässige Tonablagerungen aus der Zeit des Riessees. Dadurch wird auch heute noch in den feuchten Mulden die Bildung plattiger Raseneisenerze und knollenförmiger Eisenkonkretionen von mehr als 10 Zentimetern Durchmesser begünstigt. Diese Erze liegen in geringer Tiefe und sind offensichtlich ergiebiger als die Bohnerze am Riesrand westlich der Wörnitz. Gelegentliche Schlackenansammlungen in hallstatt- und latènezeitlichem Fundzusammenhang sowie einzelne Eisenbarren sind Indizien für die prähistorische Eisenerzverhüttung im Ries. Rennfeueröfen konnten bisher vermutlich nur deshalb nicht gefunden werden, weil an den in Frage kommenden Stellen noch nie Untersuchungen vorgenommen wurden. Durch die rege Siedlungstätigkeit, den Bau des Ringwalles in Heroldingen und die zunehmende Verhüttung der Eisenerze wurde der Wald, dessen Pflanzengesellschaft inzwischen durch Buchen und Nadelholzgewächse, darunter viele Eiben, bereichert worden war, zweifellos schon damals sehr stark in Mitleidenschaft gezogen.

Hinsichtlich der topographischen Lage lassen sich die latènezeitlichen Siedlungen zwar in kein Schema pressen, doch konnte während der jahrelangen Beobachtungen immer wieder festgestellt werden, daß viele der latènezeitlichen Fundstellen am Unterhang oder Hangfuß der Randhöhen und der Erhebungen im Inneren des Beckens in unmittelbarer Nähe von Kolluvien liegen, die durch die Abspülung der wertvollen Bodenbestandteile von den Oberhängen entstanden sind. Die hervorragenden Eigenschaften der Kolluvialböden haben das Siedlungsgeschehen im Spätlatène ganz sicher in starkem Maße beeinflußt, denn häufig erstrecken sich die Siedlungen bis in den Hochwasserbereich an Wörnitz und Eger. Diese Verhaltensweise der keltischen Bauern könnte unter Umständen die Frage beantworten, warum das Relief bei der Entwicklung der Kulturlandschaft Ries eine so wichtige Rolle spielte.

Wie sich weiter beobachten läßt, wurden im Spätlatène in geringerem Umfang auch Tonböden unter den Pflug genommen. Das machte freilich nur die Verbesserung des Pfluges möglich, der immer öfter mit einer eisernen Pflugschar und einem Messer (Sech)[7] ausgestattet war. Auch Pflüge mit kleinen Rädern kamen damals erstmals in Gebrauch, konnten sich allerdings nur langsam durchsetzen. Die keltische Landwirtschaft war eine der fortschrittlichsten in Europa. Aus Frankreich ist sogar die bildliche Darstellung einer Erntemaschine überliefert. Aufgrund der dichten Besiedlung sollte man annehmen können, daß auch das Ries an dieser Entwicklung maßgeblichen Anteil hatte. Wenn man sich aber die Keramik ansieht, kommen dann doch gewisse Zweifel auf, denn diese wurde damals immer noch zu einem sehr großen Teil von Hand gemacht, obwohl die Töpferscheibe schon seit der frühen Latènezeit bekannt war.

Das Bild der Fundlandschaft wäre unvollständig, wenn die in ihrem Bannkreis liegenden Kultstätten unerwähnt blieben. Merkwürdigerweise ist nur die westliche Hälfte des Rieses halbkreisförmig von sicher nachgewiesenen Viereckschanzen umgeben, also der Teil des Beckens, in dem die geringste Siedlungsdichte zu verzeichnen ist. Dort befinden sich acht Viereckschanzen und zwei weitere liegen etwa 12 Kilometer vom Ries entfernt im Einzugsgebiet der Jagst. Die östliche Riesalb hat nur eine einzige Kultstätte in der Nähe von Otting aufzuweisen. Dieser Sachverhalt stimmt mit der weitverbreiteten Ansicht überein, daß diese Anlagen vorwiegend in abgelegenen Wäldern, die damals sicher auch im Westen vorhanden waren, errichtet worden seien. Als man jedoch daran ging, nach Möglichkeit auch die unmittelbare Umgebung der Anlagen zu untersuchen, wie es bei den 1979 von O. Braasch aus der Luft entdeckten Viereckschanzen in Bopfingen-Flochberg und Plattling-Pankofen geschehen ist, stellte sich heraus, daß diese Anlagen des öfteren auch in einem siedlungsarchäologischen Konnex stehen können. Sowohl in Flochberg als auch in Pankofen lagen sie inmitten latènezeitlicher Siedlungen. Während der Komplex in Flochberg aus dem späten Mittellatène stammt, sind in Pankofen Grabenanlage und Siedlung durch Funde in das Spätlatène datiert. Inzwischen sind immer mehr Archäologen der Meinung, daß die Viereckschanzen keinen rein kultischen Charakter besessen hätten.[8] Wir wissen nicht sicher, ob es im Riesbecken selbst jemals solche Anlagen gegeben hat. Luftaufnahmen, die auf der Fundkarte berücksichtigt wurden, deuten jedenfalls darauf hin. Sie wurden von H. P. Uenze übernommen.[9]

Als sich das Manuskript dieses Buches bereits bei einem Verlag befand, ist in der Zeitschrift des Historischen Vereins von Schwaben der Beitrag *Untersuchungen zum Siedlungsverhalten der latènezeitlichen Bevölkerung im Nördlinger Ries* von Almut Bick erschienen, der sich sehr weitgehend auf die Ergebnisse der Geländeprospektion stützt.[10]

Als die Römer kamen

Mit der Eroberung des Alpenvorlandes bis zur Donau im Jahre 15 v.Chr. durch die beiden Stiefsöhne des Kaisers Augustus, Drusus und Tiberius, endet die Latènezeit. Das Ries wurde der Provinz Rätien erst um 90 n.Chr. angegliedert. Trotz dieser klaren Aussagen der Chronisten vermitteln die archäologischen Befunde in Süddeutschland ein anderes Bild: Die Besiedlung der blühenden Oppida in Manching und Kelheim endet ganz unvermittelt schon in der ersten Hälfte des letzten vorchristlichen Jahrhunderts. In den Gräben von Manching wurden die Knochen von mindestens 400 getöteten Menschen, größtenteils männlichen Geschlechts, gefunden. Dabei handelt es sich vor allem um Schädel- und Röhrenknochen, deren Verletzungen in fast allen Fällen auf Anthropophagie schließen lassen. Doch nicht nur in den Städten, sondern im ganzen Land läßt sich ein deutlicher Bruch beobachten, der mit großer Wahrscheinlichkeit auf die Germaneneinfälle zurückzuführen ist. Als die Römer das Land besetzten, muß es – entgegen der offiziellen Darstellung Roms – gebietsweise fast menschenleer gewesen sein. Doch im Gegensatz zu Cäsar haben weder Drusus noch Tiberius ihren Feldzug in Rätien kommentiert, und deshalb wissen wir so gut wie nichts über jene Ereignisse, die sich in den letzten Jahrzehnten vor der römischen Okkupation in Süddeutschland zugetragen haben.

Bei der Geländeprospektion konnte anhand der Funde festgestellt werden, daß viele römische Gutshöfe dort errichtet worden waren, wo bereits die Kelten gesiedelt hatten. Ob diese Höfe zur Zeit der römischen Besetzung bereits verlassen waren, oder ob die Besitzer von den Römern verdrängt, vielleicht sogar versklavt wurden, ist nicht bekannt.

Den spärlichen Berichten der zeitgenössischen Schriftsteller ist nur zu entnehmen, daß Tiberius, der spätere Kaiser, im Sommer des Jahres 15 v.Chr. von der Burgundischen Pforte kommend, mit seinem Heer den Hochrhein hinaufmarschierte, während Drusus vermutlich mit zwei Marschkolonnen von der Etsch her in die Alpen eindrang, um die rätischen und vindelikischen Gebirgsstämme zu unterwerfen. Ein Teil seiner Truppen hat wohl über den Brenner, der andere über den Reschenpaß den Inn erreicht. Als sich die beiden Heere am 1. August in der Nähe des Bodensees vereinigten, war der Widerstand der Kelten gebrochen und das Alpenvorland bis zur Donau unterworfen.

Flötenspieler aus der villa rustica am Maienbach bei Nördlingen-Holheim.

Epilog

Nichts könnte den Unterschied zwischen der schriftlosen prähistorischen und der frühgeschichtlichen Zeit mit der einsetzenden schriftlichen Überlieferung besser veranschaulichen, als die Unterwerfung der Kelten durch die römischen Legionen diesseits und jenseits des Rheins. Während wir hinsichtlich des Untergangs der keltischen Kultur in Südbayern und Oberschwaben noch immer im dunkeln tappen, hat Cäsar zur Mehrung seines Ruhmes dafür gesorgt, daß die Unterjochung Galliens im Licht der Geschichte vor sich ging. Damit wurde gegen Ende der prähistorischen Zeit erstmals deutlich, welche dramatischen Ereignisse zu den Zäsuren geführt haben, die sich in den archäologischen Befunden der schriftlosen Zeit immer wieder abzeichnen, und die ganze Tragik der keltischen Völker wird mit einem Male sichtbar. Gleichzeitig erkennen wir auch, daß die Geschichte des Menschen von Anbeginn bis in die Gegenwart ein unendlicher und gnadenloser Kampf ums Überleben war, von dem gerade das Heer der Namenlosen aus den unteren sozialen Schichten, das Geschichte nie aktiv gestalten durfte, sondern immer zu erleiden hatte, besonders hart getroffen wurde.

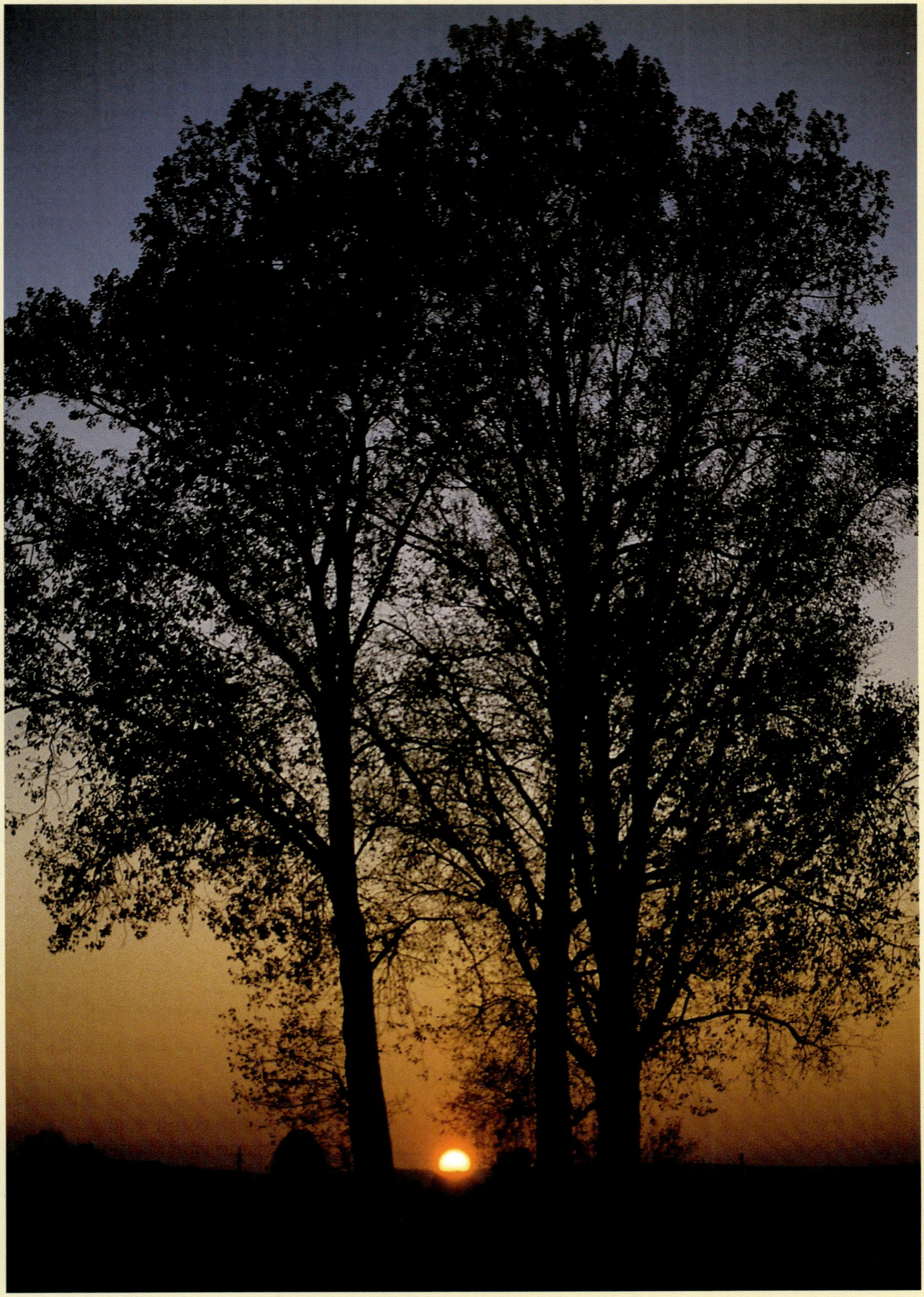

Anhang

Glossar

Abri: Felsschutzdach oder Halbhöhle.

Acheuléen: Sammelbegriff für die alt- und teilweise auch mittelpaläolithischen Faustkeilkulturen.

Affinität: Verwandtschaft, Ähnlichkeit.

Akkulturation: Übernahme fremder Kulturgüter durch ethnische Gruppen.

Altpaläolithikum: Ältester Abschnitt der Altsteinzeit; dauerte von den Anfängen bis zum Ende der Rißeiszeit vor etwa 130 000 Jahren.

Amphibolit: Metamorphes Gestein, das sich gut zur Herstellung von Steinbeilen eignete.

Anthropoiden: Unterordnung der Primaten, zu der die Tieraffen, Menschenaffen und Menschen gehören.

Anthropophagie: Menschenfresserei, Kannibalismus.

Applikation: Vor dem Brennen auf ein Tongefäß als Halbrelief aufgesetzte Figur.

Asteroiden: Kleinplaneten, auch Planetoiden.

Atlantikum: Mittlere Wärmezeit des Holozäns (etwa 6000 bis 3000 v. Chr.).

Aurignacien: Älteste Kultur des Jungpaläolithikums östlich des Rheins.

Australopithecinen: Hominiden der Gattung Australopithecus (Südaffe), aus denen mit großer Wahrscheinlichkeit der Mensch hervorgegangen ist.

Bukranion: Meist mit Girlanden verziertes Stierkopf- oder Stierschädelfries in der griechischen Architektur. Mellaart übernahm diese Bezeichnung für die Stierhornbänke und Stierhornpfeiler in den Kultschreinen von Çatal Hüyük.

Dendrochronologie: Baumringchronologie; ein Verfahren zur Datierung vorgeschichtlicher Hölzer mit Hilfe eines Baumringkalenders. Dient auch zur Eichung der ^{14}C-Daten.

DNS: Desoxyribonukleinsäure, die Trägerin der Erbanlagen. Ihre Ribose enthält ein Sauerstoffatom weniger als die der Ribonukleinsäure (RNS). Siehe dort.

Domestikation: Die Kultivierung von Nutzpflanzen und Züchtung von Haustieren aus den Wildformen.

Dryopithecinen: (Baumaffen), eine Unterfamilie der Menschenaffen, die in Afrika, Europa und Asien verbreitet war und offensichtlich zu den Vorfahren des Menschen gehörten.

Exkarnation: Aussetzung des Leichnams zur Entfleischung.

Exogamie: Heirat außerhalb des Stammes.

Fazies: (Gesicht), Ausprägung.

Flexur: Biegung; schräges Abtauchen einer Schichttafel.

Fortifikation: Befestigungswerk, Befestigungskunst.

Funeralbauten: Anlagen für den Totenkult.

Glazial: Eiszeit.

Gondwanaland: Festlandblock mit einheitlicher Faunen- und Florenentwicklung, der im Perm Afrika, Südamerika, Vorderindien, Australien und die Antarktis umfaßte.

Hominiden: Menschenartige, Familie im System der Primaten mit den Unterfamilien der Eu-Homininen und Australopithecinen.

Hominoiden: Überfamilie der Primaten mit den Familien der Hominiden, Pongiden (Menschenaffen) und der Hylobatiden (Gibbons).

Homo erectus: aufgerichteter Mensch; Hominide mit großem Gehirn. Frühmensch.

Homo habilis: befähigter Mensch; stellt vermutlich eine Übergangsform von der Gattung Australopithecus zur Gattung Homo dar.

Homo sapiens: der anatomisch moderne Mensch.

Impaktkatastrophe: Katastrophe, die durch den Einschlag eines großen kosmischen Körpers verursacht wurde.

Interglazial: Zwischeneiszeit.

Iridium: Ein seltenes Platinoid, das jedoch in Kometen und Asteroiden offensichtlich in größeren Konzentrationen vorkommt.

Jungpaläolithikum: der jüngste eiszeitliche Abschnitt des Paläolithikums.

Kalium-Argon-Methode: Diese Methode beruht auf dem Zerfall des radioaktiven Kaliumisotops ^{40}K, das sehr langsam verstrahlt und in das stabile Argon übergeht. Die Halbwertszeit, d.h. die Zeit, in der die Häfte des radioaktiven Materials zerfallen ist, beträgt beim ^{40}K 1,3 Milliarden Jahre, deshalb eignet sich die Kalium-Argon-Methode besonders gut zum Datieren alter vulkanischer Ablagerungen. Das Alter von Artefakten und Fossilien läßt sich dann anhand der datierten Schichten ziemlich genau abschätzen.

Koinzidenz: Zusammentreffen zweier Ereignisse. Gleichzeitigkeit.

Kolluvium: das Zusammengeschwemmte; vom Oberhang abgespülte, wertvolle Bodenbestandteile, die sich am Hangfuß ansammeln.

Konstanztheorie: Der Theorie liegt die Annahme zu Grunde, daß die Arten unveränderlich seien.

Laurasia: das nördliche Gegenstück zum Gondwanaland.

Magdalénien: die letzte eiszeitliche Kultur, benannt nach dem Abri de la Madeleine bei les Eyzies im Vézeretal, Dordogne.

meridionale Furche: mitunter mehrere hundert Kilometer langer, in Nord-Süd-Richtung verlaufender Geländeeinschnitt unterschiedlicher Entstehung.

Mesolithikum: Mittelsteinzeit (ca. 8 000 – 5 000 v.Chr.).

Mesozoikum: Erdmittelalter.

Mitochondrien: Zellorganellen, oft als Kraftwerke der Zellen bezeichnet; sie spalten Glukose in leichter verwertbare Substanzen auf.

Mittelpaläolithikum: der mit der Riß-Würm-Zwischeneiszeit beginnende und vor etwa 35 000 Jahren endende Abschnitt des Paläolithikums.

Monographie: wissenschaftliche Beschreibung eines einzelnen Gegenstandes.

Moränen: von den Gletschern oft weit ins Vorland verfrachteter Gesteinsschutt.

Morphologie: Lehre von der Gestalt- und Formenbildung.

Moustérien: Abschlagkultur des Neandertalers; eponyme Fundstelle: Le Moustier.

Neolithikum: jüngster Abschnitt der Steinzeit (5 700 – 2 300 v.Chr.).

Obsidian: schwarzes vulkanisches Glas, das noch immer von rezenten Naturvölkern zur Artefaktherstellung verwendet wird.

Palynologie: Teilgebiet der Botanik, das sich mit der Untersuchung von Blütenpollen befaßt.

Pangäa: Alfred Wegener vertrat 1912 erstmals die Ansicht, daß vor rund 200 Millionen Jahren die ganze Landmasse der Erde in einem Großkontinent vereinigt war, den er Pangäa nannte, der dann zerbrach und auseinanderdriftete. Erst 50 Jahre später wurde Wegeners Theorie sehr weitgehend bestätigt.

periglazial: Bezeichnung für Erscheinungen und Vorgänge in der Nähe der Gletscher.

Pithecanthropus: Affenmensch.

präparieren: Das Bearbeiten der Schlagfläche im Rahmen der Levalloistechnik.

Primaten: Herrentiere.

Radiokarbonmethode: ein naturwissenschaftliches Datierungsverfahren, das auf der Zerfallsrate des radioaktiven Kohlenstoffisotops ^{14}C beruht. Halbwertszeit: 5770 Jahre.

Reduktion: Die meisten Erze sind mit Sauerstoff verbunden. Zur Zerlegung dieser Verbindungen wurde bis in das 18. Jahrhundert Holzkohle als Reduktionsmittel verwendet. Der Kohlenstoff geht mit dem Sauerstoff der Erze eine Verbindung ein, wodurch diese reduziert und dadurch schmelzbar werden. Gleichzeitig lieferte die Holzkohle (heute Koks) die nötige Wärme für den Schmelzvorgang. In elektrischen Hochöfen muß Kohlenstoff – meistens Kohlenmonoxyd – als Reduktionsmittel zugeführt werden.

Refugium: Fluchtburg, Zufluchtsort.

Rekombination: Neukombination der Erbanlagen durch sexuelle Vorgänge.

Replikation: die Fähigkeit der DNS und RNS, von sich selbst authentische Kopien herzustellen.

RNS: Ribonukleinsäure; ein Nukleotid besteht aus Phosphat, Ribose und einer Base.

Spezies: Art.

Travertin: warmzeitliche Gesteinsablagerung; Kalksinter.

Typologie: Lehre vom Typus; bis zur Indienststellung der naturwissenschaftlichen Datierungsmethoden wurden die Altersbestimmungen meistens aufgrund der Stratigraphie und der typologischen Methode, d.h. anhand von besonders typischen Artefakten, vorgenommen.

Weiterführende Literatur

Bei Werken, die in mehreren Sprachen erschienen sind, wird hier nur die deutsche Ausgabe berücksichtigt.

Adam, K. D. – Kurz, R., Eiszeitkunst im süddeutschen Raum. (Stuttgart 1980).

Bauer, E. W. und Schönnamsgruber, H. (Hrsg.) u.a., Das große Buch der Schwäbischen Alb. (Stuttgart 1988).

Bayer. Geolog. Landesamt (Hrsg.), Ergebnisse der Ries-Forschungsbohrung 1973. In: Geologica Bavarica 75 (München 1977).

Benesch, K., Auf den Spuren großer Kulturen. (Gütersloh 1980).

Bittel, K., Kimmig W., Schiek, S. (Hrsg.), Die Kelten in Baden-Württemberg. (Stuttgart 1981).

Böhm, K. und Weny, H., Rekonstruktion eines linienbandkeramischen Bauernhauses für die Landesgartenschau in Straubing. In: Experimentelle Archälogie in Deutschland. (Oldenburg 1990) 22ff.

Braasch, O. und Christlein R., Das unterirdische Bayern. (Stuttgart 1982).

Christlein, R., Neues aus Altheim, Gemeinde Essenbach, Landkreis Landshut, Niederbayern. Das arch. Jahr in Bayern 1980, 64 f.

Collis, J., Die Oppidazivilisation. In: Das keltische Jahrtausend. (Mainz 1993) 102 ff.

Dannheimer, H., Prähistorische Staatssammlung München (1976) 5 f. mit Abb. 4; 6; 7.

Dehn, W., Vor- und frühgeschichtliche Bodendenkmale aus dem Ries. Jahrb. Hist. Ver. Nördlingen 23 (1950).

Dietrich, H. und Wirth, S., Die Urnenfelderzeit in Schwaben. In: Frei, H., Fried, P., Schaffer, F. (Hrsg.), Historischer Atlas von Bayerisch-Schwaben, 4. Lieferung, Kartenblatt III, 3 (Augsburg 1998).

Eccles, J. C., Die Evolution des Gehirns – die Erschaffung des Selbst. (München 1989).

Filip, J. u.a., Enzyklopädisches Handbuch zur Ur- und Frühgeschichte Europas. (Stuttgart 1966).

Frei, H., Proeller, W., Das Ries wie es ist. (Nördlingen 1983).

Freund, G., Die ältere und mittlere Steinzeit in Bayern. In: Jahresbericht der Bayerischen Bodendenkmalpflege 4, 1963. (München 1964) 9 ff.

Fritzsch, H., Vom Urknall zum Zerfall. (München 1983).

Gould, S. J., Zufall Mensch. (München-Wien 1991).

Ders., Das Buch des Lebens. (München 1993).

Hahn, J., Der Steinzeitmensch auf der Alb. In: Das große Buch der Schwäbischen Alb. (Stuttgart 1988) 96 ff.

Heberer, G., Homo – unsere Ab- und Zukunft. (Stuttgart 1968).

Hennig, H., Die Hallstattzeit in Schwaben. In: Historischer Atlas von Bayerisch-Schwaben, Kartenblatt III, 4.

Herm, G., Die Kelten. (Düsseldorf-Wien 1975).

Innerhofer, F., Die Bronzezeit in Schwaben. In: Historischer Atlas von Bayerisch-Schwaben, Kartenblatt III, 2.

Johanson, D. und Maitland, E., Lucy. Die Anfänge der Menschheit. (München 1982).

Keefer, E., Steinzeit. (Stuttgart 1993).

Kociumaka, C., Die Jungsteinzeit in Schwaben. In: Historischer Atlas von Bayerisch-Schwaben, Kartenblatt III, IA.

Körber-Grohne, U., Nutzpflanzen in Deutschland. (Stuttgart 1987).

Krahe, G., Luftbildarchäologie mit dem Motorsegler. In: Jahresbericht der Bayer. Bodendenkmalpfl. 21 (München 1980) 17 ff.

Krippner, F., Die Alt- und Mittelsteinzeit in Schwaben. In: Historischer Atlas von Bayerisch-Schwaben, Kartenblatt III, 1.

Krippner, F. und Reisch, L., Fundber. Zeitschr. Hist. Ver. Schwaben 79, 1985, 14 f.

Kurz, R., Für und wider die Eiszeitkunst – Erkennen von Gravuren und Skulpturen als Werke altsteinzeitlicher Jäger. In: K. D. Adam Eiszeitkunst im süddeutschen Raum. (Stuttgart 1980) 11 ff.

Landesdenkmalamt Baden-Württemberg (Hrsg.), Der Keltenfürst von Hochdorf – Methoden und Ergebnisse der Landesarchäologie. (Stuttgart 1985).

Landesdenkmalamt Baden-Württemberg (Hrsg.), Der prähistorische Mensch und seine Umwelt. (Stuttgart 1988).

Leakey, R. und Lewin, R., Der Ursprung des Menschen. (Frankfurt a. M. 1993).

Lehr, R. Hallstatt. (Wels 1975).

Lewin, R., Spuren der Menschwerdung. (Heidelberg 1991).

Lorentzen, A., Frauen in keltischer Zeit. In: Dannheimer, H. und Gebhard, R. (Hrsg.), Das Keltische Jahrtausend 1993, 47 ff.

Lüning, J. u. a., Siedlungen der Steinzeit. (Heidelberg 1989).

Lüning, J., Frühe Bauern in Mitteleuropa im 6. und 5. Jahrtausend v. Chr. In: Jahrbuch des RGZM 35, 1988, Teil 1 (Mainz 1991) 27 ff.

Lüning, J., Neolithische Hausgrundrisse in Schwanfeld. In: Das Arch. Jahr in Bayern 1983, 31 ff.

Maier, D. und Lessing, E., Die Donau. (München 1982).

Maier, R. A., Die jüngere Steinzeit in Bayern. In: Jahresbericht der Bayer. Bodendenkmalpflege 5, 1964. (München 1965) 9 ff.

Mania, D., Auf den Spuren des Urmenschen. Die Funde von Bilzingsleben. (Stuttgart 1990).

Moreau, J., Die Welt der Kelten. (Stuttgart 1957).

Müller-Beck, H. (Hrsg.), Urgeschichte in Baden-Württemberg. (Stuttgart 1983).

Müller-Karpe, H., Handbuch der Vorgeschichte. (München 1966).

Muuß, U., Der Michelsberg im Zabergäu. In: Luftbildatlas Baden-Württemberg (München 1971).

Narr, K. J., Die Altsteinzeitfunde aus dem Hohlenstein bei Nördlingen. Bayer. Vorgeschbl. 30, 1965, 1 ff.

Probst, E., Die Steinzeit in Deutschland. (München 1991).

Reisch, L., Hohlensteinhöhle bei Ederheim. In: H. Frei und G. Krahe (Hrsg.), Archäologische Wanderungen im Ries (Stuttgart 1979) 228.

Rieckhoff, S., Faszination Archäologie. (Regensburg 1991).

Schröter, P., Zur Besiedlung des Goldberges im Nördlinger Ries. In: RGZM (Hrsg.), Ausgrabungen in Deutschland, Teil 1 (Mainz 1975) 98 ff.

Schwarz, K., Vom Werden und den Aufgaben der Landesarchäologie, Jahresber. der Bayer. Bodendenkmalpflege 13/14–1972/73, 99 ff.

Sherratt, A. (Hrsg.), Die Cambridge Enzyklopädie der Archäologie. (München 1980).

Stanley, S. M., Krisen der Evolution. (Heidelberg 1988).

Ders., Historische Geologie. (Heidelberg 1994).

Stickroth, H., Fundber., Zeitschr. Hist. Ver. Schwaben 71, 1977, 24 ff.

Trinkaus, E. und Shipman, P., Die Neandertaler – Spiegel der Menschheit. (München 1993).

Uenze, H. P., Die Latènezeit in Schwaben. In: Historischer Atlas von Bayerisch-Schwaben, Kartenblatt III, 5.

Wagner, G., Einführung in die Erd- und Landschaftsgeschichte. (Öhringen 1973).

Wendt, H., Ich suchte Adam. (Reinbek 1965. 4. Auflage 1970).

Ders., Der Affe steht auf. (Reinbek 1971).

Wilhelm, F. (Hrsg.) u.a., Der Gang der Evolution. Die Geschichte des Kosmos, der Erde und des Menschen. (München 1987).

Züchner, Ch., Die Alt- und Mittelsteinzeit im Ries. In: RGZM (Hrsg.), Führer zu vor- und frühgeschichtlichen Denkmälern 40 (1979) 20 ff.

Anmerkungen und spezielle Literatur

H. Frei und G. Krahe (Hrsg.), Archäologische Wanderungen im Ries. Führer zu archäologischen Denkmälern in Bayern, Schwaben 2. (Aalen 1979. Zweite Auflage 1988).

RGZM (Hrsg.), Führer zu vor- und frühgeschichtlichen Denkmälern, Bände 41 und 42, Nördlingen – Bopfingen – Oettingen – Harburg. (Mainz 1979).

Historischer Atlas von Bayerisch-Schwaben, herausgegeb. v. H. Frei, P. Fried, F. Schaffer im Auftrag der Schwäbischen Forschungsgemeinschaft. (Augsburg 1998).

1. Eine kurze Landschaftsgeschichte

1 E. W. Bauer, Aus der Flußgeschichte. Das große Buch der Schwäb. Alb, 72.
2 H. Gall, Erd- und Landschaftsgeschichte. Arch. Wanderungen im Ries, 19 ff.
3 S. M. Stanley, 1988, 201 ff.
4 D. M. Raup, Der schwarze Stern. (Reinbek 1990) 138 ff.

2. Abriß der Forschungsgeschichte

1 W. Gentner und G. A. Wagner, Altersbestimmungen an Riesgläsern und Moldaviten. Geologica Bavarica 61 (München 1970) 269 ff.
2 J. Pohl, Paläomagnetische und gesteinsmagnetische Untersuchungen an den Kernen der Forschungsbohrung Nördlingen 1973. Geol. Bavar. 75 (München 1977) 329 ff.
3 Ders., ebd., 335.
4 R. Jeanloz, Der Kern. Die Dynamik der Erde. (Heidelberg 1987) 30 ff.
5 E. Frickhinger, Die römischen Gutshöfe des Rieses. In: Das schwäbische Museum (1925) 133 ff.
6 O. Fraas, Die Ofnet bei Utzmemmingen im Ries. Korrbl. Dt. Ges. für Anthropologie, Ethnologie und Urgeschichte 8, 1876, 57 ff.
7 R. R. Schmidt, Die vorgeschichtlichen Kulturen der Ofnet. Ein Beitrag zum Aufbau des spät- und nachpaläolithischen Kulturgebäudes in Deutschland. 38. Bericht des Naturwissenschaftlichen Vereins für Schwaben und Neuburg, 1908, 85 ff.
8 A. Dauber und F. Birkner, Neue Beobachtungen in der Kleinen Ofnet bei Holheim, B.-A. Nördlingen. Bayer. Vorgeschbl. 12, 1934, 62 ff. E. Frickhinger, Grabungen in der Kleinen Ofnethöhle bei Holheim, B.-A. Nördlingen. Bayer. Vorgeschbl. 14, 1937, 35 ff.
9 F. Birkner und E. Frickhinger, Die Ausgrabungen im Hohlenstein. Jahrb. Hist. Ver. Nördlingen 1, 1912, 27 f.
10 F. Birkner, Paläolithische Kunst aus dem Ries in Bayern. IPEK 1928, 97.
11 K. J. Narr, Die Altsteinzeitfunde aus dem Hohlenstein bei Nördlingen. Bayer. Vorgeschbl. 30, 1965, 1 ff.
12 H. Dannheimer, „Neue" Gravierungen der Altsteinzeit aus Bayern. Arch. Korrbl. 3, 1973, 7 ff.
13 G. Bosinski und G. Fischer, Die Menschendarstellungen von Gönnersdorf der Ausgrabungen von 1968. Band 1 (1974).
14 F. Birkner, Die Untersuchung paläolithischer Wohnstätten im Ries im Jahre 1913. Jahrb. Hist. Ver. Nördlingen 3, 1914, 29 ff.
15 P. Schröter, Zum Schädel vom Kaufertsberg bei Lierheim (Gem Appetshofen, Lkr. Donau-Ries). Quartär, Band 83/84, 1983, 99 ff.
16 F. Hertlein, Die vorgeschichtlichen Befestigungen auf dem Ipf. Blätter des Schwäbischen Albvereins. 23, 1911, 47 ff. und 67 ff.
17 G. Bersu, Vorgeschichtliche Siedlungen auf dem Goldberg bei Nördlingen. G. Rodenwaldt (Hrsg.), Neue deutsche Ausgrabungen 1930, 130 ff.
P. Schröter, Zur Besiedlung des Goldberges im Nördlinger Ries. RGZM (Hrsg.) Ausgrabungen in Deutschland. (Mainz 1975) 98 ff.
18 W. Dehn und E. Sangmeister, Die Steinzeit im Ries. Materialheft zur Bayerischen Vorgeschichte 3 (Kallmünz 1954).
19 G. Krahe, Luftbildarchäologie mit dem Motorsegler. Jahresber. Bayer. Bodendenkmalpflege 21, 1980, 17 ff.
20 Diese Bezeichnung ist nicht mit dem geographischen Begriff „Ostries" identisch, der seit langem für den kleineren, östlich der Wörnitz gelegenen Teil des Beckens verwendet wird.

3. Die ältesten Spuren des Menschen

1 H. Thieme in Nature, Bd. 385, S. 807, 1997.
2 Dubois, Pithecanthropus erectus, eine menschenähnliche Übergangsform von Java. (Batavia 1894).

3 J. C. Fuhlrott, Der fossile Mensch aus dem Neanderthal und sein Verhältnis zum Alter des Menschengeschlechtes. (Duisburg 1865).
4 W. Schoetensack, Der Unterkiefer des Homo heidelbergensis aus den Sanden von Mauer bei Heidelberg. (Leipzig 1908).
5 F. Berckhemer, Ein Menschenschädel aus den diluvialen Schottern von Steinheim a.d. Murr. Anthropologischer Anzeiger 10, 1933.
6 Alvan Th. Marston fand 1935 in den Schottern von Swanscombe ein menschliches Hinterhauptbein, das eine große Ähnlichkeit mit dem Steinheimer Schädel aufwies. Im darauf folgenden Jahr kam ein zweites und 1955 ein drittes Knochenfragment zum Vorschein, und wie durch ein Wunder paßten alle drei zusammen.
7 Chen Tiemei, Chronological Study of Chinese Paläolithic Archaeology and Palaeoanthropologie. RGZM Jahrbuch 35, 1988 Teil 1, (Mainz 1991) 91 ff.
8 G. Bosinski, M. Nioradze, D. Tusabramisvili, A.Vekua, Dmanisi im Altpaläolithikum Eurasiens. In: V. Dzaparidze, G. Bosinski, T. Bugianisvili, L. Gabunia et al, Der altpaläolithische Fundplatz Dmanisi in Georgien (Kaukasus). Jb. RGZM 36 (1989) 111 ff.
9 J. Arsuaga, I. Martinez, A.Gracia, J. Carretero, E. Carbonell, Three New Human Skulls from the Sima de los Huesos Middle Pleistocene Site in Sierre de Atapuerca, Spain. In: Nature 362, 1993, 534 ff.
10 M. Kretzoi und L. Vértes, Upper Biharian (Intermindel) Pebble Industry occupation site in Western Hungary. Current Antropology 6, Chicago 1965.
11 Ein Hinterhauptbein von Bilzingsleben zeigt große Übereinstimmung mit Homo erectus-Fossilien, insbesondere aber mit einem Fund von Olduvai (Hominid 9).
12 G. Bräuer, Die Entstehungsgeschichte des Menschen. Grzimeks Enzyklopädie, Band 2, (München 1988) 490 ff.
13 M. Boule, L'Homme Fossilles de la Chapelle-aux-Saints. In: Annales de Paléontologie 6, 1911, 1 ff; 7, 1912, 65 ff; 8, 1913, 209 ff.
14 E. Schuster, Die altsteinzeitliche Kultur des Ehringsdorfer Menschen. In: Wiegers, Weidenreich, Schuster, Der Schädelfund von Weimar-Ehringsdorf (1928).
15 A. Schorer, Ein altpaläolithischer Doppelseiter von Mündling. Bayer. Vorgeschbl. 28, 1963, 141 f.
16 Krippner/Reisch, Fundber., Zeitschr. Hist. Ver. Schwaben 75, 1981, 11 f.
17 Krippner/Reisch, Fundber., ebd., 79, 1985, 15.
18 L. Reisch, ebd., 13.
19 Krippner/Reisch, Fundber., ebd., 70, 1976, 11 f.
20 E. und N. Jagher-Mundwiler, Die mittelpaläolithische Freilandstation Löwenburg im Berner Jura. Jahrb. des Berner Historischen Museums 53/54, 1973/74, 7 ff.
21 J. F. Esper, Ausführliche Nachrichten von neuentdeckten Zoolithen. (1774).
22 F. Krippner, Die prähistorischen Fundstellen am Ellerbach. Nordschwaben 4/1981, 217 ff.
23 Krippner/Reisch, Fundber., Zeitschr. Hist. Ver. Schwaben 73, 1979, 11.
24 L. Reisch, ebd., 14.
25 W. Schönweiß, Paläolithische Funde vom Hahnenberg im schwäbisch-bayerischen Ries. Quartär 14, 1962/63, 95 ff..

4. Der Mensch von Cro-Magnon

1 O. Bar-Yosef und B. Vandermeersch, Koexistenz von Neandertaler und modernem Homo sapiens. Spektrum der Wissenschaft 6, 1993, 32 ff.
H. Valladas, J. L. Reyss, J. L. Joron, G. Valladas, O. Bar-Yosef und B. Vandermeersch, Thermoluminescence Dating of Mousterian Proto Cro-Magnon Remains from Israel and the Origins of Modern Humans. Nature, Band 331, Heft 6157, 614 ff.
R. Grün und C. Stringer, Electron Spin Resonance Dating and the Evolution of Modern Humans. Archaeometry, Band 33, Heft 2, 153 ff.
2 R. Cann, M. Stoneking und A. Wilson, Mitochondrial DNA and Human Evolution. Nature, Band 325, Heft 6099, 31 ff.
3 F. Lévêque und B. Vandermeersch berichteten darüber im Bulletin de la Société Préhistorique Française 77, Nr. 2, 1980, 35.
4 R. Kurz, Für und wider die Eiszeitkunst – Erkennen von Gravuren und Skulpturen als Werke altsteinzeitlicher Jäger. Eiszeitkunst im süddeutschen Raum, 11 ff.
5 J. Hahn, Neue Erkenntnisse zur urgeschichtlichen Besiedlung der Geißenklösterle-Höhle,

Gemeinde Blaubeuren-Weiler, Alb-Donau-Kreis. Arch. Ausgrabungen in Baden-Württemberg 1987, 19 ff.

6 R. Drössler Menschwerdung – Funde und Rätsel. (Leipzig 1991) 139 ff.

7 G. Freund, Die Blattspitzen des Paläolithikums in Europa. Quartär-Bibliothek Band 1, 1952.

8 B. Kaulich, Das Paläolithikum des Kaufertsberges bei Lierheim (Gem. Appetshofen, Ldkr. Donau-Ries). Quartär 33/34, 1983, 29 ff.

9 W. Schönweiß, vgl. Kap. 3, Anm. 25.

10 K. Bleich, (Fundbericht unter Wemding), Fundchronik Bayer. Vorgeschbl. 26, 1961, 257.

11 R. R. Schmidt, Die diluviale Vorzeit Deutschlands (1912) 33 ff.

12 Th. Mollison, Zeichen gewaltsamer Verletzungen an den Ofnet-Schädeln. Anthropol. Anz. 13, 1936, 79 ff.

5. Die Wurzeln der Zivilisation

1 J. Lüning und P. J. R. Modderman, Hausgrundrisse der ältesten Bandkeramik aus Schwanfeld, Landkreis Schweinfurt, Unterfranken. Das arch. Jahr in Bayern 1981, 19 und 66 f.

2 F. Krippner, Siedlungskundliches aus dem Ries. Bayer. Vorgeschbl. 60, 1995, 63 ff.

3 A. J. Kalis, Die Umwelt der prähistorischen Siedlungen. J. Lüning und A. J. Kalis, Siedlungsforschung. Archäologie, Geschichte, Geographie 6, 1988, 39 ff.

4 K. Böhm, Ein ungewöhnlicher Grundrißbefund der Linienbandkeramik aus Perkam, Lkr. Straubing-Bogen. Das arch. Jahr in Bayern 1990, 31 ff.

5 J. Lüning und P. Stehli, Die Bandkeramik in Mitteleuropa: Von der Natur- zur Kulturlandschaft. Spektrum der Wissenschaft 4/1989, 78 ff.

6 H.-H. Müller, Die Haustiere der mitteldeutschen Bandkeramiker (Kastration der Stiere schon in der älteren Bandkeramik für Zugzwecke?). Dt. Akademie der Wiss. Berlin, Schr. Sekt. Vor- u. Frühgesch. 17, 1964, 16 ff.

7 W. Dehn und E. Sangmeister a.a.O.

8 F. Krippner, Fundstellen mit ältester Linienbandkeramik im Ries. Bayer. Vorgeschbl. 49, 1984, 279 ff.

9 J. Mellaart, Çatal Hüyük. (Bergisch Gladbach 1967).

10 G. Cairns-Smith, Genetic Takeover and the Mineral Origins of Life. (New York 1982).

11 R. Rodden, Ein frühneolithisches Dorf in Griechenland. In: Siedlungen der Steinzeit, Spektrum der Wissenschaft: Verständliche Forschung, 110 ff., besond. 114 (Heidelberg 1989) 100 ff.

12 R. J. Harlan und D. Zohary, Distribution of wild wheat and barley. Science, Band 153, Nr. 3740, 1070 ff.

13 J. Lüning, U. Kloos und S. Albert, Westliche Nachbarn der bandkeramischen Kultur: Die Keramikgruppen La Hoguette und Limburg. Germania 67, 1989 Band 2, 335 ff., bes. 370, Nr. 28.

Krippner, Vergl. Anmerk. 7.

6. Die ersten Bauern im Ries

1 J. Lüning, Ausgrabungen zur ältesten Bandkeramik im Ries. Das arch. Jahr in Bayern 1987, 32 ff.

2 F. Krippner, Bayer. Vorgeschbl. Beih. 1, 1987, 23 u. Abb. 18, 19.

3 Die Steinzeit im Ries, Plan 1.

4 E. Sangmeister, Zum Charakter der bandkeramischen Siedlung. 33. Ber. RGK. 1951, 89 ff.

5 J. Lüning und P. Stehli, Die Bandkeramik in Mitteleuropa: von der Natur- zur Kulturlandschaft. In: Siedlungen der Steinzeit.

6 G. Krahe, Alt- und mittelneolithische Siedlungen bei Nördlingen-Baldingen. Das arch. Jahr in Bayern 1988, 29 ff.

7 G. Krahe und N. Nieszery, Vorgeschichtliche Siedlungsspuren sowie Gräberfelder der Bandkeramik und der Merowingerzeit bei Steinheim. Ebd., 1987, 35 ff.

8 J. Hahn und W. Taute, Die eiszeitlichen und nacheiszeitlichen Menschenreste. Eiszeithöhlen im Lonetal, 1973, 168 ff., bes.173.

9 O. Kunkel, Die Jungfernhöhle bei Tiefenellern. Eine neolithische Kultstätte auf dem Fränkischen Jura bei Bamberg. Münchner Beiträge zur Vor- und Frühgeschichte 5.

10 E. Reuter, Eine Siedlung der „Bandkeramiker" in Enkingen. In: Rieser Kulturtage – Dokumentation Band IX/1992, 123 ff.

11 W. Dehn, Vergleichsstücke angeführt in: Germania 28, 1944/50, 1 ff.

7. Tempel der Steinzeit?

1 H. Müller-Karpe, Handbuch der Vorgeschichte, Band 2, 121.
2 P. M. Bayerlein, Die Gruppe Oberlauterbach. Materialheft zur Bayer. Vorgesch. 33 (Kallmünz 1985).
3 H. Becker, Die Kreisgrabenanlage auf den Aschelbachäckern bei Meisternthal – ein Kalenderbau aus der mittleren Jungsteinzeit? Das arch. Jahr in Bayern 1989, 27 ff.
H. Becker und L. Kreiner, Prospektion und Sondagegrabung der mittelneolithischen „Elipse" bei Meisternthal. Ebd., 1993, 34 ff.
4 J. Petrasch, Rettungsgrabung in der mittelneolithischen Kreisgrabenanlage bei Künzing-Unternberg. Ebd., 1985, 40 ff.
5 H. Becker, a. a. O.
6 R. A. Maier, Die jüngere Steinzeit in Bayern, 46.
7 K. Weidemann, Der Goldberg im frühen Mittelalter. Führer zu vor- und frügeschichtlichen Denkmälern Bd. 41, 151 ff.
8 J. Lüning, Aichbühl, Schwieberdingen, Bischheim. Studine zvesti AUSAV 17, 1969, 233 ff., bes. 245. Ders., Übergang vom Mittel- zum Jungneolithikum im süddeutschen Raum. 50. Ber. RGK 1969, 1 ff., bes. 24.
Ders., Neolithische Hausgrundrisse in Schwanfeld. Das arch. Jahr in Bayern 1983, 31 f.

8. Rätselhafte Erdwerke

1 A. Zeeb, Die frühjungneolithische Grubenhaussiedlung von Nördlingen-Baldingen. Rieser Kulturtage. Dokumentation Band IX/1992, 137 ff.
2 R. Christlein, Das unterirdische Bayern, 47.
3 D. Raetzel-Fabian, Zwischen Fluchtburg und Kultstätte, Archäologie in Deutschland 4, 1991, 22 ff.
4 A. Bartel und G. Schönfeld, Die ältesten Textilfunde Bayerns – Geflechte und Gewebe aus der jungneolithischen Feuchtbodensiedlung von Pestenacker. Das arch. Jahr in Bayern 1994, 51 ff.
5 S. Bauer, Die jungneolithische Feuchtbodensiedlung Pestenacker – Bauzeiten und Bauformen. Ebd., 1990, 34 ff.

9. Die endneolithischen Kulturen

1 J. Köninger, Untersuchungen in der endneolithischen Moorsiedlung Täschenwie, Gem. Alleshausen, Kreis Biberach. Arch. Ausgrabungen in Baden-Württemberg, 1986, 43 ff.
2 M. Hoppe, Archäologische Spurensuche – Häuser der endneolithischen Chamer Gruppe bei Dietfurt a.d. Altmühl. Das arch. Jahr in Bayern, 1989, 48 ff.
3 B. Engelhardt, Ein schnurkeramisches Kindergrab aus Straubing-Alburg, Niederbayern. Das arch. Jahr in Bayern 1981, 74 f.
4 K. Schmotz, Eine Gräbergruppe der Glockenbecherkultur von Altenmarkt. Das arch. Jahr in Bayern 1989, 58 ff.
5 I. Burger, Die Siedlung der Chamer Gruppe von Dobl. Materialheft zur Bayer. Vorgeschichte 56, 1988.
6 R. A. Maier, Zur Jungsteinzeit im Ries. Führer zu vor- und frühgeschichtlichen Denkmälern 40, 1979, 58 ff., bes. 73.
7 Dehn/Sangmeister, a.a.O., 41.
8 L. Kreiner, Eine glockenbecher-/frühbronzezeitliche Siedlung im Tertiärhügelland des mittleren Vilstales. Das arch. Jahr in Bayern 1987, 50 f.

10. Metalle verändern die Welt

1 G. Krahe, Ringwall Rollenberg bei Hoppingen. Arch. Wanderungen im Ries 1979, 201 ff. Ders., Ringwall „Burg" Möggingen. Ebd., 212 ff.
2 P. Wischenbarth, Ein metallzeitlicher Depotfund bei Straß. Geschichte im Landkreis Neu-Ulm 1995, 23 ff.
3 S. Ludwig-Lukanow, Die Bronzezeit im Ries. Führer zu vor- und frühgeschichtlichen Denkmälern, Band 40, 1979, 116 ff.
4 H. J. Eggers, Einführung in die Vorgeschichte. (München 1959).
5 S. Ludwig-Lukanow, a.a.O., 132
6 J. Lüning, Ausgrabungen zur ältesten Bandkeramik im Nördlinger Ries. Das arch. Jahr in Bayern 1987, 32 ff., bes. 34.
7 R. Krause, Hausgrundrisse der Urnenfelderkultur von Riesbürg-Pflaumloch, Ostalbkreis. Arch. Ausgrabungen in Baden-Württemberg 1989, 85 ff.

8 B. Engelhardt und Ch. Seliger, Ein frühurnenfelderzeitlicher (?) Großbau von Straubing-Öberau. Das arch. Jahr in Bayern 1988, 56 f.

9 R. Krause, Vorgeschichtliche Siedlungen, Grabenwerke und Gräber von Bopfingen-Flochberg, Ostalbkreis. Arch. Ausgrabungen in Baden-Württemberg 1989, 117 ff.

11. Die frühe Eisenzeit

1 Vgl. auch S. Winghart, Eine Siedlung der Urnenfelder- oder Hallstattzeit von Eching. Das arch. Jahr in Bayern 1983, 65 ff.

2 J. Biel, Der frühkeltische Fürstengrabhügel von Hochdorf. In: Der Keltenfürst von Hochdorf. (Stuttgart 1985) 32 ff.

3 G. Krahe, Eine Grabhügelgruppe der mittleren Hallstattzeit bei Wehringen, Lkr. Schwabmünchen, Schwaben. Germania 41, 1963, 100 f.

4 H. Hennig, Die frühe Eisenzeit (Hallstattzeit). In: Der Landkreis Augsburg – Vor- und Frühgeschichte. (Augsburg 1996) 141 ff.

5 G. Krahe, Vorgeschichtliche Siedlungen bei Nördlingen-Kleinerdlingen. Das arch. Jahr in Bayern 1983, 33.

6 W. Dehn, Die vorgeschichtlichen Ringwälle im Ries. Arch. Wanderungen im Ries, 1979, 61 ff.

7 Nach H. Frei, Das Ries als vorgeschichtlicher Siedlungsraum, Fundkarte Hallstattzeit. Arch. Wanderungen im Ries, Beilage.

8 Siehe auch: J. E. Fries, Lagetypen hallstattzeitlicher Fundplätze im Nördlinger Ries. (Magisterarbeit Univ. Kiel 1995). Diese Arbeit stützt sich sehr weitgehend auf die Ergebnisse der Geländeprospektionen im Ries.
Dies., Aussicht Wasser und Böden – Zur Auswahl von Siedlungs- und Bestattungsplätzen während der Hallstattzeit im Nördlinger Ries. Rieser Kulturtage, Dokumentation XI/1996, 59 ff.

9 F. Krippner, Zeitschr. Hist. Ver. Schwaben 75, 1981, 39 und Abb. 9.

10 Ders., Bayer. Vorgeschbl. Beih. 4, 1988, 25 ff., sowie Abb. 18 und Ortsakten LfD Augsburg 1988.

11 P. Schröter, a.a.O.

12 A. Zeeb, ein „Herrensitz" der Hallstattzeit in Baldingen. Das arch. Jahr in Bayern 1992, 69 ff.

13 R. Christlein, Herrenhof und Siedlung der Hallstattzeit von Natternberg, Stadt Deggendorf, Niederbayern. Ebd., 1980, 88 f.

14 R. Krause, Ein großer Grabhügel der mittleren Hallstattzeit am Westrand vom Nördlinger Ries bei Kirchheim-Benzenzimmern, Ostalbkreis. Arch. Ausgrabungen in Baden-Württemberg 1989, 91 ff.

15 Ders., Ein Brandgräberfeld der mittleren Hallstattzeit bei Trochtelfingen, Stadt Bopfingen, Ostalbkreis. Ebd., 1990, 84 ff.

16 Ders., Ein keltischer Siedlungsplatz am Westrand des Rieses bei Kirchheim-Benzenzimmern. Ebd., 1989, 112 ff.

17 G. Krahe, Späthallstattzeitliche Kreisgräben ohne Hügel von Königsbrunn und Oberpeiching, Schwaben. Das arch. Jahr in Bayern 1980, 96 f.

12. Die späte Eisenzeit

1 L. Pauli, Die Herkunft der Kelten. In: Die Kelten in Mitteleuropa. (Salzburg 1980) 16 ff., bes. 20–21.

2 W. Torbrügge und H. P. Uenze, Bilder zur Vorgeschichte Bayerns. (Konstanz Lindau Stuttgart 1968).

3 H. P. Uenze, Die Latènezeit im Ries. In: Führer zu vor- und frühgeschichtlichen Denkmälern, Bd. 40 (Mainz 1979) 149 ff.

4 O. H. Frey, Die Bilderwelt der Kelten. Das keltische Jahrtausend (Mainz 1993) 153 ff.

5 B. U. Abels, Neue Ausgrabungen im Befestigungsbereich des Staffelberges, Stadt Staffelstein, Oberfr. Bericht der Bayer. Bodendenkmalpfl. 28/29, 1987/88, 143 ff.

6 D. Planck, Die Viereckschanze von Fellbach-Schmiden. In: Der Keltenfürst von Hochdorf. (Stuttgart 1985) 341 ff.

7 A. Reichenberger und M. Schaich, Ausgrabungen in der spätkeltischen Viereckschanze bei Pankofen, Stadt Plattling, Landkr. Deggendorf, Niederbayern. Das arch. Jahr in Bayern 1994, 90 ff.

8 J. Erl, Die Dietersberghöhle bei Egloffstein. Abhandlungen der Naturhistorischen Gesellschaft Nürnberg 26, 1953, 219 ff.

9 B. U. Abels, Kannibalismus auf der Ehrenbürg. Das arch. Jahr in Bayern 1990, 8 ff.

13. Das Ries in der Latènezeit

1. H. P. Uenze, Die Latènezeit im Ries. Führer zu vor- und frühgeschichtlichen Denkmälern, Band 40, 1979, 149 ff.
2. H. P. Uenze, a.a.O.
3. D. Planck, Die vorgeschichtlichen Befestigungen auf dem Ipf bei Bopfingen. Arch. Wanderungen im Ries, 142 ff.
4. J. Lüning und P. Stehli, a.a.O., 78 ff.
5. O. Schneider, Zeitschr. Hist. Ver. Schwaben 70, 1976, 32 ff.
6. M. Hoppe, Eine Grubenhütte aus Pfakofen – Beobachtungen zu einer frühlatènezeitlichen Bauform. Das arch. Jahr in Bayern 1994, 86 ff.
7. J. Filip Enzyklopädisches Handbuch zur Ur- und Frühgeschichte Europas II, 1027.
8. R. Krause, Vorgeschichtliche Siedlungen, Grabenwerke und Gräber von Bopfingen-Flochberg, Ostalbkreis. Arch. Ausgrab. in Baden-Württemberg 1989, 117 ff.
Ders., Die keltische Viereckschanze bei Bopfingen-Flochberg, Ostalbkreis. Ebd., 1991, 165 ff.
Ders., Zum Abschluß der Ausgrabungen im Egertal bei Bopfingen, Ostalbkreis. Ebd., 1992, 107 ff.
9. H. P. Uenze, Die Latenezeit in Schwaben. In: Historischer Atlas von Schwaben, Kartenblatt III, 5.
10. Beim Lesen des Berichtes gewinnt man den Eindruck, daß die Flurbegehungen erst aufgenommen worden wären, als sich die Außenstelle des Bayer. Landesamtes für Denkmalpflege schon in Thierhaupten befand. Deshalb wird hier nochmals darauf hingewiesen, daß die ersten Initiativen bereits zu Beginn der siebziger Jahre vom damaligen Leiter der Außenstelle Augsburg, Herrn Landeskonservator Dr. Günther Krahe, ausgingen. Ebenso hat Herr Prof. Dr. Hans Frei, zu jener Zeit Bezirksheimatpfleger, die Geländeprospektionen immer wieder angeregt. Auch die Luftbildarchäologie hat Herr Dr. Krahe bereits damals mit Erfolg betrieben. Im Frühjahr 1974 haben Verf. und Ehefrau die ersten systematischen Begehungen in Fremdingen durchgeführt. Die Autorin ist außerdem der Meinung, daß die sandigen Böden im Ostries nur wenige latènezeitliche Funde geliefert hätten, obwohl dort bereits 1995 fünfzig (inzwischen sind es rund sechzig) latènezeitliche Fundstellen kartiert waren.

Personenregister

Abels, Björn Uwe 145
Alvarez, Walter 16
Ariovist 137

Bauer, W. 90
Beck, Gerhard 43, 56
Bersu, Gerhard 24, 87, 93, 103, 128, 147
Bick, Almut 153
Biel, Jörg 122
Birkner, Ferdinand 22, 23, 52, 79
Bituit 136, 137
Bonifay, Eugène 32
Bonnet, Charles 90
Bosinski, Gerd 23
Boucher de Perthes, J. 32
Boule, Marcellin 34
Braasch, Otto 84, 129, 152
Braidwood, Robert 64
Bräuer, Günter 33
Brennus 135, 136
Breuil, Henri 49

Capitan, L. 49
Cartailhac, Emile 49
Cäsar, Gaius Julius 10, 133, 137, 138, 139, 143, 144, 153, 154
Chao, Edward 20
Childe, Vere Gordon 64, 69
Christlein, Rainer 84, 91, 92, 128

Dannheimer, Hermann 23, 53
Dart, Raymond A. 29
Darwin, Charles Robert 31, 47
Dauber, Alfred 22, 90
Dehn, Wolfgang 24, 73, 77, 78, 79, 84, 124
Dehn, Rolf 111
Dettweiler, Ernst 43
Diviciacus 137, 144
Drusus, Nero Claudius 153
Dubois, Eugène F. T. 31, 34
Dumnorix 137

Ecker, Alexander 48
Engelhardt, Bernd 101, 109
Esper, Johann Friedrich 40, 42

Fraas, Oskar 21, 22, 53, 54
Frei, Hans 76, 107, 112, 147
Freund, Gisela 54
Frickhinger, Ernst 7, 21, 22, 23, 24, 78, 79, 103, 104
Fuhlrott, Johann Carl 31, 33, 49

Gall, Horst 15, 17

Hahn, Joachim 49
Holloway, Ralph 51
Hannibal 135
Hekataios von Milet 133
Hennig, Hilke 122
Henning, Karl Heinz 89, 128
Heraklit 8
Herodot 133
Hertlein, Friedrich 24, 124
Hildebrand, Hans 108
Högg, Erich 100

Kavasch, Julius 24
Kenyon, Kathleen M. 66
Keßler, Jürgen 43, 56
Krahe, Günther 7, 24, 111, 112, 129
Krause, Rüdiger 129
Kreiner, Ludwig 104
Krippner, Anneliese 3
Kunkel, Otto 80

Lartet, Edouard 47, 53
Leakey, Louis 31
Leakey, Mary 45
Leakey, Richard 51
Lindenschmit, Ludwig 47, 48
Lucanus, M. A. 143, 144
Ludwig-Lukanow, Sigrid 111, 112, 113, 115, 116
Lüning, Jens 61, 62, 71, 73, 76, 78, 81, 83, 87, 97, 150
Lyell, Charles 32

Maier, Rudolf A. 86, 99, 103
Marius 137
Meier-Arendt, Walter 63
Mellaart, James 67, 68
Merk, Konrad 47, 48
Mohn, Hermann 50
Montelius, Oskar 108
Müller-Beck, Hansj. 40
Müller-Karpe, Hermann 83

Neustupny, Evzen 62

Paa, Werner 24
Pauli, Ludwig 134
Planck, Dieter 149
Pohl, Jean 20
Pörtner, Rudolf 101

Quitta Hans 63

Raiser, J. N. Ritter von 21
Raup, David M. 16
Redenbacher, Michael J. 19, 20, 21
Reinecke, Paul 108, 113, 114
Reisch, Ludwig 36, 38, 39, 41, 53, 54
Riek, Gustav 50, 124
Rivière, Emile 49
Rodden, Robert J. 70

Sangmeister, Edward 24, 73, 77, 78, 79, 84, 94
Sautuola, Marcelino de 48, 49
Schmidt, Richard R. 22, 53, 56, 57
Schönweiß, Werner 43, 55, 56
Schorer, August 35
Schrenk, Friedemann 30
Schumacher, Karl 90
Schwalbe, Gustav 34
Scipio, Aemilianus 136
Sepkoski, John J. 16
Shoemaker, Eugene 20
Stanley, Steven M. 16
Stichaner, Franz J. von 21

Taute, Wolfgang 57
Tiberius, Julius C. A. 153

Uenze, Hans Peter 134, 147, 152

Vilanova, J. 49
Virchow, Rudolf 31, 33, 49
Völzing, Otto 50

Wallace, Alfred R. 47
Wetzel, Robert 50

Zeeb, Andrea 89, 128

Orts- und Sachregister

Aachtopf 15
Aare 11, 13, 14
Abri 23, 45, 56
Abschlagkultur 34
Abschnittsbefestigung 84, 96, 127
Acheuléen 10, 32, 34, 39
Ackerbau 62, 64, 65, 68, 70, 71, 72, 81, 85, 93, 95, 100, 111, 112, 120, 151
Adlerberg-Gruppe 9, 107
Adlersberg 97, 117, 126
Aichbühl 89
Aichbühler Kultur 87
Ain Mallaha 65
Akkulturation 101, 103
Aldenhovener Platte 78, 81
Alerheim 73, 107, 124
Alesia 139
Alkimoennis 140
Alleröd 55
Allobroger 136, 137, 138
Alpenrhein 13, 14
Alpenvorland 10, 12, 99, 153
Altamira 48, 49
Altheimer Kultur 90, 92, 93, 94, 96, 97, 100, 104
Altneolithikum 10, 80, 81, 84, 89, 111
Altpaläolithikum 10, 12, 32, 47
Altsteinzeit 10, 43, 46, 52, 109
Amphibolit 60
Anatolien 10, 67, 68, 70, 107, 121
Ante-Neandertaler 33
Anthropophagie 34, 80, 153
Appetshofen 18, 27, 43, 54, 55, 56, 87, 97, 118
Arche-Noah-Theorie 46
Armschutzplatte 102
Arsen-Kupfer-Legierung 10, 106
Atlantikum 58, 60, 72
Augsburg 91, 150
Aunjetitzer Kultur 10, 107
Aurignacien 10, 44, 45, 46, 49, 50, 54
Australopithecinen 29, 30
Avaricum 139
Averner 136, 137, 138, 139

Badersberg 26, 127
Baldingen 18, 76, 89, 128, 150
Bandkeramik 10, 60, 62, 63, 71, 73, 74, 76, 96
Barden 144, 145

Bauern 7, 9, 10, 18, 25, 58, 60, 62, 69, 70, 71, 72, 73, 78, 81, 85, 86, 131, 152
Beil 57, 58, 60, 61, 64, 94, 97, 100, 107, 108, 109, 120
Bekleidung 120
Belzheim 21, 122, 124, 147
Benzenzimmern 128, 129, 150
Beuronien 10, 57
Bibracte/Autun 138
Bilzingsleben 33, 34
Bischheimer Kultur 87, 89
Bison 49
Blattspitze 36, 42, 43, 54
Blautal 49
Bohnerze 121, 151, 152
Bohrer 46, 56
Bohrkern 20
Bollstadt 147
Bopfingen 103, 108, 118, 122, 124, 128, 129, 142, 143, 147, 150, 151, 152
Border Cave 45
Brandgräber 78, 79, 111, 113, 119, 120, 122, 128, 129
Brandrodung 60, 62
Brenz 12, 13, 14
Broken Hill 45
Bronze 10, 24, 25, 96, 98, 105, 106, 107, 143, 147
Bronzeguß 106
Bronzezeit 10, 24, 105, 106, 107, 108, 109, 111, 112, 113, 114, 116, 117, 118, 121, 151
Brünsee 10, 37, 39, 40, 41, 42
Bühl 107
Burggaillenreuth 40
Burg 10, 87, 93, 112, 117, 118, 120, 121, 123, 124, 128, 130, 131, 135, 147, 148, 149

Calden 92
Cardialkeramik 71
Çatal Hüyük 10, 67, 68, 70, 78
Chamer Kultur 99, 100, 101, 103, 111
Châtelperronien 47
Chilhac 32
Clacton-on-Sea 29
Coesit 15, 20
Cro-Magnon 10, 44, 45, 46, 50, 52
Cuprit 106

Deiningen 18, 75, 112, 115
Delphi 136

Dendrochronologie 78, 97, 122
Dillingen 78
Dmanisi 32
DNS 46
Döhren 35
Dolch 96, 100, 102, 107, 120, 122, 134
Domestikation 70
Donau 11, 12, 13, 14, 15, 28, 60, 63, 71, 85, 99, 103, 105, 109, 120, 124, 133, 136, 141, 149, 153
Druiden 144, 145

Ebermergen 40, 107
Eching 129
Ederheim 22, 52, 53, 80, 108, 147
Eger 14, 18, 25, 26, 27, 36, 52, 53, 74, 75, 76, 97, 112, 129, 148, 149, 151, 152
Ehrenbürg 145
Ehringsdorf 34
Einkorn 62, 71
Eisenbarren 121, 152
Eisenerz 131
Eisenerzverhüttung 121
Eisenzeit, frühe 10, 96, 119, 120, 122, 127, 129, 130
Eisenzeit, späte 10, 132, 133, 145, 147, 149, 150, 151
Eiszeitkunst 48
Elfenbeinfiguren 50
Emmerweizen 62, 66
Endneolithikum 10, 98, 99, 104, 107, 108, 111, 129
Enkingen 63, 73, 80, 97
Erbse 62
Erdmagnetfeld 20
Erdwerke 84, 86, 89, 91, 92, 93
Esus 143, 144
Eva-Theorie 46
Evolution 8, 29, 31, 34, 69, 106
Expansion, keltische 132, 135, 139, 147, 150

Faustkeil 10, 32, 34, 35, 36, 37, 38, 39, 47
Faustkeilkultur 32, 37
Feldwiesäcker 104, 107
Feuchtbodensiedlungen 78, 97
Fibeln 120, 122, 135, 147
Flachgräber 10, 102, 115
Flochberg, 103, 108, 118, 130, 142, 143, 147, 151, 152
Flomborn 62, 63, 78
Frau von Tabun 45
Freilandstation 10, 37, 40, 41, 42, 52

Fronhofen 79, 124, 125
Fruchtbarkeitskult 80
Frühbronzezeit 108, 109
Frühlatène 147, 150
Frühmesolithikum 10, 56, 57, 58
Frühneolithikum 58
Frühwürm 36

Galater 136
Gallia Narbonensis 137, 138
Gallien 10, 136, 137, 138, 139, 143, 144, 155
Gazelle 65, 66, 67
Geißenklösterle 49, 50
Geländeprospektion 9, 27, 35, 43, 73, 103, 112 124, 150, 153
Gergovia 139
Geröllgeräte 29, 32, 33
Gerste 62, 66, 67, 70
Getreide 10, 62, 65, 66, 69, 70
Glockenbecherkultur 10, 98, 101, 102, 103, 104, 107
Glockenbecherleute 68, 98, 100, 102, 103, 104
Gold 87, 106, 107, 113, 122, 130, 135, 136, 141
Goldberg 24, 76, 82, 87, 90, 91, 92, 94, 99, 103, 104, 111, 117, 118, 124, 127, 128, 130, 146, 147, 150
Goldbergfazies 10, 87, 89, 97
Goldburghausen 87, 124
Gondwanaland 12
Gosheim 56
Grabenwerke 84, 92, 93
Grabhügel 10, 18, 19, 21, 24, 62, 100, 108, 109, 110, 112, 114, 118, 120, 122, 124, 126, 128, 129, 134, 147
Grabkammer 121, 122, 124
Gravettien 10, 50, 51, 54, 69
Gravierung 10, 23, 47, 48, 49, 53, 54
Große Ofnet 21, 22, 51, 53, 54, 57
Großgartacher Kultur 81, 83, 87
Großsorheim 10, 18, 20, 25, 26, 36, 38, 39, 42, 56, 75, 87

Haeduer 137
Hahnenberg 18, 26, 43, 54, 55, 56, 57, 97
Hakenpflug 62
Hallstattzeit 10, 26, 85, 96, 98, 114, 119, 120, 121, 122, 123, 124, 126, 127, 128, 129, 130, 134, 147
Hannover 35
Hanseles Hohl 73, 79, 80, 87, 117

Harburg 10, 12, 25, 26, 35, 36, 39, 40, 41, 42, 43, 58, 112, 115, 151
Harpune 46, 58
Heidelbergmensch 31
Helvetier 137, 138
Herkheim 24, 76, 77, 78, 79, 81, 97, 124
Heroldingen 56, 58, 147, 151, 152
Heroldinger Burgberg 26, 117, 118, 148, 149
Heuneburg 124, 127, 130
Hexenbergle 122
Hexenküche 23, 80
Himmelreich 53, 124
Hinkelstein 83, 84, 87
Hochaltingen 124
Hochdorf 122, 124
Hockergräber 78, 79, 100, 102, 103, 107
Hohenaltheim 25, 73, 94, 97, 98, 118, 127, 151
Hohenasperg 124
Höhlenbär 31, 40
Höhlenlöwe 40, 48
Höhlenmalerei 49
Hohlenstein, Ederheim 22, 52, 53, 54, 80, 117
Hohlenstein, Lone 50, 53, 80
Hohmichele 124
Holheim 21, 22, 51, 53, 57, 73, 75, 124, 147
Holozän 56
Holstein-Interglazial 30
Holz-Erde-Mauern 123, 127, 140, 147
Holzhausen 141, 142
Hominiden 28, 29, 30, 32, 45
Homo 28
Homo antecessor 32
Homo erectus 10, 30, 31, 32, 33
Homo erectus heidelbergensis 32, 33
Homo ergaster 33
Homo habilis 29, 30, 32, 51
Homo neanderthalensis 33
Homo rudolfensis 30, 32, 51
Homo sapiens 10, 33, 45, 46, 47
Hoppingen 111, 112, 124
Horgener Gruppe 103
Hoxnien 29, 30
Hügelgräberbronzezeit 106, 111, 112, 113, 118
Huisheim 26, 56
Hürnheim 43, 147

Iberischen Halbinsel 101, 102, 107, 132, 136
Immendingen 15
Impakt 15, 17, 18, 20
Impaktkatastrophe 12, 20

Inningen 10, 91, 150
Ipf 24, 111, 117, 118, 123, 124, 127, 129, 130, 146, 147, 148, 149
Israel 10, 32, 45, 64, 65
Istros 133

Jericho 10, 59, 65, 66, 67, 69, 70
Judenberg 123, 125, 126
Jungfernhöhle 80
Jungneolithikum 10, 62, 89, 90, 93, 94
Jungpaläolithikum 10, 46, 52, 65
Jungsteinzeit 74, 81, 87, 89, 103, 124

Kalium-Argon-Methode 20, 29
Kannibalismus 34, 80, 103, 145
Karpaten 12
Karpatenbecken 64, 70, 99
Karthago 136
Kaufertsberg 23, 54, 56, 80
Kebarahöhle 10, 64
Kebarien 65
Kelheim 81, 140, 151, 153
Kelten 10, 130, 132, 133, 134, 135, 136, 142, 143, 144, 145, 153, 155
Keßlerloch 47, 48
Kimbern 137
Kirchberg 97, 126
Kirchheim 128, 129, 147, 150
Klausennische 36
Kleinaspergle 124
Kleine Ofnet 22, 51
Kleinerdlingen 76, 122, 150
Kleiner Hühnerberg 25
Kleinkunst, mobile 47, 50
Kleinsorheim 25, 36, 38, 42, 43, 117, 118, 126
Klima 3, 12, 18, 28, 32, 35, 40, 49, 55, 58, 60, 72
Klimaveränderung 8, 36, 111
Knaufhammeraxt 94, 97
Knochenartefakte 47
Knochenspitzen 23
Kocher 14
Kolluvien 152
Konstanztheorie 34
Konyabecken 67
Kopfbestattungen 56, 57, 58, 66
Körpergräber 78, 79
Kösten 39
Kratzer 46, 56,
Kreisgraben 128, 129, 130
Kugelamphoren 100, 101, 103

Kultanlagen 130, 141
Kulturlandschaft 150
Kupfer 10, 68, 89, 97, 100, 101, 102, 106, 107, 129
Kupfer-Zinn-Legierung 10, 107
Kupferdolch 102, 109
Kupferlagerstätten 107

La Chapelle-aux-Saints 34
La Ferrassie 39
La Hoguette-Keramik 71
La Quina 42
La Tène 132, 133
Latènezeit 10, 25, 26, 97, 108, 118, 121, 129, 130, 132, 133, 134, 141, 146, 147, 148, 150, 151, 152, 153
Laurasia 12
Lehringen 35
Levalloisien 39, 45
Lierheim 23, 117, 151
Ligurien 133
Linienbandkeramik 10, 62, 63, 73, 76, 77, 78, 80, 81, 83, 84, 97
Linse 62, 70
Linsenflasche 133, 134
Lone 13, 14
Lonetal 44, 50, 54, 80
Löß 18, 25, 26, 27, 42, 60, 62, 72, 73, 74, 84, 85, 112, 116, 117, 118, 150
Luftbildarchäologie 24, 84, 146

Magdalénien 10, 22, 23, 46, 47, 50, 52, 54, 55, 58
Mahlstein 65
Maienbach 53
Maihingen 126, 127
Main 11, 14, 40, 109, 111, 118
Makedonische Tiefebene 70, 71
Malawisee 30
Mammut 42, 50, 55
Manching 132, 140, 141, 149, 153
Marbach 39, 40
Marienberg 124
Massensterben 15, 16
Massilia 10, 130, 133, 136, 137
Mauch 18
Mauer 31
Mauern 37, 50
Menschenopfer 80, 143, 144, 145
Merzbachtal 78, 150
Mesopotamien 10, 64
Meteorit 15, 16, 17, 20

Meteoritenkrater 9, 12, 17, 28, 63, 73, 76, 77, 94
Michelsberg, Fronhofen 79, 124, 125
Michelsberg, Kelheim 140, 151
Michelsberg, Untergrombach 88, 89, 92
Michelsberger Kultur 10, 88, 89, 90, 91, 92, 93, 94, 97
Micoquefaustkeil 36, 38
Micoquien 10, 36, 38
Mikrolithen 22, 56, 57
Mitochondrien 46
Mittellatène 147, 150, 152
Mittelneolithikum 10, 81, 83, 86, 87, 118
Mittelpaläolithikum 10, 36, 39, 43, 52, 54
Mittelpleistozän 33
Mittelsteinzeit 56, 57, 74, 79
Mögginger Burgberg 25, 111, 112
Molasse 12, 14, 15, 42
Moldavit 20
Molodova 42
Mönchsdeggingen 104, 123
Mont Lassois 124
Moränen 18
Möttingen 23, 25, 27, 38, 63, 73, 80, 87, 97
Moustérien 10, 22, 34, 36, 37, 39, 45, 46
Mugharet es-Skhul 45
Mugharet et-Tabun 45
Münchshöfener Gruppe 86, 87
Mündling 10, 35, 36, 39, 40
Münsterberg 124
murus gallicus 140
Muttergottheit 80

Nahal Oren 65
Nähermemmingen 18, 24, 75, 78, 104, 112
Natufien 59, 65, 66
Nea Nikomedeia 70
Neandertal 30, 31, 33
Neandertaler 10, 31, 33, 34, 35, 36, 37, 39, 40, 42, 43, 44, 45, 46, 47, 52
Neckar 14, 28, 71, 76
Nekropole 109, 121, 124
Neolithikum 10, 54, 65, 67, 70, 107
neolithische Revolution 69, 70, 106
Neuenburger See 132, 133
Nördlingen 7, 18, 20, 22, 51, 57, 71, 73, 74, 75, 76, 80, 97, 112, 118, 149

Oberlauterbach 84, 86
Oberpeiching 130
Obsidian 67, 68

Ochsenberg 73, 94, 95, 96, 97, 98, 112, 127, 151
Ofnethöhlen 10, 22, 43, 51, 53, 54, 56
Oldowan-Kultur 29, 32
Oppidum 140, 141, 146, 148, 149
Orce 32
Orgetorix 137

Paläanthropologie 34, 51
Paläobotanik 66
Paläolithikum 7, 10, 24
Paläontologie 34
Palisade 87, 91, 92, 93, 99, 127, 128
Palisadenring 86
Pangäa 12
Pestenacker 93, 97
Petersfels 50
Pfäfflingen 18
Pfeil und Bogen 102
Pfeilschneide 58
Pfeilspitze 93, 96, 102, 103
Pferd 10, 23, 50, 100, 120
Pfostenhäuser 60, 118
Pfostenschlitzmauer 124, 140
Pithecanthropus erectus 31
Pleistozän 14, 34
Pliozän 13, 14, 33
Polling 94
Präboreal 56
Punischer Krieg 136
Pyrenäen 12, 137

Qafzeh 45, 46, 47
Quartär 13, 36

Radiokarbonmethode 70
Radiolarit 13, 42
Raseneisenerz 121, 151, 152
Rätien 153
Reduktion 106
Refugium 149
Reimlingen 56, 97, 126
Reimlinger Berg 97, 117, 124
Religion 113, 134, 143, 144
Rentierherden 55
Rentierjäger 56
Rhein 10, 11, 14, 15, 54, 63, 71, 72, 81, 100, 107, 109, 111, 118, 131, 134, 137, 138, 155
Rhodesienmensch 45
Rhone 14, 71, 137
Ries-Gruppe 10, 107

Rieskatastrophe 14, 15, 16
Riessee 18, 152
Rind 62, 66, 67, 70
Ring 97, 100, 106
Ring, innerer 17, 26, 54, 74, 76
Ringwall 17, 26, 54, 111, 112, 123, 141, 149, 152
Riß-Würm-Interglazial 36
Rißeiszeit 35, 36
roden 60
Rollenberg 26, 36, 38, 73, 105, 111, 117, 124, 148
Rom 10, 135, 136, 137, 138 139, 153
Römer 8, 21, 134, 135, 136, 137, 139, 141, 153
Rondelle, mittelneolithische 84, 85, 86
Rössen 10, 83, 86
Rössen, bayerisches 84
Rössener Kultur 75, 82, 83
Rückenmesser 56
Rückenspitzen 56
Rundhütten 65

Saint-Acheul 32
Saint-Césaire 47
Salluvier 136, 137
Sandalja 32
Schaf 62, 70, 71
Scheibenkeule 60
Schernau 89, 106
Schlafmohn 62, 71
Schmähingen 75, 126
Schnurkeramik 10, 101, 103
Schnurkeramiker 68, 98, 100, 101, 102, 103, 129
Schrattenhofen 43, 122
Schuhleistenkeil 10, 60, 64, 76, 79, 83
Schürfgrubenfeld 96, 151
Schussenried 94
Schwalbsande 56
Schwein 60, 62, 66, 70
Schwert 10, 108, 109, 120, 122, 134, 135, 147
Schwieberdinger Kultur 87
Selektion 47
Selektionstheorie 47
Sequaner 137, 138
Siedlungskonzentration 73
Sinanthropus pekinensis 31
Slowakei 62, 63
Solutréen 54
Spanien 32, 47, 49, 106, 136
Spätglazial 46, 55, 56, 58
Spätlatène 130, 147, 149, 150, 151, 152
Spätmagdalénien 54

Spätmesolithikum 10, 56, 57, 58
Spätpaläolithikum 10, 55, 56
Speckberg 39, 40
Spinnwirtel 78, 79
Spiraltutulus 107
Spondylusmuschel 79
Sprache 9, 51
Starcevo-Körös Kultur 63, 70, 71
Steinberg 117, 118
Steinheim b. Dillingen 78, 79
Steinheim an der Murr 31, 33, 45
Steinheimer Becken 16, 17
Statuetten 50, 69, 80
Stauwasserböden 18
Stichbandkeramik 10, 83, 84, 86
Stichel 46, 56
Stishovit 15, 20
Stonehenge 85
Stoßlanze 122
Straubinger Kultur 10, 106, 107
Streitaxt 100
Streitaxtkultur 100
Suevit 15, 20
Sungir 47
Süßwassermolasse 12
Swanscombe 31, 33, 45
Syrien 64, 66

Taranis 143, 144
Taubach 34
Tektite 20
Telamon 136
Tell es-Sultan 59, 66
Teutates 143, 144
Thessalien 70
Thrakien 120, 136
Tierkopffibel 147
Tolosa/Toulouse 137
Töpferware 62, 68, 70, 71, 120, 150
Torgasse 140
Torques 135
Transdanubien 63
Triticum boeoticum 71
Trochtelfingen 122, 128, 129
Trockenmauern 140, 146

Tulpenbecher 10, 90, 94
Tundren 55
Turkanasee 30

Umpolung 20
Unterwölblinger Kultur 107
Untermagerbein 123, 126
Unholderbuck 117
Urach 140
Urne 114, 115, 116
Urnenfelderkultur 10, 26, 111, 113, 114, 115, 116, 118, 120, 122
Urnenfelderzeit 116, 117, 118, 120, 122, 147, 149

Viehzucht 68, 70, 100, 111, 151
Viereckschanzen 130, 139, 141, 142, 143, 152
Vogelherdhöhle 44, 50
Vorderer Orient 45, 46, 47, 64, 65, 70
Vorries 15, 27, 117

Wagengräber 122
Wallanlagen 19, 21, 105, 141
Wardar 70, 71
Wechingen 18, 93, 107
Weiherberg 105, 111, 116, 117, 118
Weil 93, 97
Weinberghöhlen 37, 50
Wennenberg 26, 112, 117, 124
Wildgetreide 59, 64, 65, 66, 69
Wildpferd 55
Wörnitz 12, 18, 24, 25, 26, 27, 40, 43, 52, 73, 93, 105, 107, 112, 149, 150, 152
Wörnitzostheim 73
Wulstrandtopf 149
Würmeiszeit 18, 36, 43

Zagrosgebirge 64
Zangentore 140
Zäsur 15, 16, 66, 81, 147, 150, 155
Zavist 124
Ziege 62, 66, 70
Zinn 10, 106
Ziswingen 25, 97
Zivilisation 60, 64, 150

Bildnachweis

Die Ziffern beziehen sich auf die Seitenzahlen.

Bayerisches Landesamt für Denkmalpflege, 108, 115, 121, 143, 151.
Högg, E.: 131.
Krahe, G.: 23.
Krippner, A.: 13, 16, 22, 25, 26, 27, 28, 40, 43, 51, 54, 58, 82, 95, 96, 98, 105, 115 oben, 122, 125, 127, 145, 155.
Krippner, F.: 17, 37, 75, 90, 110, 114, 117, 126, 148, 122.

Reproduktionen

11 Feist, J., in: Bauer, E. W. 1988.
19, 21 oben links Grünwedel, in: Schwarz, K., Kossack, G.1972/73 (1977).
21 oben rechts, in: Dehn, W., Sangmeister, E., 1954.
21 unten, in: Müller-Beck, H. 1983.
30, 31 Rheinisches Landesmuseum Bonn, in: Heberer, G. 1968.
34 Kurz, R. 1980.
36 Zotz, L., in: Schorer, A. 1963.
38 oben, Archiv des Verfassers.
38 unten, 39 Reisch, L., in: Krippner, F., Reisch, L. 1985.
41 Ders., in: Krippner, F., Reisch, L. 1976.
44, 48 Feist, J., in: Hahn, J. 1988.
52 Nach Birkner, F., in: Züchner, Chr. 1979.
53 Nach Narr, K. J. 1965, Dannheimer, H. 1976, in: Reisch, L. 1979.
55 Nach Schönweiß, W., in: Züchner, Chr. 1979.
57 Nach Schmidt, R. R., in: ebd.
59 In: Sherratt, A. 1980.
61 Institut für Vor- und Frühgeschichte der Universität Frankfurt/Main, in: Lüning, J., Moddermann, P. J. R. 1981.
63 Dass., In: Reuter, E. 1992.
65 Benesch, K. 1980.
72 Brandt, D., in: Lüning, J., Stehli, P. 1989.
74 Böhm, K. 1994.
76 Ruppaner, F., LfD., in: Frei, H., Krahe, G. 1979.
77, 79 Nach Dehn, W., Sangmeister, E.1954.
83 Institut für Vor- und Frühgeschichte der Universität Frankfurt/Main, in: Lüning, J. 1982.
84 Nach Dehn, W., Sangmeister, E. 1954.
85 Wendler, F., in: Probst, E. 1991.
86 LfD., in: Maier, R. A. 1964 (1965).
88 Muuß, U. 1971.
89 Württembg. Landesmuseum, Stuttgart, in: Keefer, E. 1993.
90 oben, dass., in: Schröter, P. 1975. Krippner, F. (Fotomontage).
91 Stadtarchiv Augsburg, in: Maier, R. A. 1964 (1965).
92 Christlein, R. und LfD., in: Christlein, R. 1980.
93 LfD., in: Maier, R. A. 1964 (1965).
94 Dass., Krippner, F. (Fotomontage).
99 Württembergisches Landesmuseum, Stuttgart, in: Maier, R. A. 1979. Krippner, F. (Fotomontage).
100 Högg, E., LfD., in: Stickroth, H. 1977.
101 LfD., in: Engelhardt, B. 1981.
102 Kreisarchäologie, Deggendorf, in: Schmotz, K. 1989.
111 Kirmaier, M., LfD., in: Krahe, G. 1979.
112 Ixmeier, E., LfD., in: ders., ebd.
113 Eberlein, M., Prähist. Staatsslg., Mchn., in: Uenze, H. P. 1993.
116 Proeller, W., in: Frei, H., Proeller, W. 1983.
119 Janu, F., in: Lehr, R. 1975.
123 Ixmeier, E., LfD., in: Krippner, F. 1981.
128 Zeeb, A. 1992.
132 M.M.-Vision Multimedia GmbH, Andechs, in: Lorentzen, A. 1993.
133 links, RGZM, Mainz, in: Torbrügge, W., Uenze, H. P. 1968.
133 rechts, Germanisches Nationalmuseum, Nürnberg, in: Frey, O. H. 1993.
134 Nach Uenze, H. P. 1979.
140 Nach Krämer, W., Schubert, F., in: Collis, J. 1993.
142 Höfler, S., in: Bittel, K. 1981.
146 Braasch, O., in: Keefer, E. 1993.
149 Römisch-Germanische Kommission, Außenstelle Ingolstadt, Manching-Archiv (Ausschnitt), in: Collis, J. 1993.
153 Ruppaner, F. LfD., in: Czysz, W. 1979.

Die meisten, der unter LfD. aufgeführten Fotos dürften von F. Ruppaner aufgenommen worden sein. In einigen anderen Fällen konnte nicht ermittelt werden, bei wem die Urheberrechte liegen. Die Inhaber dieser Rechte werden gebeten, sich an den Verlag zu wenden.

Danksagung

Für eine Privatperson ist es schwierig, ein archäologisches Buch mit regionalem Bezug herauszubringen. Da es nun doch geschafft ist, möchte ich all jenen herzlichst danken, die mir mit einer Nachdruckgenehmigung für ihre Bilder oder anderweitig behilflich waren. Mein besonderer Dank gilt den nachstehend aufgeführten Damen und Herren: Dr. K. Benesch, Dr. J. Biel, K. Böhm M. A., O. Braasch, Dr. D. v. Brandt, Dr. B. Engelhardt, J. Feist, E. Högg, F. Janu, Dr. E. Keefer, Dr. U. Muuß, U. Proeller, Dr. K. Schmotz, Prof. Dr. L. Wamser, Dr. A. Zeeb.

Ebenfalls herzlichen Dank:
den Herren Dr. G. Krahe und Prof. Dr. H. Frei für viele informative Gespräche und so manchen guten Rat;

auch dem Leiter der Abteilung Bodendenkmalpflege des LfD. München, Herrn Dr. E. Keller und den Herren von der Außenstelle Thierhaupten, Dr. W. Czysz und Dr. H. Dietrich;

Herrn Prof. Dr. J. Lüning für seine in besonders großzügiger Weise erteilte Reproduktionsgenehmigung;

Herrn Prof. Dr. L. Reisch verdanke ich viele interessante „Privatvorlesungen" und zahlreiche schöne Zeichnungen, die leider nur zu einem kleinen Teil in diesem Buch erscheinen.

Mein Dank gebührt auch den leitenden Damen und Herren der folgenden Museen:
Römisches Museum Augsburg, Rheinisches Landesmuseum Bonn, Stadtmuseum Donauwörth, Stadtmuseum Friedberg, Römisch-Germanische Kommission, Außenstelle Ingolstadt, Museen der Stadt Landshut, Römisch-Germanisches Zentralmuseum Mainz, Prähistorische Staatssammlung München, Stadtmuseum Nördlingen, Germanisches Nationalmuseum Nürnberg, Museen der Stadt Regensburg, Gäubodenmuseum Straubing, Württembergisches Landesmuseum Stuttgart sowie der Kreisarchäologie Deggendorf und dem Verein Rieser Kulturtage.

Nicht zuletzt haben auch folgende Verlage durch die schnelle Erledigung des Schriftwechsels zur Erteilung der Nachdruckgenehmigungen zum Gelingen dieses Buches beigetragen:
Verlagsgruppe Bertelsmann, Christian Verlag, Deutsche Verlagsanstalt, Michael Laßleben Verlag, Thorbecke Verlag, Philipp von Zabern Verlag.

Meinem Verleger, Herrn F. Steinmeier, danke ich, daß er den Mut hatte, einem unbekannten Autoren eine Chance zu geben,

und meiner Tochter Dr. Silvia Krippner-Stikklas, die trotz großer beruflicher und familiärer Belastung die Zeit fand, mein Manuskript mehrmals zu lesen und zu korrigieren.

Den größten Dank schulde ich jedoch meiner Frau Anneliese, die immer für mich da war und mir sehr vieles abgenommen hat.